W.Brusch/H. Stiller (Hrsg.)
Lust auf Sprachen: Schlüssel zu Europa - Tor zur Welt

D1721479

Beiträge zum Internationalen
Fremdsprachenkongreß Hamburg 1994
Herausgegeben von
Wilfried Brusch und Hugo Stiller

Lust auf Sprachen:
Schlüssel zu Europa – Tor zur Welt

PETERSEN · HAMBURG

Impressum

Diese Kongress-Dokumentation wurde im Auftrag des
Fachverbandes Moderne Fremdsprachen (FMF) erarbeitet.

1. Vorsitzender

Prof. Dr. Konrad Schröder
Universität Augsburg
86179 Augsburg

Herausgeber

Prof. Dr. Wilfried Brusch, Institut für Didaktik der Sprachen, Universität Hamburg
StD Hugo Stiller, Studienseminar Hamburg

Texterfassung

Brigitte Uhle, Angelika Neudeck, Institut für Didaktik der Sprachen, Universität Hamburg

Graphische Gestaltung

Eckard Schwarz, Lokstedter Damm 7, 22453 Hamburg

Gesamtherstellung

Missionshandlung Hermannsburg

Bezugsadresse

Hans Heinrich Petersen Buchimport GmbH
Rugenbarg 256
22549 Hamburg-Lurup

INHALTSVERZEICHNIS

Lust auf Sprachen - Schlüssel zu Europa - Tor zur Welt.

Zum Geleit

Der vorliegende Sammelband vereinigt Referate aus verschiedenen Themenbereichen, die im Rahmen des internationalen Kongresses des Fachverbands Moderne Fremdsprachen (FMF) in Verbindung mit seiner Dachorganisation, der Fédération Internationale des Professeurs de Langues Vivantes (FIPLV), im März 1994 in Hamburg gehalten wurden. Die Beiträge werfen Schlaglichter auf die facettenreiche Arbeit des FMF, angesiedelt zwischen Sprachen- und Bildungspolitik, den fachdidaktischen Bezugsdisziplinen sowie den Problembereichen der Fremdsprachenmethodik.

Eine lückenlose Dokumentation des Kongresses hätte ein dreibändiges Werk ergeben. In der Vergangenheit wurden internationale Tagungen wiederholt in derart breiter Form dokumentiert; es zeigte sich aber dann, daß die entsprechenden Publikationen nicht das gewünschte Interesse des Publikums fanden, und es fragt sich auch, ob in einer Zeit, in der ohnehin sehr viel mehr publiziert wird als gelesen werden kann, der Inflation der Fachbeiträge weiter Vorschub geleistet werden sollte, von den damit verbundenen qualitativen Problemen einmal ganz zu schweigen.

Aus diesem Grunde haben die Hamburger Herausgeber im Auftrag des FMF bewußt eine enge Auswahl vorgelegt, wissend, daß man endlos diskutieren kann, welche Arbeiten in eine solche Auswahl aufgenommen werden und welche nicht. Das Ergebnis will Vielfalt dokumentieren und angenehme, interessante Lektüre sein.

Den Bearbeitern des Bandes und allen, die zu seiner Veröffentlichung beigetragen haben, sei an dieser Stelle herzlich gedankt.

Augsburg, im September 1995   Konrad Schröder
                                               1. Vorsitzender des FMF

Vorwort der Herausgeber

Rund 1500 Teilnehmer aus über 40 Ländern und von allen Kontinenten der Welt kamen zum Internationalen Fremdsprachenkongreß im März 1994 nach Hamburg. Die Besonderheit dieses Kongresses war es, daß er vom Fachverband Moderne Fremdsprachen der Bundesrepublik, der Fédération Internationale des Professeurs de Langues Vivantes (dem Weltdachverband der Fremdsprachenlehrer und -lehrerinnen) und dem Institut für Didaktik der Sprachen der Universität Hamburg gemeinsam im Congress Centrum Hamburg und im Hauptgebäude der Universität Hamburg durchgeführt wurde. Das dreitägige Programm umfaßte über 200 Veranstaltungen und fand eine breite Resonanz sowohl in der Fachwelt als auch in den Medien und der allgemeinen Öffentlichkeit. In der Schlußveranstaltung des Kongresses wurde die Frage gestellt, ob der nächste Kongreß des FMF wieder die bunte Vielfalt der Themen wie in Hamburg anstreben oder aber sich auf eine klare Themenstellung konzentrieren sollte. Die Mehrheit der bei dieser Feedbackveranstaltung anwesenden Teilnehmer sprach sich für die Vielfalt aus.

Die Herausgeber dieses Bandes haben sich bemüht, aus den 50 Beiträgen, die ihnen von Referenten und Referentinnen des Kongresses in schriftlicher Form zur Verfügung gestellt wurden, eine Auswahl zusammenzustellen, die einen Eindruck von der Vielfalt der Fragen und Themen wiedergibt, die auf dem Hamburger Kongreß behandelt wurden. Beim Korrekturlesen wurde in die individuelle Sprachgebung der Autorinnen und Autoren nicht eingegriffen. Die 16 hier zusammengestellten Aufsätze des Kongresses sind nicht nach Proporzüberlegungen ausgewählt worden, sondern vor allem nach der innovativen Qualität ihres Inhalts im Hinblick auf die eine Aufgabe, die Praktikern und Theoretikern des Fremdsprachenunterrichts in gleicher Weise gestellt ist: die Verbesserung des Fremdsprachenlehrens und -lernens in der Absicht, dadurch Verstehen und Toleranz für Menschen verschiedener Sprachen und Kulturen zu wecken.

Wilfried Brusch   Hugo Stiller

Synopse der Beiträge

Die folgende Synopse der hier abgedruckten Vorträge ist als Orientierungshilfe für die Leser und Leserinnen dieser Dokumentation gedacht. Dabei mag zugleich die Vielfalt des Angebots, seine fachdidaktische Einordnung und der innere Zusammenhang der Beiträge deutlich werden.

Stephen Krashens Vortrag *The Input Hypothesis: Some Current Issues* war zweifellos einer der Höhepunkte des Kongresses. In freier Rede überzeugte Krashen durch seine Fähigkeit, wissenschaftlich komplexe Erkenntnisse mit Witz, Humor und auch Selbstironie darstellen zu können. Den bei seinem Vortrag Anwesenden wird auffallen, daß sein hier schriftlich vorgelegter Beitrag wesentlich nüchterner gehalten ist. Im Hinblick auf die Frage nach der optimalen Methode der Fremdsprachenvermittlung gipfelte seine Analyse in dem Ausruf: "Reading can do it all:" Er erkannte damit dem privaten, eigenständigen Lesen des Fremdsprachenlerners eine Schlüsselrolle für den erfolgreichen Spracherwerb zu. Krashen sagte dies nur wenige Stunden nach dem Festakt an der Universität Hamburg, in dem dem Hamburger Lehrer und Englischdidaktiker Rudolf Nissen vom Fachbereich Erziehungswissenschaft - unter anderem wegen seiner Förderung des fremdsprachlichen Lesens durch Herausgabe von Englischlektüren - die Würde und der Titel eines Doktors ehrenhalber verliehen wurde. Wenn auch der Hamburger Ansatz einer Literaturdidaktik als kommunikativer Sprachdidaktik eher von einer Dialog- als einer Inputhypothese ausgeht, so wird von beiden Ansätzen dem Lesen, das eine ganzheitliche Spracherfahrung ermöglicht, ein neuer, hoher Stellenwert in der Fremdsprachenaneignung zuerkannt.

Otfried Börner nimmt in seinem Beitrag *Schüler- und Handlungsorientierung im Englischunterricht der Sekundarstufe I* das Motto des Kongresses zum Anlaß, die eingefahrenen Formen des Sprachunterrichts kritisch unter die Lupe zu nehmen. Er fordert Lehrerinnen und Lehrer auf, eine andere Haltung zu ihrem Unterricht zu entwickeln: weg von der verkopften Paukschule, hin zu mehr Schüler- und Handlungsbezogenheit. Börner gibt abschließend stichwortartig einen

Katalog von Anregungen und Literaturhinweisen zum Unterricht in einem neuen Geiste.

Peter Doyé, ein profilierter Befürworter eines ergebnisorientierten Fremdsprachenunterrichts in der Grundschule, weist in seinem Beitrag *Lehrerausbildung für den Fremdsprachenunterricht der Grundschule: Das PRAGER MODELL* darauf hin, daß der Erfolg dieses Unterrichts in hohem Maße von einer adäquaten Lehrerausbildung abhängig sein wird. Doyé widerspricht der zuweilen anzutreffenden Vorstellung, daß etwa für den Englischunterricht in der Grundschule keine besondere Ausbildung der Lehrerinnen und Lehrer notwendig sei, da ja "nur" Grundschüler und Grundschülerinnen zu unterrichten seien. Lehrerinnen und Lehrer, die ihre Schülerinnen und Schüler fremdsprachliche Fertigkeiten und über diese hinaus eine fremdsprachliche Erziehung zu Aufgeschlossenheit und Toleranz gegenüber Menschen anderer Sprache und Kultur vermitteln sollen, benötigen dafür eine solide sprachliche, fremdsprachendidaktische und pädagogische Kompetenz. Hier ist eine wissenschaftliche Ausbildung oder aber auch Nachschulung der bereits in der Grundschule tätigen Lehrerinnen und Lehrer notwendig. Die Einrichtung entsprechender Studiengänge an Universitäten und Hochschulen ist dafür unabdingbar. Peter Doyé nennt die Wissenschaftbereiche, die in einem solchen Studiengang miteinander zu verknüpfen wären. Hochschulen und Universitäten täten gut daran, Doyés Anregungen möglichst rasch aufzunehmen, bevor Fremdsprachenunterricht an den Grundschulen in ihren Regionen eingeführt wird.

In seinem Beitrag *Teaching Shakespeare* zeigt **Rex Gibson,** der Herausgeber des *Cambridge School Shakespeare*, wie mit Hilfe dieser Edition, die der Maxime "From the page onto the stage" verpflichtet ist, die Shakespeare-Lektüre im Klassenzimmer für Schülerinnen und Schüler zu einem lebendigen Erlebnis gemacht werden kann. Es werden im Cambridge School Shakespeare parallel zum Text auf der jeweils gegenüberliegenden Seite Vorschläge zum Nachspielen und Inszenieren der gelesenen Passagen gemacht. In seinem Beitrag faßt Gibson seine Shakespeare-Didaktik in einem Dekalog von Anregungen und Geboten zusammen, auf die der/die praktische tätige Lehrer/in achten sollte. Gibsons sowohl am Schüler als auch am Text orientierten Ansatz sollte jede Englischlehrkraft der Oberstufe kennen, bevor sie mit der Skakespeare-Lektüre beginnt.

Lutz Götze berichtet in seinem Beitrag *Vom Nutzen der Hirnforschung für den Zweitsprachenerwerb* vom aktuellen Stand der Hirnforschung und zieht daraus erste Schlüsse für die Fremdsprachenvermittlung. Götze weist darauf hin, daß viele von der Sprachdidaktik liebgewonnenen Erkenntnisse der Hirnphysiologie - etwa von der Lateralisierung der unterschiedlicher Sprachtätigkeiten in den verschiedenen Gehirnhälften (rechte Hirnhälfte für ganzheitlich-kreative Dimensionen der Spracherfassung und -tätigkeit und linke Hirnhälfte für kognitiv-analytische Sprachfunktionen oder umgekehrt) - nach den neuesten Ergebnissen der Hirnforschung nicht mehr haltbar sind. Die Funktion des Gehirns ist wesentlich komplexer und unüberschaubarer; bei dem gegebenen Forschungsstand mahnen die Forscher Bescheidenheit an und warnen vor schnellen Schlußfolgerungen. Angesichts dieses Erkenntnisstandes der Hirnforschung warnt Götze vor jeder dogmatischen Einengung der Sprachvermittlungsmethoden und plädiert dafür, möglichst unterschiedliche, alle Sinne und Lernfähigkeiten der Schüler und Schülerinnen ansprechenden Methoden für die Sprachvermittlung zu nutzen, da dann noch am ehesten Aussicht besteht, die von Lerner zu Lerner unterschiedlichen Lernstile anzusprechen. Götzes Aufsatz bietet in knapper Form einen ersten Einblick in den Forschungsstand einer für die Sprachdidaktik wichtigen Bezugswissenschaft.

Ermutigend war auch, was **Christopher Halsall** über *"The European Initiative at King's School, Rochester"* berichtete. Halsall ist der verantwortliche Studienleiter dieser Initiative an der traditionsreichen Privatschule, deren Gründung sich bis ins 7.Jh. zurückverfolgen läßt. Hinter dem Etikett "European Initiative" verbirgt sich nichts anderes als eine intensive Förderung des Deutschunterrichts, und zwar vom Kindergarten bis zum Abschlußexamen. Die King's School Rochester will damit ihren Schülern und Schülerinnen optimale Voraussetzungen für ein erfolgreiches Berufsleben schaffen. Sie geht davon aus, daß in europäischen, aber auch weltweiten Handelsbeziehungen die deutsche Sprache in Zukunft eine zunehmend wichtige Rolle spielen wird. Die Schule legt Wert darauf, daß der Deutschunterricht möglichst von deutschen Lehrerinnen und Lehrern erteilt wird. Sie hat zu diesem

Zweck Lehrkräfte aus den neuen Bundesländern eingestellt. Ebenso wird Deutsch als Medium der Instruktion in ausgewählten Fächern genutzt. Gleichzeitig bietet die Schule den Eltern Deutschkurse an und vertritt ihr für eine englische Public School geradezu revolutionäres Sprachunterrichtskonzept offensiv in den Medien und der Öffentlichkeit. Halsalls Beitrag zeigt, welch eine Fülle von Details bei einer solch radikalen fremdsprachlichen Neuorientierung einer Schule zu bedenken sind. Es ist dabei von Vorteil, daß eine private Schule in England nicht an das nationale Curriculum gebunden ist. Es wird spannend sein zu sehen, wie diese Umstellung sich auf lange Sicht bewährt. Möglicherweise wird hier eine bilinguale Schulform erprobt, die zunächst in den Grenzregionen Europas und später überall die Standard-Schulform im vielsprachigen Europa sein könnte.

In seinem Artikel *"Aspekte der Koexistenz zwischen Afrikaans, Englisch und Deutsch im Südlichen Afrika* gelingt es **Josef Kempen** in lebendiger Weise, die Geschichte der Herausbildung des Afrikaans in Südafrika zu skizzieren. Afrikaans war zunächst nichts anderes als eine kreolisierte Form des Holländischen, ist aber durch eine eigenständige Geschichte und die Aufnahme vieler Einflüsse, insbesondere des Englischen und Deutschen, eine neue Sprache geworden. Es stellt sich die Frage, ob etwa die Europäische Union auf lange Sicht auch ein sprachlicher Schmelztiegel werden wird und ob es zur Herausbildung einer " Eurosprache" kommen wird.

G. Khruslovs Beitrag *Multilingual Russia: Gateway to Asia or Passage to Europe?* stellt in beeindruckender Weise die Vielfalt der Sprachen und Kulturen dieses größten Landes der Erde dar. Der Autor erinnert daran, daß nur 1/7 der Landfläche Rußlands in Europa liegt und somit der weitaus größere Teil zu Asien gehört. Die Russische Förderation besteht nach der Verfassung von 1993 aus 21 Republiken und 6 Territorien, 49 Regionen und zwei Städten mit föderalem Status (Moskau und St. Petersburg), einer autonomen Region und 10 autonomen Gebieten. Khruslov bezeichnet es als Paradox, daß die Russen in der neuen Föderation kein eigenes, nach ihnen benanntes Staatsgebiet haben. Er weist darauf hin, daß die sprachliche und kulturelle Vielfalt innerhalb des russischen Staatsgebietes sehr unterschiedliche Traditionen in den Lerngewohnheiten hervorgebracht hat. Als Beispiel wird der Norden Rußlands genannt, der von nomadischen Rentierherdenbesitzern geprägt wird. Bei ihnen gibt es eine ausgeprägte Tradition der mündlichen Weitergabe geschichtlicher Überlieferung und einen Denkstil in Bildern und Metaphern. Im Kontrast dazu gibt es im Südwesten Rußlands eine vom Buddhismus geprägte Bevölkerung, bei der ein Lernen durch Kontemplation, durch Musikbegleitung und Rhythmisierung der Sprache kulturell verankert ist. Fremdsprachenvermittlungsstrategien sollten sich nach Khruslovs Meinung auf diese regionalen Lerntraditionen einstellen und sie nutzen und nicht versuchen, diesen Kulturen einen "westlichen" Standard des Lernens über Buch, Text und Schrift aufzuzwingen.

Gerhard Krügers Aufsatz *Lektüren für den Französischunterricht im 3./4. Lernjahr"* bezieht sich auf Französisch als 2. Fremdsprache, also auf Schülerinnen und Schüler im 9. und 10. Schuljahr. Am Ende des zweiten Lernjahrs stellt sich nach Krügers Erfahrungen im Französischunterricht eine Lehrbuchmüdigkeit ein, die nach seiner Meinung durch geschickten, inhaltlich-thematischen Lektüreeinsatz überwunden werden kann. Es werden allgemeine methodische Hinweise zur erfolgreichen Lektürebehandlung gemacht und in exemplarischer Absicht werden drei Lektüren für diese Altersgruppe vorgestellt.

Seinen Aufsatz *Übungstypen und Lernziele im Sprechunterricht* eröffnet **Erik Kwakernaak** mit der paradoxen Feststellung, daß einerseits das Üben der Kern allen Fremdsprachenunterrichts ist und zugleich festzustellen ist, daß der Lerneffekt, den das sprachliche Üben hat, sich in der Regel der wissenschaftlichen Erforschung entzieht. Waren in den 60er und 70er Jahre audiolinguale Übungen im Fremdsprachenunterricht typisch, so waren es in den späten 70er und 80er Jahren kommunikative Übungsformen. In der Gegenwart, so meint der Autor, habe die Fremdsprachendidaktik das Interesse an diesem Thema verloren. In der Orientierung an kommunikativen Übungsformen sieht Kwakernaak eine Wiederentdeckung alter Ideale des Fremdsprachenunterrichts, und zwar das Lernziel der Befähigung zu gebildeter Konversation und Diskussion, das z. B. das Französischlernen im 17. und 18. Jahrhundert dominierte. Kwakernaak verweist darauf, daß im realen Leben aber viele andere Kommunkationssituationen wichtig sind - etwa in der Rolle des Touristen, des Kunden, des Gastgebers und des Verkäufers. Am Ende seines Beitrags geht Kwakernaak auf die Unterscheidung von formaler und inhaltlicher Orientierung ein. So wünschenswert eine stärkere inhaltliche Orientierung des Fremdsprachenunterrichts einerseits ist, so ergibt sich dabei das Problem, daß bei inhaltlicher Orientierung eine systematische Progression des Übens nicht möglich erscheint, weil bei einer Inhaltsdiskussion eine sinnvolle Übungslenkung nicht möglich ist. Letztlich ist sich der Autor darüber im klaren, daß er das Problem formale vs. inhaltliche Orientierung des Fremdsprachenunterrichts nur angesprochen, aber nicht gelöst hat

In seinem Beitrag *Funktion und Kommunikationssituation als Voraussetzung für Kommunikationsbefähigung* geht **Norbert Lademann**, ähnlich wie Otfried Börner, von dem Motto des Kongresses aus und zeigt, daß die Lust auf (Fremd-)Sprachen am besten durch eine Lust zum fremdsprachlichen Sprechen zu verwirklichen ist. Norbert Lademann referiert in seinem Beitrag die Grundüberzeugungen des "kommunikativ-funktionalen Ansatzes" zur Fremdsprachendidaktik, wie er in 12 Jahren an der Martin Luther Universität Halle-Wittenberg entwickelt wurde. Eine der Grundüberzeugungen, die eigentlich selbstverständlich, aber im Streit der Methoden zur optimalen Vermittlung von Lexik und Grammatik im FU immer wieder vergessen wird, ist die Forderung, daß das zentrale Ziel des Fremdsprachenunterrichts die Verständigung zwischen Menschen sein sollte. Alle methodischen Überlegungen und Maßnahmen müssen diesem Ziel untergeordnet bleiben und dürfen sich nicht verselbständigen. Im Gegensatz zu den Hypothesen etwa von Stephen Krashen geht der Hallenser Ansatz davon aus, daß zur Aneignung einer Fremdsprache sowohl bewußtes Lernen als auch intuitives Erwerben notwendig sind und daß Sprachfähigkeiten nicht durch sprachlichen Input, sondern durch Sprach**tätigkeit** erworben wird. Wie der Hamburger Ansatz einer kommunikativen Textdidaktik (Nissen, Brusch, Schenke) geht auch der Hallenser Ansatz von einer Themen- und Textorientierung des Fremdprachenunterrichts aus. Lademann zeigt an sehr schönen Beispielen aus der Praxis, wie eine im Hinblick auf die Interessen der Lerngruppe optimale Themen- und Textwahl bei den Lernern einen "inneren Antrieb" zur Meinungsäußerung in der Fremdsprache auslöst. Die "Lust auf (Fremd-) Sprachen" kann nur durch diese "Lust zum Sprechen" bei den Lernenden verwirklicht werden. Allen Fremdsprachendidaktikern sei die Schlußerkenntnis Lademannns ans Herz gelegt, "daß dem intentionalen Aspekt der Kommunikation im Fremdsprachenunterricht mehr Aufmerksamkeit gewidmet werden sollte...", weil dies den Lernern die Überzeugung vermittelt, das sagen zu können, was sie sagen wollen, und nicht unbedingt das, was die Lehrer hören wollen, und weil dies die LUST AUF SPRACHEN weckt."

Ingrid Mummerts Beitrag *Lust auf Sprechen mit anderen* schildert eine neue Form der Landeskundedidaktik für den Französisch-unterricht. Hier kommt es nicht mehr darauf an, vorher festliegendes Wissen an die Lernenden zu vermitteln. Vielmehr leitet der Lehrer die Schüler an, sich im Sinne eines selbsttätigen, entdeckenden Lernens neue Erkenntnisse zu einem landeskundlichen Thema zu erarbeiten, bei dem auch die eigenen Vorurteile und Einstellungen verändert werden. Ingrid Mummert schildert ihre Erfahrungen bei der Planung und Durchführung eines landeskundlichen Projektes über die Region Poitou-Charentes in der Oberstufe. Die intensive Auseinandersetzung mit Land und Leuten, mit Geschichte und Traditionen, mit Architektur und Kunst dieser Region führt bei der Lerngruppe zu dem Wunsch, diese Region in den Herbstferien gemeinsam zu besuchen. Diese Reise wird dann auch gemeinsam geplant und durchgeführt. Mummert weist darauf hin, daß dieser schülerzentrierte Landeskundeunterricht von den Lehrenden Risikobereitschaft verlangt, da sie sich nicht perfekt auf die Interessensentwicklungen der Lerngruppe vorbereiten können. Auf der anderen Seite verlangt so ein Unterricht auch von den Schülerinnen und Schülern ein selbstständigeres Lernverhalten. Die Lebendigkeit des Unterrichts und seine guten Ergebnisse sind jedoch eine Bestätigung dafür, daß sich dieses projektorientierte Lernen lohnt.

Valentina Oxen erforscht in ihrer empirischen Studie *Affektive Faktoren beim Erlernen des Deutschen als Zweitsprache im Kontext der Psychogenese der Migration* das Deutschlandbild deutsch-stämmiger Aussiedler aus den Gebieten der ehemaligen Sowjetunion nach ihrer Ankunft in der Bundesrepublik. Grundhypothese dieser Studie ist es, daß bei Sprachenlernern die positive Einstellung zu den Menschen und der Kultur der zu lernenden Sprache den Lernerfolg fördert. Die hier befragten Aussiedler, die zum großen Teil kein

Deutsch sprechen, aber dennoch an ihrer deutschstämmigen Herkunft und Identität festhalten, haben oft über Jahrzehnte auf ihre Ausreise in die Bundesrepublik gewartet. Insbesondere in Zeiten politischer und kultureller Bedrängnis und Unterdrückung in der Sowjetunion hat sich bei vielen dieser Aussiedler ein sehr positives Deutschlandbild entwickelt, das Oxen als "Deutschland-Mythos" bezeichnet. Gar zu euphorische Vorstellungen vom Paradies Deutschland werden nach der Ankunft im gelobten Land zuweilen rasch gedämpft, und auch Kulturschocks bleiben vielen nicht erspart. Trotz mancher Eingliederungsprobleme halten die Aussiedler aber erstaunlicherweise an einem positiven Deutschlandbild fest und zeigen eine hohe Motivation und Lernbereitschaft im Hinblick auf den Erwerb der deutschen Sprache. Dieser Aufsatz muß als Vorstudie zur empirischen Erfassung von Spracherwerbsleistungen dieser hochmotivierten Deutsch-Lerner verstanden werden. Es wäre interessant zu erfahren, ob bei ihnen aufgrund der positiven Einstellung zu Sprache und Kultur Deutschlands tatsächlich die Lernleistungen höher sind als bei emotional distanzierteren Migranten-Gruppen.

Lust auf Fremdsprachen - Frust im Fremdsprachenunterricht: so überschreibt **Axel Polleti** seinen Beitrag, der von einem Paradox ausgeht: Wie kommt es, daß jugendliche Lerner durchweg mit Begeisterung in das Lernen einer neuen Sprache einsteigen - die dann oft gar zu schnell in Unlust und Frust umschlägt? Nach Polleti sind fünf Faktoren bei der Erzeugung von Frust beteiligt: langweilige Texte in Lehrbüchern, die Monotonie der Unterrichtsverläufe, stupide Hausaufgaben (Vokabeln abschreiben), Angst vor Leistungssmessung und mangelnde Fortschritte trotz langer Lernzeiten. Zu allen fünf Problemfeldern macht Polleti interessante Vorschläge, wie diese Frustauslöser in der Praxis abgebaut und überwunden werden können. Abschließend wehrt sich Polleti dagegen, schlechte institutionelle Rahmenbedingungen pauschal für den Frust von Lehrern und Schülern im Fremdsprachenunterricht verantwortlich zu machen. Natürlich können und sollen Rahmenbedingungen des Unterrichts verbessert werden, aber mancher Frust - das zeigt Polletis Beitrag - kann auch von den Lehrenden und den Schülern selbst überwunden werden.

In ihrem Beitrag *Die Relevanz bestimmter Interaktionsstrukturen und Kommunikations-formen für den "Erfolg" textbezogener Rezeptionsgespräche im Englischunterricht der Sekundarstufe II* berichtet **Petra Schenke** von den Ergebnissen ihres empirischen Forschungsprojektes, bei dem sie die textdeutenden Gespräche zu Dorothy Parkers Kurzgeschichte *You were perfectly fine* in 10 Hamburger Oberstufen-Englischkursen aufzeichnete und darauf hin untersuchte, in wieweit Lehrerinnen und Lehrer in der Lage waren, die Interpretationsinteressen der Schülerinnen und Schüler aufzunehmen. Schenke greift für die Interaktionsanalyse auf Erkenntnisse der Engländer Sinclair und Coulthard und deren Adaption durch Rudolf Nissen zurück. Vor Beginn des Unterrichts befragte Schenke die Lerngruppen, die den Text als Hausaufgabe gelesen hatten, nach den Diskussionsinteressen am Text. Es zeigte sich, daß die Schülerinnen und Schüler jeweils klare Diskussionsinteressen zum Text besaßen und inhaltlich nicht auf die Gesprächsimpulse des Lehrenden angewiesen waren. Wichtig erscheint mir der Hinweis von Schenke, daß Lehrer und Lehrerinnen die Gesprächsbeiträge ihrer Schülerinnen und Schüler nicht nach der sprachlichen Korrektheit beurteilen, sondern ihren Schülerinnen und Schülern signalisieren sollten, daß sie " bereits in der Verwirklichung einer Kommunikationsabsicht einen Erfolg sehen dürfen." Schenke konnte feststellen, daß sprachliche Hilfestellungen von den Lernenden begrüßt wurden, inhaltliche Gesprächssteuerung und -evaluation durch die Lehrenden jedoch einen negativen Effekt auf das Gesprächsengagement der Lerngruppe hatte. Schenke plädiert für Langzeituntersuchungen zum textdeutenden Gesprächsverhalten von Lerngruppen, um so aufzeigen zu können, welchen Effekt ein schülerzentriertes Interaktionsverhalten auf die Sprachaneignung hat.

In seinem Beitrag *Sprachpolitische Überlegungen zur Situation der "kleineren" Sprachen in Europa* macht **Roland Willemyns** einleitend detaillierte Angaben sowohl zur finanziellen als auch zur technischen Dimension des Sprachproblems in der Europäischen Union und im Europäischen Parlament. Angesichts der Tatsache, daß mit dem Beitritt weiterer Länder zur EU die Sprachenfrage in Zukunft noch an Gewicht gewinnen wird, ist es nach Willemyns insbesondere für die "kleineren" Sprachen in Europa wichtig, eine aktive Förderung ihrer Sprache zu verfolgen. Am Beispiel des Niederländischen wird gezeigt, welche Maßnahmen dabei im einzelnen zu bedenken sind. Am Ende seines Beitrages formuliert Willemyns seine Ansichten zu einer Sprachenpolitik in der EU. Er plädiert dafür, daß auch in Zukunft alle Sprachen der Mitgliedsländer Amtssprachen der EU sein sollten. Gleichzeitig müssen sich insbesondere die "kleineren ", z. T. aber auch größere Sprachen damit abfinden, daß einige wenige Sprachen als sog. Arbeitssprachen bevorzugt werden. Willemyns legt aber Wert darauf, daß zur Wahl der Arbeitssprachen keine Festlegungen erfolgen, um so für zukünftige Entwicklungen offen zu bleiben.

Noch wichtiger aber ist Willemyns die Forderung, daß alle Länder der EU verpflichtet werden sollten, in ihren Bildungssystemen eine Erziehung zur Mehrsprachigkeit ihrer Bürger zu verfolgen, eine unseres Erachtens gerade für Europa wichtige Forderung, da nur so neben der notwendigen effizienten transnationalen Verständigung das große Erbe eines mutilingualen und multikulturellen Europa erhalten werden kann.

Stephen D. Krashen
The Input Hypothesis: Some Current Issues

My goal in this paper is to present a brief overview of some central hypotheses in language acquisition theory, and then to examine the evidence for one of these hypotheses in greater detail. The four hypotheses covered here, along with a fifth (the natural order hypothesis, not discussed in this paper), are interrelated and together constitute a theory of language acquisition.

Four Hypotheses

1. The acquisition-learning hypothesis: This hypothesis claims that we have two different ways of developing knowledge of a language, and that each of these ways leads to a different kind of linguistic competence. Language acquisition is a subconscious, automatic process that leads to knowledge that is stored subconsciously in the brain. In other words, while you are acquiring, you don't know you are acquiring, and once you have acquired something, you are not always aware you have done so.

Language learning is a conscious process that leads to consciously stored linguistic knowledge. Language learning is, in other words, what we did in school, learning about language. Error correction, it is hypothesized, helps learning, not acquisition. When students are corrected, we expect them to change their version of their consciously stored rule.

2. The Monitor hypothesis: This hypothesis informs us about the role of acquisition and learning in language production. Learning, it is claimed, is available only as a Monitor or editor. In language production, our output is initiated by the acquired system. Just before we actually speak or write, we have the option of using our learned competence to alter the utterance or text. In other words, we use conscious rules to make changes and corrections. (This can also occur after we actually speak or write, when we realize we have made a mistake.)

While Monitor use can increase accuracy, it appears to be subject to severe restrictions. To use the Monitor, the performer must (1) know the rule; (2) be concerned with form; and (3) have time to apply the rule. These conditions are hard to meet. They are met most fully on grammar tests, and it is on grammar tests that we see the clearest evidence of Monitor use (Krashen, 1981).

3. The input hypothesis: The input hypothesis claims that we acquire language in only one way - when we understand messages, or receive comprehensible input. More precisely, comprehensible input is the essential environmental ingredient for language acquisition. Acquired linguistic competence, it is claimed, is the result of comprehensible input (or, more correctly, comprehended input (Butzkamm, 1993), triggering an innate language acquisition device (Chomsky, 1975).

A subhypothesis of the input hypothesis is the reading hypothesis, the claim that meaningful reading is the source of much of our competence in literacy. Input in the form of reading is the source of our reading ability, our writing style, much of our vocabulary and spelling competence, and our ability to use complex grammatical structures (Krashen, 1993a).

4. The affective filter hypothesis: According to the affective filter hypothesis, comprehensible input is not enough to insure language acquisition. In addition to receiving comprehensible input, the acquirer must "open" to the input. When anxiety is high, the acquirer may understand the input, but it will not reach the language acquisition device. A mental block, termed the "affective filter" (Dulay and Burt; see Burt et. al., 1982), will keep the input out.

The affective filter is present in children, but gets much stronger at around puberty, which helps explain why children typically have more ultimate success with second languages than adults (Krashen, 1982).

Note that the affective filter hypothesis claims that the impact of affective variables is "outside" the language acquisition device. The presence of anxiety, for example, will not change the process of language acquisition, but it can influence its rate by denying the language acquisition device comprehensible input.

I have also suggested (Krashen, 1985) that an output filter exists. While the affective filter affects language acquisition, the output filter affects performance. The presence of a strong output filter prevents the performer from actually performing his or her competence, for affective reasons. A clear case is the area of second dialects. Most of us can imitate other dialects of our first language, but are prevented from actually doing so in public by powerful affective forces - we feel that the dialect is "not us" - we are not members of the club (see Smith, 1988) that uses that dialect. The same phenomenon seems to hold for accent in a second language, which suggests that our accents are actually better than what we produce.

Evidence for the Input Hypothesis

The input hypothesis is the central hypothesis of language acquisition theory, because it addresses the question of how we acquire language. Evidence for the input hypothesis will be presented according to the following plan:

1. It will be shown that more comprehensible input consistently results in more language acquisition and more literacy development, in both the informal and formal environment. For the formal environment, the classroom, it will be shown that methods that contain more comprehensible input are more effective than those containing less comprehensible input, at both the beginning and intermediate level.

2. It will be argued that there are serious problems with all hypotheses competing with the input hypothesis.

More comprehensible input results in more language acquisition

Second Language Acquisition: The informal environment. Those who spend more time in the country where the target language is spoken tend to acquire more of it, as long as they have a chance to interact with speakers of the language and are competent enough to engage in interaction (Krashen, 1982).

The developmental course of second language acquisition in the informal environment appears to follow an S-curve, with little progress at the beginning, because input is not comprehensible (unless the acquirer has access to the classroom, an excellent source of comprehensible input for beginners), and slower progress at advanced levels, because of the lack of new structures and vocabulary in the input.

Second Language Acquisition: The formal environment. Beginning methods emphasizing comprehensible input have been shown to be consistent winners over traditional methods in studies when communicative measures are used; when form-based measures are used, comprehensible input-based methods have been shown to be at least as effective, or slightly more effective (Krashen, 1982, 1985, 1991a). The latter result is very important: Students in comprehensible input-based classes do not sacrifice fluency for accuracy.

It is important to note that comprehensible input-based methods such as Natural Approach (Krashen and Terrell, 1983), include some direct instruction in grammar for older students (teen-age and older). In Natural Approach, however, grammar is always a peripheral part of the course, and is assigned for individual study as homework. Such direct grammar teaching has two functions: It is, in a sense, the study of linguistics, which is worthwhile for its own sake. Also, it provides conscious knowledge for Monitor use. Students are, however, encouraged to use the Monitor "optimally," when it does not interfere with communication (Krashen, 1981). For most students, this limits Monitor use to the editing stage of writing. It is not expected that students' conscious knowledge of grammar will be available to them during oral/aural activities.

Intermediate level comprehensible input-based instruction is sheltered subject-matter teaching, a method in which students are taught subject matter in a second language in a comprehensible way. There are two crucial characteristics of sheltered subject matter teaching: (1) classes are composed of intermediate level students. Input in sheltered classes is usually too complex for beginners. (2) The focus of the sheltered class is on subject matter, not language. If there are tests, the tests are subject matter tests, not language tests. When we test language, students "study" grammar and vocabulary, with limited results. When tests are on subject matter, students listen to lectures, participate in discussion, and do required and recommended readings. The result is more comprehensible input and more language acquisition.

Students in sheltered subject matter classes typically acquire as much or more of the second language as students in comparison classes and learn an impressive amount of subject matter at the same time (research reviewed in Krashen, 1991b).

Literacy: the informal environment

Those who say they read more typically read and write better (Krashen, 1993a). Correlations between the amount of free reading done and tests of literacy development are consistent, but modest, a result that would be expected is the relationship between the amount read and literacy development is non-linear. There is reason to hypothesize that an S-shaped curve is applicable here as well as in the informal second language acquisition situation (Krashen, 1991a).

Of course, it can be argued that such correlations do not constitute definitive evidence. Perhaps those who do more pleasure reading also study harder. There are, however, case histories and studies in which alternative explanations are unlikely. Cho and Krashen (1994) reported on a small group of adult female acquirers of English as a second language who made impressive gains in vocabulary development as a result of reading novels from the Sweet Valley High series. Similarly, there are reports of people who have achieved very high levels of literacy from reading alone (see, for example, the cases of Richard Wright and Malcolm X, described in Krashen, 1993a).

Literacy: the formal environment

An excellent course of comprehensible input for literacy development at the beginning level is hearing stories. There is strong evidence that children who are read to regularly in school outperform students who are not read to regularly on a wide variety of language tests (research reviewed in Krashen, 1993a).

At the intermediate level, comprehensible input for literacy development in school is provided through programs in which time is set aside for students to do self-selected reading. When these programs are given significant time to run, they are effective: In studies done with students of English as a first language, students in in-school free reading programs make better gains on standardized tests than students who spend an equivalent amount of time in traditional language arts instruction. Studies of second and foreign language acquirers have so far confirmed the efficacy of free reading in the second language (Elley and Mangubhai, 1982; Elley, 1991; Pilgreen and Krashen, 1993).

Brusch (1994) reported no clear impact of free reading on English language development among third and fourth year students of English as a foreign language in public schools in Hamburg. As Brusch notes, the results are easily explained: students only had about 100 volumes available to them, and 70% of the students found only about 10 of these volumes to be of interest. Moreover, Brusch reported that for the boys, most of their reading was in the first three months of the project, and concluded that the selection was not sufficient to hold reader interest for one year (p. 23). In addition, students read once per week, were asked to make book reports and fill out a reading log, and conferred with teachers about their reading. This reading program thus differs in significant ways from other studies of in-school free reading. In Pilgreen and Krashen (1993), for example, students read everyday, were encouraged to read at home, were not accountable for their reading, and, perhaps most importantly, had a wide selection of reading material available to them.

Brusch also reported the teacher of one class was especially enthusiastic. She was the most diligent in encouraging written reports on the reading, which she read and corrected regularly, and discussed some of the reading in class. Her class made clear gains, moving from eleventh out of the twelve Gesamtschulklasse sections to fourth place at the end of the year. As Brusch points out, such results are consistent with the hypothesis that the extra discussion and writing caused the gains, but it may also be the case that students in this class simply read more.

Rival Hypotheses

The above research evidence is amazingly consistent, but it is not enough. To demonstrate firmly that the input hypothesis is correct, it needs to be shown that rival hypotheses are incorrect. I will consider here two rival hypotheses, the "instruction" hypothesis, and a recent contender, the "comprehensible output" hypothesis.

To show a hypothesis is incorrect, one needs only to find one convincing piece of counterevidence. In the case of these rival hypotheses, we will see that they fail many times.

The instruction hypothesis

The first rival, the instruction hypothesis, is actually a combination of two more basic hypotheses:

1. the skill-building hypothesis, which claims that we acquire language by first learning rules consciously, and then practicing them in oral and written output until they become "automatic."

2. output plus correction, which claims that we acquire language by producing it, and getting correction on form when we make a mistake.

Note that both of these hypotheses involve conscious learning. As noted earlier, it is assumed that correction impacts consciously learned competence.

There are several arguments against the instruction hypothesis:

1. The complexity argument. It has been pointed out by many scholars that language is simply too complex to be directly taught and studied. This argument has been made for grammar (Krashen, 1982), English spelling (Smith, 1982), and writing style (Smith, 1982; Krashen, 1984). For vocabulary, part of the complexity argument is the size argument: there are too many words to be consciously learned (Nagy and Herman, 1987).

2. Acquisition without learning. An important reason not to accept the necessity of instruction are findings showing that very high levels

of language and literacy development can take place without instruction. In addition to the case studies of people who have attained high levels of literacy without instruction, mentioned earlier, there are also cases of second language acquirers who have done very well without study (see the case of J.P., an adult second language acquirer of English as a second language, described in Krashen, 1985, and the case of Laura, a Finnish child who acquired a great deal of English by watching cartoons on television (Jylha-Laide and Karreinen, 1993).

In addition, studies in which readers read paragraphs containing unfamiliar vocabulary and are then tested on that vocabulary (termed "read and test" studies) confirm that acquisition can take place without instruction. Nagy, Herman and Anderson (1985) have demonstrated that readers make a small but reliable gain in vocabulary knowledge after only one exposure to an unfamiliar word in a meaningful text. Nagy et. al. also calculated that given a reasonable amount of reading, this small gain is enough to account for the yearly gains actually seen in children developing first language competence. Several studies have confirmed that second language acquirers can also acquire vocabulary from reading alone (Day, Omuru, and Hiramatsu, 1991; Pitts, White and Krashen, 1989; Dupuy and Krashen, 1993).

There is also good evidence that spelling growth can occur without instruction. Cornman (1902) was an elementary school principal in Philadelphia who dropped all spelling instruction from his school for three years. His conclusions, supported by our re-analysis of his data (Krashen and White, 1991), were that children who did not get spelling instruction improved in spelling just as much as those who did.

3. The effect of grammar instruction. There has been recently a good deal of effort made to determine whether grammar instruction has any effect on second language competence. I interpret this research as an indication that a paradigm shift has taken place. Formerly, it was assumed that the skill-building hypothesis was correct. Now, at least, it has been reduced to the status of testable hypothesis.

I have reviewed the results of these studies (Krashen, 1991a, 1992, 1993) and have concluded that they confirm that the effect of grammar is peripheral and fragile. Grammar instruction seems only to have a short-term effect; there is gain in target structure accuracy after instruction, but when students are retested three months to a year later, the gains disappear. Of course, hardcore believers in instruction concluded from these results that students simply need more grammar instruction.

4. The effect of error correction. Research on the effects of error correction produces similar results. Most studies of the effects of correction show that it has no impact. In those studies showing some effect for correction, the effect is modest, and occurs when where the Monitor hypothesis predicts it should: when the conditions for the use of conscious grammatical knowledge are met (research reviewed in Krashen, 1991a).

Of course, some scholars interpret these results as showing that we need more efffective means of correction; correction, it has been suggested, needs to be most consistent, with all papers being graded by two raters. Also, they suggest, we need to keep careful track of students' errors, and assign special exercises based on their errors. Such procedures convert the difficult job of language teaching into an impossible one.

5. The scarcity of correction: Correction is simply too infrequent to have much of an impact on language and literacy development. In class, the number of corrections per class ranges from about six (Cathcard and Olsen, 1976) to about 81 (my estimate, based on Fanselow, 1977, and Chaudron, 1988). Even taking the largest number I could find in the literature, 81, this amounts to about three corrections per student per period. There is also, of course, no guarantee that students attend to corrections, and if they do, that they understand the correction and arrive at a better version of their conscious rule.

Correction is even rarer outside of class. In Native Speaker-Non Native Speaker conversation, only about 9% of errors are corrected

(Chun, Day, Chenowith, and Luppescu, 1982) with many of these being lexical, not grammatical.

Of course, some researchers react to these results by recommending more correction.

The comprehensible output hypothesis

The second competitor to the input hypothesis is the comprehensible output hypothesis, which claims that we acquire language by trying to make our output more comprehensible. As stated by its originator, Merrill Swain (Swain, 1985), comprehensible output is not the only way language is acquired. Swain proposes that we need a combination of input and output.

The comprehensible output hypothesis has been put to the direct experimental test only once, by Noboyoshi and Ellis (1993). In their study, adult students of English as a foreign language in Japan were asked to participate in a conversational task with their teacher that required the use of the past tense. Each time the three experimental subjects used the past tense incorrectly, the teacher pretended not to understand. One week later, the activity was repeated, but the teacher did not focus on the past tense, and simply indicated lack of comprehension when it was appropriate to do so.

Of the three experimental subjects, one showed no improvement from time 1 to time 2. The two others improved their accuracy in the use of the past tense, but according to my calculations the gains were not statistically significant. In addition, the number of attempted uses of the past tense was very small: The subject who showed the largest gains improved from 3 correct out of thirteen attempts at time 1 to 8 correct out of 9 at time 2. It should also be noted that improvement under these conditions is easily explainable without the comprehensible output hypothesis; all subjects had studied the past tense rule and had, to at least some extent, consciously learned it. Some students, put in a conversational situation with their teacher indicating lack of comprehension when the past tense is misused or lacking, will simply try to Monitor it more carefully. Since Monitor use in these conditions is difficult, and because there is considerable individual variation in the use of the Monitor (Krashen, 1981), it is no surprise that some subjects do better in these tasks.

Damaging counterevidence to all output hypotheses is the finding that increasing written output does not result in more language acquisition or literacy development. This is a consistent result in studies of writing dealing with university students writing in their first language, children writing in their first language, and adults writing in their second language (research reviewed in Krashen, 1993a). A particularly interesting example is Gradman and Hanania (1991), who investigated predictors of TOEFL test performance among students taking the test in their own country. Gradman and Hanania reported that the amount of "extracurricular writing" students did was not a predictor of test performance. "Extracurricular reading," however, was a very strong predictor.

Another argument against all output hypotheses is the fact that the available evidence shows that output is surprisingly scarce. It is very clear that people don't write enough for this kind of output to make a significant impact on language development. According to one study (Rice, 1986), adults spend about 15 hours per week reading but only two hours per week writing. Even assuming a rapid rate of writing and a modest reading rate, we are involved with far more language in reading than we are with writing. Given the complexity of the system to be acquired, it is much more likely that input plays a larger role than output.

Comprehensible output itself appears to be infrequent. In a series of studies, Pica and associates (Pica, 1988; Pica, Halliday, Lewis, and Morganthaller, 1989) reported that only from 1/3 to 1/2 of adjustments second language acquirers make in their output in response to communication pressure result in more well-formed output, and only a minority of these adjustments were in the domain of grammar.

While output does not help language acquisition directly, it has valuable functions. Oral output invites aural input, via conversation, which explains why conversation is so good for language acquisition. In addition, actually producing a language, it can be argued, makes one feel more like a member of the group that uses the language, a member of the "club" (Smith, 1988), which can result in a lower affective filter.

In addition, there is good evidence that writing can have a profound impact on cognitive development, that writing can make you smarter, especially if the problem the writer is working on is a difficult one (evidence reviewed in Krashen, 1993a).

A barrier to application of the input hypothesis

Despite the overwhelming evidence for the input hypothesis, and the lack of evidence for rival hypotheses, there is a major barrier to the acceptance of the input hypothesis. For language professionals, conscious language learning feels very concrete. After you learn a rule, you can, in a sense, put it in your pocket and take it home with you. It feels solid. Moreover, for many of us, there is real pleasure in "knowing about" language and in being able to learn and apply rules. Whenever I successful Monitor the rule for the French subjunctive, I rekindle the sense of victory I had when I learned the rule. What we sometimes forget is that normal people get their pleasures elsewhere.

Bibliography

Brusch, Wilfried: Erziehung zum Lesen im Englischen durch Klassenbibliotheken. Ein empirisches Unterrichtsprojekt. *Praxis* 41 (1994), p. 17-26.

Burt, Marina, Heidi Dulay, and Stephen Krashen: *Language Two*. New York: Oxford University Press, 1982.

Butzkamm, Wolfgang: *Psycholinguistik des Fremdsprachenunterrichts*. Tübingen: Francke Verlag, 1993. 2. Aufflage.

Cathcart, Ruth and Judy W. B. Olsen: Teachers' and students' preferences for correction of classroom conversation errors. In Fanselow, John, and Crymes, Ruth (eds.) In *TESOL '76*, p. 41-53. Washington, DC: TESOL, 1976.

Chaudren, Craig: *Second Language Classrooms: Research on Teaching and Learning*. Cambridge: Cambridge University Press, 1988.

Chun, Ann, Richard Day, N. Ann Chenoweth, and Stuart Leppescu: Errors, Interaction, and Correction: A Study of Native-Nonnative Conversations. *TESOL Quarterly* 16 (1982), p. 537-547.

Cho, Kyung Sook, and Stephen Krashen: Acquisition of vocabulary from the Sweet Valley Kids series: adult ESL acquisition. In: *Journal of Reading* 37 (1994), p. 662-667.

Chomsky, Noam: *Reflections on Language*. New York: Pantheon Books, 1975.

Cornman, Oliver: *Spelling in the Elementary School*. Boston: Ginn, 1902.

Day, Ricard., Omura, Carole. and Hiramatsu, Motoo: *Incidental Vocabulary Learning and Reading*. Reading in a Foreign Language, 7 (1991), p. 541-551.

Dupuy, Beatrice and Stephen Krashen: Incidental Vocabulary Acquisition in French as a Foreign Language. *Applied Language Learning* 4 (1993), p. 55-63.

Elley, Warwick: Acquiring Literacy in a Second Language: The Effect of Book-Based Programs. *Language Learning* 41 (1991), 375-411.

Elley, Warwick and Francis Mangubhai: The Impact of Reading on Second Language Learning. *Reading Research Quarterly* 19 (1983), p. 53-67.

Fanselow, John: The Treatment of Error in Oral Work. *Foreign Language Annals* 10 (1977), p. 583-593.

Gradman, Harry and Edith Hanania: Language Learning Background Factors and ESL Proficiency. *Modern Language Journal* 75 (1991), p. 39-51.

Jylha-Laide, Jaana and Sirpa Karreinen: Play it Again, Laura: Off-Air Cartoons and Video as a Means of Second Language Learning. *Jyvaskyla Cross-Language Studies* 16 (1993), p. 89-146.

Krashen, Stephen: *Second Language Acquisition and Second Language Learning.* Hemel Hempstead, Hertfordshire: Prentice-Hall International, 1981.

Krashen, Stephen: *Principles and Practice in Second Language Acquisition.* Hemel Hempstead, Hertfordshire: Prentice-Hall International, 1982.

Krashen, Stephen: *Writing: Research, Theory and Application.* Torrance, California: Laredo Publishing Company, 1984.

Krashen, Stephen: *The Input Hypothesis.* Torrance, California: Laredo Publishing Company, 1985.

Krashen, Stephen: The Input Hypothesis: An update. In: Alatis, James E. (ed.): *Georgetown University Round Table on Languages and Linguistics* p. 409-31. Washington, DC: Georgetown University Press, 1991a.

Krashen, Stephen: Sheltered Subject Matter Teaching. *Cross Currents* 18 (1991b), p. 183-189.

Krashen, Stephen: Under What Circumstances, If Any, Should Formal Grammar Instruction Take Place? *TESOL Quarterly* 26 (1992), p. 409-411.

Krashen, Stephen: The Effect of Formal Grammar Teaching: Still Peripheral. *TESOL Quarterly* 27 (1993), p. 722-725.

Krashen, Stephen: *The Power of Reading.* Englewood, Colorado: Libraries Unlimited, 1993a.

Krashen, Stephen and Tracy Terrell: *The Natural Approach: Language Acquisition in the Classroom.* New York: Prentice-Hall, 1983.

Krashen, Stephen and Howard White: Is Spelling Acquired or Learned? A Re-analysis of Rice (1897) and Cornman (1902). *ITL: Review of Applied Linguistics* 91-92 (1991), p. 1-48.

Nagy, William, Patricia Herman and Richard Anderson: Learning words from context. *Reading Research Quarterly* 20 (1985), p. 233-253.

Nagy, William and Patricia Herman: Breadth and Depth of Vocabulary Knowledge: Implications for Acquisition and Instruction. In: McKeown, Margaret and Mary Curtis (eds.): *The Nature of Vocabulary Acquisition*, p. 19-35. Hillsdale, New Jersey: Lawrence Elbaum Associates, 1987.

Nobuyoshi, Junko and Rod Ellis: Focussed Communication Tasks and Second Language Acquisition. *ELT Journal* 47(1993), p. 203-210.

Pica, Teresa: Interlanguage Adjustments as an Outcome of NS-NNS Negotiated Interaction. *Language Learning* 38 (1988), p. 45-73.

Pica, Teresa, Lloyd Halliday, Nora Lewis, and Lynelle Morganthaler: Comprehensible Output as an Outcome of Linguistic Demands on the Learner. *Studies in Second Language Acquisition* 11 (1989), p. 63-90.

Pilgreen, Janice and Stephen Krashen: Sustained Silent Reading with ESL High School Students: Impact on Reading Comprehension, Reading Frequency, and Reading Enjoyment. *School Library Media Quarterly* 22 (1993), p. 21-23.

Pitts, Michael, Howard White, and Stephen Krashen: Acquiring Second Language Vocabulary Through Reading: A Replication of the Clockwork Orange Study Using Second Language Acquirers. *Reading in a Foreign Language* 5 (1989), p. 271-275.

Rice, Elizabeth: The Everyday Activities of Adults: Implications for Prose Recall, Part I. *Educational Gerontology* 12 (1986), p. 173-186.

Smith, Frank: *Writing and the Writer.* New York: Holt Rinehart Winston, 1982.

Smith, Frank: *Joining the Literacy Club.* Portsmouth, New Hampshire: Heinemann Publishing Company, 1988.

Swain, Merrill: Communicative Competence: Some Roles of Comprehensible Input and Comprehensible Output in its Development. In Gass, Susan and Madden, Carolyn, (eds.) *Input in Second Language Acquisition.* p. 235-256. New York: Newbury House, 1985.

Otfried Börner
Schüler- und Handlungsorientierung im Englischunterricht der Sekundarstufe I

Der diesjährige Kongreß des FMF steht unter dem Motto "Lust auf Sprachen: Schlüssel zu Europa - Tor zur Welt". In diesen dreimal drei Wörtern sehe ich die Aufforderung zu einem etwas anderen als dem heute viel zu häufig zu beobachtenden Fremdsprachenunterricht traditioneller Prägung, der sich durch Verkopfung und Verbuchung auszeichnet.

"Lust auf Sprachen?"

Schüleräußerungen verraten uns, daß für sie Fremdsprachenunterricht nur zu oft *Last* statt *Lust* bedeutet, daß er statt *Lust* viel eher *Frust* erzeugt. Die Situationsbeschreibung einer Fachkonferenz, nachzulesen bei Edelhoff in Bach/Timm (1989:229ff.), zeugt von wenig lustbetontem Geschehen auch auf Seiten der Lehrenden. Und wie kann Lust auf Sprachen sich eigentlich voll entfalten, wenn die Fremdsprachen faktisch *das* schulische Auslesefach abgeben? Es sei daran erinnert, daß für den Erwerb der Reifeprüfung zwei und für den mittleren Abschluß eine Fremdsprache nachzuweisen sind; Hauptschüler freilich können in der Regel in unserem Land ohne den Nachweis von Fremdsprachenkenntnissen einen Abschluß bekommen.

"Schlüssel zu Europa"

Das hört sich gut an, aber führen unsere handwerklichen Leistungen in der Schule tatsächlich dazu, diesen Schlüssel auch angemessen handhaben zu können? Wie viele Schülerinnen und Schüler gehen - zum Teil schon während der Schulzeit - in Volkshochschul- oder ähnliche Kurse, müssen während der Berufsausbildung oder - ausübung zur Qualifizierung die "richtige" Fremdsprache nachholen. Ich erinnere an den traurigen Fall jenes Oberstufenschülers, der bei dem Versuch, in einem Flugzeug ein dringendes Bedürfnis zu artikulieren, dieses nur auf so unglückliche Weise bewerkstelligen konnte, daß er für einen Terroristen gehalten und darob unfreiwillig in Haft genommen wurde (nachzulesen in "Die Zeit")!

"Tor zur Welt"

Wir sind hier in meiner Vaterstadt Hamburg, die sich stolz "Tor zur Welt" nennt. Diesen Titel hatten die Veranstalter des Fremdsprachendidaktikerkongresses von 1989 auch gewählt, und jetzt taucht er wieder auf als Appellation dieses Kongresses. Gerne erinnere ich daran, daß in dieser Stadt seit fast 125 Jahren Englischunterricht für alle erteilt wird. Und in der lesenswerten Darstellung von Reiner Lehberger können wir nachlesen, daß dieser Unterricht schon zur Zeit der frühen Reformpädagogik starke handlungs- und schülerorientierte Züge trug. Der Untertitel von Lehbergers Buch entstammt dem Hansa Reader von 1908: "Collect all the English inscriptions you can find in our city!" Julchen Möller, später Bloom, praktizierte bereits in den späten 20er Jahren einen Unterricht, der mit authentischem Lernen, Handlungsorientierung und Elementen der Öffnung richtig beschrieben wäre.

An diese verschüttete Tradition soll mit meinen Ausführungen abgeknüpft werden. Ich möchte anregen, eine grundsätzlich andere *Haltung* zum Fremdsprachenerwerb einzunehmen und mit der Vorstellung einer Reihe von bewährten Beispielen auffordern, pädagogischen Mut zu mehr Schüler- und Handlungsorientierung zu entwickeln.

Es ist mir klar, daß das Lehrwerk-System mit seiner grundsätzlich linearen Struktur sicherlich Grundlage des Fremdsprachenunterrichts bleiben wird. Ich möchte aber der Gefahr der "Verbuchung" des Unterrichts entgegenwirken durch ernsthafte Ansätze vom Lerner beziehungsweise von der Lerngruppe aus. Ein Lehrbuch, das in 16 Bundesländern anerkannt werden möchte, kann dieses schwerlich leisten - hier werden Kreativität und Mut der Lehrenden gefordert!

Ich möchte weiterhin der "Verkopfung" des Fremdsprachenunterrichts entgegenwirken. Ich wünsche mir, den Satz "Ich *behandele* gerade 'native Americans' oder 'das Simple Past'" ernst zu nehmen: immerhin steckt das Wort "Hand" darin! Deshalb trete ich für einen konsequent handlungsorientierten Unterricht ein. Ich behaupte, daß wir im Schulalltag zu viel *über* die Sprache reden, statt *mit* ihr umzugehen.

Damit möchte ich nicht der Grammatik- oder gar Theoriefeindlichkeit geziehen werden. Die sprachliche Analyse muß ihren Platz behalten, aber nicht als leitendes Prinzip. Sicherlich gibt es Lernertypen, die eine Sprache über das Regelsystem lernen; der weitaus größte Teil meiner Schülerinnen und Schüler erlangte eine Kommunikations-, Interaktions- oder - wahrscheinlich besser, nach Bach/Timm u.a. - , eine *sprachliche Handlungskompetenz* auf anderem Wege.

Für mich führt dazu ein Fremdsprachenunterricht, der "authentic", "meaningful" und "challenging" ist. (Wahrscheinlich gilt diese Forderung für jedweden Unterricht!)

Selbstverständlich erwarte ich von den Unterrichtsmaterialien, daß sie authentisch sind (Edelhoff 1985:7ff.). Darüber hinaus betrachte ich einen Unterricht aber erst dann als "authentic", wenn die Lerner weitestgehend unter Einbeziehung ihrer Erfahrung und ihrer Lebenswelt *als sie selber handeln*, in ihrem Hier und Jetzt, in dem ihnen nicht vorgegebene sprachlich korrekte Hülsen übergestülpt werden und diese bei den Lernerfolgskontrollen als *Output* erwartet werden (vgl. auch Legutke/Bredella 1985: 103f.; 1988: passim). Dabei kann es nicht darum gehen, "daß der Englischunterricht lediglich auf eine 'geschützte' Kommunikation im Klassenraum abzielt" (Rampillon 1989:7). Die Forderung nach dem Lernen mit Kopf, Herz und Hand ist eng mit diesem Ansatz verknüpft (Fauser/Fintelmann/Flitner 1983).

Als "meaningful" betrachte ich einen Unterricht, in dem die Sprache in sinnvollen Zusammenhängen vermittelt wird, in dem die Inhalte einen "Sitz im Leben" der Lernenden haben. Dazu gehören reale Begegnungen mit Menschen und Situationen, Kontakte über Briefe, Telefon und elektronische Medien, letztlich auch im weitesten Sinn die Auseinandersetzungen mit den Schlüsselproblemen unserer Zeit.

Schließlich muß der Unterricht auch herausfordern, sich nicht mit dem traditionellen "Input-Monopol" (Legutke in Bach/Timm 1989:123) zufriedengeben, sondern vielmehr das Sammeln von Erfahrungen ermöglichen, zum Aushandeln von Meinung befähigen, aus Fehlern lernen lassen. Célestin Freinet hat dieses eingängig in seinem Gleichnis von den Adlern, die keine Treppen steigen, beschrieben (1980: 17f.).

Die folgenden Beispiele sollen als Anregung zu mehr Schüler- und Handlungsorientierung im Fremdsprachenunterricht verstanden werden, nicht als aufgesetzte süße Schicht um den bitteren Kern des Vokabel-, Grammatik- und Phonetikpaukens, auch nicht als wirksames Werbemittel für Schülerinnen und Schüler zur Erhaltung des schulischen Standortes, sondern als integraler Bestandteil eines effektiven Lehr-Lern-Prozesses und als Ausdruck einer pädagogischen, edukativen Haltung der Lehrenden.

(1) Kleine Spuren

* Namensschilder/~karten herstellen und benutzen

* das Datum anschreiben und gebrauchen (z.B. für Hefteintragungen)

* Geburtstage feiern

* singen, auch für andere (Ständchen für den Hausmeister)

* gestalten (Raum, Flur, Vitrinen ...)

* etwas herstellen (Uhr, Kalender, Daumenindex für den Englischordner)

* drucken (kreative/narrative Texte, Sachtexte)

* auch sozial helfen, etwa im Sinne der *community school*

* Theater und Spiele spielen, *storytelling*

* Lehrbucharbeit: immer vom Schüler aus, *pre-activity, pre-knowledge,* statt "Vor-entlastung"

* authentische Gegenstände zum Anfassen, Hören, Schmecken ("Marmite"!), Ausstellen einbeziehen

(2) Projektwochen und Fachtage

* Besuch mit Interviews auf dem Flughafen (Legutke/Thiel 1983)

* Besuch und Interviews auf einem Fährschiff (MS "Hamburg")

* Herstellung einer *tape-slide show*

* Spiele herstellen und spielen

* English round the corner (z.b. "Americans in Frankfurt")

* englische/australische/irische (etc.) Woche

* Sport (z.B. Darts, Cricket)

* Videofilm produzieren

(3) Längere unterrichtsbegleitende Veranstaltungen

* Lieder sammeln, aufnehmen

* Logbooks oder Tagebücher schreiben

* Texte sammeln, auch: ein (Kinder-)Buch schreiben

* Briefkontakte, auch mit Ländern mit gemeinsamer Zielsprache (vgl. dazu insbesondere die Anregung von Barry Jones in Müller 1989:47-57)

* Kontakte mit Fax und e-mail

(4) Elemente der Öffnung

* Eigenverantwortung üben

* Schüler/innen entscheidungsfähig machen (*learner autonomy*)

* Leseecke (*book reports*)

* Karteikarten benutzen

* Spiele

* Referenzmöglichkeiten selber nutzen

* Wochenpläne

Bibliographie

Apelt, Walter: Projektmethode im Fremdsprachenunterricht. In: *Fremdsprachenunterricht*, 5/1993, pp. 253-257, 7/1993, pp. 381-385.

Bach, Gerhard/Johannes-Peter Timm (ed.): *Englischunterricht. Grundlagen und Methoden einer handlungsorientierten Unterrichtspraxis.* Tübingen: Francke 1989. Bastian, Johannes/ Herbert Gudjons (ed.): *Das Projektbuch. Theorie - Praxisbeispiele - Erfahrungen.* Hamburg: Bergmann + Helbig 1988.

Dies.: *Das Projektbuch II. über die Projektwoche hinaus - Projektlernen im Fachunterricht.* Hamburg: Bergmann + Helbig 1990.

Börner, Otfried: Auch der Fremdsprachenunterricht läßt sich öffnen. In: *Der Fremdsprachliche Unterricht* 100 (1990), pp. 14-20.

Ders.: *Umgewöhnung. Die kleinen Schritte und die großen Perspektiven.* In: Edelhoff/Liebau (1989), pp. 15-27.

Bredella, Lothar/Michael Legutke: *Schüleraktivierende Methoden im Fremdspra-chenunterricht Englisch.* Bochum: Kamp, 1985.

Bundesarbeitsgemeinschaft Englisch an Gesamtschulen (ed.): *Kommunikativer Englischunterricht. Übungstypologie.* München: Langenscheidt-Longman, 1979.

Dies.: Neubearbeitung in Vorbereitung. München: Langenscheidt-Longman, 1995.

Der Fremdsprachliche Unterricht 100 (1990).

Edelhoff, Christoph: *Authentische Texte im Deutschunterricht.* München: Hueber, 1985

Edelhoff, Christoph/ Eckart Liebau (ed.): *Über die Grenze. Praktisches Lernen im fremdsprachlichen Unterricht.* Weinheim/Basel: Beltz, 1989.

Fauser, Peter/Klaus Fintelmann/Andreas Flitner (ed.): *Lernen mit Kopf und Hand.* Weinheim/Basel: Beltz, 1983.

Freie und Hansestadt Hamburg, Amt für Schule (ed.): *Handrei-chungen zum Lehrplan Englisch an Gesamtschulen.* Hamburg: Eigenverlag, 1989-1992.

Freinet, Célestin: *Pädagogische Texte.* Reinbek bei Hamburg: Rowohlt, 1980.

Jones, Barry: *Motivation für Langsamlerner - Begegnung ohne Reisen.* In: Müller 1989: 47-57.

Kessling, Viola: Abenteuer, Interaktion, Neugier ... - für einen schüleraktiven Fremdsprachenunterricht. In: *Gesamtschul-Informationen* 3-4/1989, pp. 198-214.

Kessling, Viola/W. Melde: Projektorientierter Unterricht. Beispiele aus den Fächern Englisch und Französisch. In: *Fremdsprachenunterricht* 4/1992, pp. 203-217.

Köhler, Lorenz: Fachtage. In: *Pädagogik* 7-8/1989, pp. 66ff.

Legutke, Michael/Howard Thomas: *Process and Experience in the Language Classroom.* London/New York: Longman, 1991.

Legutke, Michael: *Projekte im Fremdsprachenunterricht: Bilanz und Perspektiven.* In: Christoph Edelhoff/Christopher Candlin (ed.): Verstehen und Verständigung. Zum 60. Geburtstag von Hans-Eberhard Piepho. Bochum: Kamp, 1989, pp. 81-97.

Legutke, Michael/Wolfgang Thiel: *Airport. Ein Projekt für den Englischunterricht in Klasse 6* (= Materialien zum Unterricht Sekundarstufe I. Heft 40. Neue Sprachen - Englisch 3. Hessische Institut für Bildungsforschung und Schulentwicklung: Frankfurt/ Wiesbaden, 1983.

Lehberger, Reiner: *Englischunterricht an Hamburger Volksschulen 1870-1945.* Hamburg: Curio Verlag, 1990.

Müller, Bernd-Dietrich (ed.): *Anders lernen im Fremdsprachen-unterricht.* Experimente aus der Praxis. München: Langenscheidt 1989.

Rampillon, Ute: Englisch lernen - wozu? In: *Neusprachliche Mitteilungen* 1/1989, pp. 7.11.

Schratz, Michael (ed.): *Englischunterricht im Gespräch. Probleme und Praxishilfen.* Bochum: Kamp, 1984.

Schulz, Wolfgang: Offenere Formen des Unterrichts. In: *Der Fremdsprachliche Unterricht* 100 (1990), pp. 4-9.

Starkebaum, Karl: Freiarbeit und Grammatik. In: *Der Fremdsprachliche Unterricht* 6 (1992), pp. 9-15.

Unruh, Thomas: Freie Arbeit und offener Englischunterricht. In: *Englisch* 1/989, pp. 4-7.

Peter Doyé
Lehrerausbildung für den Fremdsprachenunterricht in der Grundschule: Das PRAGER MODELL

Die Bedingungen

Die Einführung des Fremdsprachenunterrichts in die Grundschulen kommt in Deutschland nur langsam voran. Dafür gibt es die verschiedensten Gründe: die wichtigsten sind offensichtlich die mangelnde Überzeugung von der Notwendigkeit dieses Unterrichts, fehlende Reformbereitschaft und unklare Zielvorstellungen bei den für eine so entscheidende Maßnahme Verantwortlichen. Fast immer bringen diejenigen, die das Unternehmen bremsen wollen, das Argument vor, es seien die nötigen Voraussetzungen für die geplante Reform noch nicht gegeben.

Nun gibt es generell zwei grundverschiedene Vorstellungen von einer sinnvollen Initiation von Schulreformen. Die erste: Man verzichtet auf eine vollständige Erfüllung der als nötig erachteten Bedingungen und geht pragmatisch vor; man beginnt dort, wo es möglich ist, und erwartet, daß die noch fehlenden Voraussetzungen durch den erzeugten Sachzwang nach und nach geschaffen werden. Die zweite: Man wartet ab, bis alle Bedingungen - auch die letzte - erfüllt sind und führt erst dann die intendierte Reform durch. Beide Auffassungen haben ihre Vor- und Nachteile, wie sich einerseits an der sehr schnellen und andererseits an der zögerlichen Einführung des Fremdsprachenunterrichts in die Grundschulen der verschiedenen Bundesländer leicht zeigen läßt.

Aber vergegenwärtigen wir uns noch einmal die wichtigsten Bedingungen für eine solche Einführung, wie sie in der didaktischen Literatur immer wieder genannt werden:

- Integration in das Curriculum der Grundschule

- Sicherung der Kontinuität

- Entwicklung angemessener Methoden

- Entwicklung von geeignetem Unterrichtsmaterial

- Versorgung mit qualifizierten Lehrerinnen und Lehrern

Auf die letzte dieser Bedingungen will ich im folgenden ausführlich eingehen. Zunächst einmal gilt mein Interesse dem Konzept "qualifiziert". Zwar vertritt heute niemand mehr ernsthaft die Auffassung aus den Anfängen der Frühbeginn-Bewegung, daß, da hier ja nur Grundschulkinder zu unterrichten seien, dies eigentlich jede Grundschullehrerin und jeder Grundschullehrer mit ein paar Fremdsprachenkenntnissen tun könnte. Aber ähnlich naive und der Sache abträgliche Vorschläge aus neuerer Zeit lassen aufhorchen, wie etwa der, die Grundschullehrerausbildung generell an Fachhochschulen zu verlagern.

Um die Kosten für die Lehrerausbildung zu sparen, werden unverantwortliche Lösungen vorgeschlagen. Dabei liegen die Bedeutung und die Schwierigkeit der Aufgabe auf der Hand: Grundschulkinder zu Aufgeschlossenheit und Toleranz gegenüber Menschen anderer Sprache und Kultur und zur Kommunikationsfähigkeit mit diesen Menschen zu erziehen, erfordert ein hohes Maß an pädagogischer, sachlicher und sprachlicher Kompetenz; und diese müssen die dafür in Frage kommenden Personen in einer gründlichen wissenschaftlichen Ausbildung erwerben.

In der Bundesrepublik Deutschland wie in den meisten anderen Ländern Europas stehen bisher nicht hinreichend viele Lehrerinnen und Lehrer zur Verfügung. Die Kombination einer Fremdsprache mit dem Studienschwerpunkt Grundschule war in der Vergangenheit nur vereinzelt möglich. In Niedersachsen zum Beispiel ist sie 1991 (wieder) eingeführt worden; in manchen Bundesländern gibt es sie noch gar nicht. Deshalb müssen in nächster Zeit umfangreiche Maßnahmen getroffen werden. Zwei Möglichkeiten bestehen:

1. Nachqualifikation von bereits im Schuldienst stehenden Lehrkräften durch In-Service-Training.

2. Die grundständige Qualifikation durch entsprechende Studiengänge an den Universitäten und Hochschulen.

Die Nachqualifikation

Sie wird - will man den Fremdsprachenunterricht wirklich bald in die Grundschulen einführen - in den nächsten Jahren sehr intensiv betrieben werden müssen. Die Lehrerfort- und -weiterbildungsinstitute einiger Bundesländer treffen schon die nötigen Vorbereitungen (Landesinstitut für Schule und Weiterbildung - Nordrhein Westfalen; Niedersächsisches Landesinstitut für Lehrerfortbildung, Lehrerweiterbildung und Unterrichtsforschung; Hessisches Institut für Lehrerfortbildung). Wichtig ist, daß man dabei sehr gezielt und differenziert vorgeht. Edelhoff hat darauf hingewiesen, daß es fünf verschiedene Adressatengruppen gibt, für die jeweils verschiedene Kurse angeboten werden müssen:

1. Nachzuqualifizierende Lehrer/innen aus der Grundschule ohne bisherigen Fachbezug;

2. Nachzuqualifizierende Fremdsprachenlehrer/innen aus dem Sekundarschulbereich ohne grundschulpädagogische Ausbildung;

3. Unterrichtserfahrene und fachlich in Schulversuchen ausgebildete Lehrer/innen;

4. Fremdsprachenlehrer/innen, die die betreffende Sprache studiert haben, aber in diesem Fach noch keine unterrichtspraktischen Erfahrungen erwerben konnten;

5. Lehrkräfte der Klassenstufen 5 und 6 mit dem Auftrag der Weiterführung des in der Grundschule begonnenen Fremdsprachenunterrichts (Edelhoff, 1990, S.57).

Die Arbeitsgruppe "Teacher Education" auf dem Loccumer Workshop 8A hat sich besonders mit dem In-Service-Training befaßt und eine Übersicht über die zu vermittelnden Qualifikationen erstellt.

Die grundständige Qualifikation

Die Nachqualifikation stellt allerdings auf Dauer keine Lösung dar. Langfristig ist anzustreben, daß sich die Lehrerinnen und Lehrer für den Fremdsprachenunterricht in der Grundschule wie alle anderen Gruppen auch durch ein solides grundständiges Studium an einer

Universität oder Hochschule für ihre Aufgabe qualifizieren. Deshalb haben die auf dem Loccumer Workshop des Europarats versammelten Hochschullehrer die Einrichtung eigener Studiengänge für dieses Lehramt gefordert. In einem Netzwerk, dem zwölf europäische Hochschulen aus neun Ländern angehören, wollen wir in diesem Sinne kooperieren und uns für die Etablierung wissenschaftlich fundierter, praxisorientierter grundständiger Studiengänge in unseren Ländern einsetzen.

Ich habe für dieses Netzwerk ein Modell der Lehrerausbildung entworfen, das wir auf einer Konferenz in Prag im vergangenen Oktober ausführlich diskutiert und in seinen Grundzügen angenommen haben. Dieses PRAGER MODELL enthält vier Studienbereiche. Im Mittelpunkt des Studiums steht die Fremdsprachendidaktik (Foreign Language Pedagogy) als diejenige wissenschaftliche Disziplin, die sich mit dem Lehren und Lernen fremder Sprachen und Kulturen befaßt. Als die Wissenschaft eben desjenigen gesellschaftlichen Feldes, in dem die Studierenden später beruflich tätig werden, nimmt sie eine zentrale Stellung ein.

Dazu kommen die Referenzwissenschaften. Das Studium der Didaktik bedarf der Stützung durch das Studium dreier Disziplinen, die die Komponenten der Sprachlern- und -lehrprozesse primär zum Gegenstand haben:

• derjenigen, die sich mit Erziehung generell befaßt, da das Lehren und Lernen fremder Sprachen als Bestandteil der allgemeinen Erziehungsaufgabe der Schule aufgefaßt wird, also der Pädagogik (Education).

• derjenigen, die sich mit dem Verhalten und Erleben der Menschen, die lernen und lehren, befaßt, also Psychologie (Psychology) und

• derjenigen, die sich mit den Gegenständen, die gelernt und gelehrt werden, befaßt/befassen, also Sprach- und Kulturwissenschaft(en) (Linguistic und Cultural Studies).

Die drei Referenzwissenschaften ergänzen einander und die Fremdsprachendidaktik selbst. Sie sind in sich wiederum untergliedert in der Weise, wie sie in den einzelnen Kästen des Modells dargestellt sind, wobei nur die minimalen Inhalte aufgeführt wurden, welche dann je nach Bedarf durch weitere ergänzt werden können.

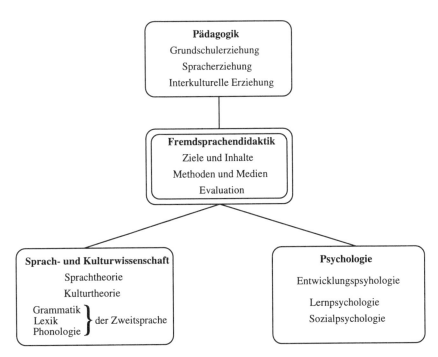

Abb.: Das Prager Modell

Die Inhalte des Studiums in den vier Bereichen

1. Das Studium der Fremdsprachendidaktik hat notwendigerweise die gleiche Struktur wie in den Lehramtsstudiengängen für die Sekundarstufe. Da sich die Studierenden mit der ganzen Breite und Komplexität des Fremdsprachenunterrichts zu befassen haben, müssen sie ihn auch unter allen seinen Aspekten kennen und betrachten lernen, natürlich vor allem in Bezug auf die Grundschule. Also: Ziele und Inhalte, Methoden und Medien und die Evaluation des Unterrichts. Daß dieses Studium in enger

Verbindung zur Praxis stehen muß, ist selbstverständlich. Für ausreichend viele und intensiv durchgeführte Praktika ist zu sorgen.

2. Das Studium der Erziehungswissenschaft, welches Lehramtstudierende ohnehin absolvieren müssen, muß für die, die sich für den Fremdsprachenunterricht in der Grundschule vorbereiten, besondere Ausrichtung erfahren. Das beginnt mit einer gründlichen Befassung mit den Spezifika der Erziehung in der Grundschule. Es ist gerade das Besondere dieses Studiums, daß die, die es absolvieren, zu Experten für Fremdsprachenunterricht und für die Grundschule ausgebildet werden müssen. Der nächste Teilbereich ist der der Spracherziehung. Welche allgemeine Aufgabe sie hat und wie die Konsolidierung der Erstsprache und das Erlernen einer Fremdsprache aufeinander abgestimmt werden können, muß hier reflektiert werden. Last, but not least: Interkulturelle Erziehung. Wenn der Fremdsprachenunterricht in der Grundschule einen Beitrag zur interkulturellen Erziehung leisten soll, dann müssen sich künftige Lehrerinnen und Lehrer selbstverständlich auch mit ihr gründlich in ihrem Studium befassen. Zu den möglichen Inhalten eines solchen Studiums hat Krumm eine überzeugende Aufstellung vorgelegt:

- Ausbildung in der Analyse interkultureller Kommunikationsprozesse und Kommunikationsprobleme

- Ausbildung in der Analyse der Merkmale der eigenen Kultur und eigenkultureller Prägungen

- Ausbildung in der Durchführung kulturkontrastiver Studien

- eine interkulturelle und antirassistische Erziehungsphilosophie (Krumm, 1993, S.284)

3. Der dritte Bereich umfaßt die sogenannten fachwissenschaftlichen Studien. Kein Fremdsprachenlehrer, das heißt auch kein Fremdsprachenlehrer für die Grundschule kann ohne solide Kenntnisse der Sprache und Kultur der anderen Nationen auskommen. Das heißt, er muß sich in seinem Studium ein gründliches Wissen über die Zielsprache in Grammatik, Lexik,

Phonologie und Pragmatik und über die Zielkulturen in Form von landeskundlichen Studien aneignen - und all dies auf der Grundlage einer fundierten Theorie von Sprache und Kultur. Auch in diesem Bereich sind wie bei der Didaktik erhebliche Praxisanteile vorzusehen. Die naive Vorstellung, daß wegen des geringen Umfanges des in der Grundschule zu vermittelnden Sprachschatzes auch die sprachliche Kompetenz der Lehrerinnen und Lehrer gering sein dürfte, ist längst als abwegig erkannt worden. Die Tatsache, daß die Kinder erst anfangen, die Fremdsprache zu lernen, darf nicht zu dem Fehlschluß verleiten, auch die Lehrkräfte brauchten die Sprache nur in ihren Anfängen zu beherrschen. Gerade bei der oft spielerischen Form des Fremdsprachenunterrichts in der Grundschule müssen die Lehrenden über eine Vielfalt von Redemitteln verfügen, die es ihnen gestatten, sich sprachlich situationsadäquat zu verhalten.

4. Der letzte Studienbereich ist wiederum einer, der nicht fachspezifisch orientiert ist; denn mit dem Erleben und Verhalten der Lernenden müssen sich alle künftigen Grundschullehrer zunächst einmal ohne Rücksicht auf ihre Fächerwahl (in der Regel werden zwei studiert) auseinandersetzen. Aber er kann und sollte natürlich in unserem Falle eine fremdsprachenspezifische Ausrichtung erfahren. Das gilt für die Entwicklungspsychologie, also diejenige Teildisziplin der Psychologie, die sich mit den Veränderungen des Verhaltens und den ihnen zugrunde liegenden Dispositionen befaßt, wobei insbesondere die Altersangemessenheit ein wichtiges Thema ist. Es gilt auch für die Lernpsychologie, innerhalb derer sich die Studierenden um ein (besseres) Verständnis des Lernens und seiner verschiedenen Formen bemühen müssen, speziell des Erwerbs sprachlicher Kompetenz, kulturellen Wissens und von Einstellungen zu den Angehörigen anderer Kulturen. Es gilt schließlich auch für die Sozialpsychologie, die sich mit der sozialen Eingebundenheit menschlichen Verhaltens beschäftigt und die einen ihrer Schwerpunkte in der Interaktion zwischen Menschen hat und somit für die Kommunikation von Menschen verschiedener Kulturen sehr wichtig ist.

Bibliographie

Doyé, Peter: Fremdsprachenerziehung in der Grundschule. *Zeitschrift für Fremdsprachenforschung*, 4(1), 1993, S.49-90

Edelhoff, Christoph: Lehrerfortbildung und Lehrerweiterbildung für den Fremdsprachenunterricht in der Grundschule. In: Gompf(Hrsg.): *Jahrbuch 90 des Fördervereins für frühes Fremdsprachenlernen.* Stuttgart: Klett 1990, S.56-64

Krumm, Hans-Jürgen: Grenzgänger. *Jahrbuch Deutsch als Fremdsprache*, 19,1993, S.277-286

Rex Gibson
Teaching Shakespeare

Rex Gibson identifies the principle of successful school Shakespeare

The Shakespeare and Schools project began in 1986, based at the University of Cambridge Institute of Education, an funded by the Leverhulme Trust. The aim of this major research and development project was to identify successful methods of teaching Shakespeare in school classrooms for students aged 14 - 19 years. Hundreds of practising teachers have been involved with the project, and the aim has been achieved.

This paper identifies the principles which underlie methods which make Shakespeare accessible and enjoyable to school students of all levels of ability. Brief practical examples are given to illustrate each principle. A very comprehensive set of these classroom-tested activities is included in every edition of the Cambridge School Shakespeare Series published by Cambridge University Press. (Eighteen plays now available - and more to follow).

Treat Shakespeare as a SCRIPT

A long-established teaching tradition has treated Shakespeare as a LITERARY TEXT. This textual approach neglects the dramatic potential of Shakespeare's language. It is a poor motivator of students, because it is over-analytic, and pursues „right answers", which are fundamentally antithetical to Shakespeare's imaginative and theatrical intentions. Such methods may be suitable to post-graduate study, but they are ineffective in most school classrooms. In sharpest contrast, treating the play as a SCRIPT increases students' enjoyment, interest and learning. A SCRIPT is to be played with, explored, actively and imaginatively brought to life by acting out.

A very obvious example is Act 1 Scene 1 of Macbeth. A textual approach simply explains the words, and offers much information irrelevant to students' needs or interests. But a script approach invites the students or act out the witches' language. They create, in groups of three or six or more, the supernatural atmosphere that Shakespeare establishes right at the start. There are many, many ways of creating that atmosphere with Shakespeare's words. There is no „right answer".

School Shakespeare is LEARNER-CENTRED

Successful school Shakespeare is learner-centred. It acknowledges that every student seeks to create meaning for herself or himself. Shakespeare learners are not passive or sponge-like merely soaking up information. The teacher's task is to maximise opportunities for students to create their own meanings, rather than having authoritarian interpretations forced upon them. An example is to invite students, in large groups, to prepare „alternative endings" of Romeo and Juliet, using only the last 6 - 8 lines. Each group prepares two versions representing the final 60 seconds that an audience will see and hear. The first version shows that the death of Romeo and Juliet really has ended the feud and re-united the families. The second version shows that their death has been in vain: the Montagues and Capulets remain bitter and deadly enemies. The students choose which version they prefer (and often suggest other possibilities).

The same „alternative endings" activity can be applied to many plays. Shakespeare very obviously builds that invitation into the closing moments of Measure for Measure (how does Isabella respond to the Duke's proposal?) Or, what kind of place will Scotland be after Malcolm's coronation? Will he be a benign ruler or yet another tyrant? Students learn greatly from discussing and enacting possibilities. And they root their arguments in the script.

School Shakespeare is SOCIAL

Successful classroom Shakespeare is a collaborative, shared, negotiated activity. It encourages students to work in pairs or groups of appropriate size. The principle is most obviously seen to work effectively when students act out short scenes (for example, groups of 4 - 6 work on Lady Macbeth's sleep-walking scene). But many other collaborative methods are possible. For example, students can work in pairs to share the language of a speech or soliloquy (a soliloquy is, after all, a kind of internal conversation).

A very practical piece of advice is to begin with soliloquies or speeches from „early Shakespeare" (plays written early in his career). Here, the line is typically the „sense unit", so students read alternately a line at a time. Clarence's dream in Richard III (1.4.9-33):

Methougths that I had broken from the Tower
And was embarked to cross to Burgundy
..
And mocked the dead bones that lay scattered by.

Titus Andronicus' threats to the doomed brothers is another excellent „line-by-line" example (5.2.167-206):

Come, come, Lavinia; look thy foes are bound.
Sirs, stop their mouths, let them not speak to me.
..
And in that paste let their vile heads be baked.

Students can then move on to sharing Juliet's fearful thoughts as she contemplates what might happen after death (4.3.15-58):

How if, when I am laid into the tomb,
I wake before the time that Romeo
Come to redeem me?..........
.... Here's drink, I drink to thee

Here, the „sense unit" does not always „fit the line", but students who have practised preparatory examples quickly adapt to the linguistic complexities of Shakespeare's mature plays.

School Shakespeare celebrates IMAGINATION

Almost every line of Shakespeare is an invitation to imaginative inference. Students respond very positively to activities which invite them to inhabit the imaginative world of the play. The witches' scene in Macbeth: „Round about the cauldron go" is an obvious example.

The principle can explore the imagery in Horatio's description of the dead King Hamlet (1.1.62-63):

So frowned he once, when in an angry parle
He smote the sledded Polacks on the ice

In groups students create two tableaux (frozen pictures) to explore imaginative possibilities. Did King Hamlet, in a fierce argument, strike the ice with his poleaxe? Or did he defeat a Polish army as it travelled on sleds over the ice) The physical enactment of the imagery is an effective spur to students' choice of *their* preference.

Shakespeare's stage directions are very obviously invitations to the imagination. Just how do you stage the most famous stage direction of all?

Exit, pursued by a bear

Or how can students take on the challenge Shakespeare poses in Cymbeline:

Jupiter descends in thunder and lightning, sitting upon an eagle: he throws a thunderbolt. The Ghosts fall on their knees

Longer stage directions call for sustained imaginative enactment. Take the less familiar:

Sound drums and trumpets, and then enter two of Titus' sons, Martius and Mutius, and then two men bearing a coffin covered with black; then two other sons, Lucius and Quintus; Titus Andronicus [in a chariot], and then Tamora, the Queen of Goths and her three sons, Alarbus, Chiron, and Demetrius, with Aaron the Moor, and others as many as can be. Then set down the coffin, and Titus speaks

Notice how Shakespeare builds in opportunities for all students to be involved (*as many as can be*)!

Another stage direction is much more familiar: All students relish the challenge of the Dumb Show in Hamlet:

The trumpets sound
Dumb show follows: Enter a King and a Queen very lovingly, the

Queen embracing him, and he her. She kneels, and makes show of
protestation unto him. He takes her up, and declines his head upon
her neck. He lies him down upon a bank of flowers. She, seeing him
asleep, leaves him. The Queen returns, finds the King dead, makes
passionate action. The poisoner, with some three or four, come in
again, seem to condole with her. The dead body is carried away. The
poisoner woos the Queen with gifts. She seems harsh awhile, but in
the end accepts love.

Exeunt dumb show

School Shakespeare is PHYSICAL

„Suit the action to the word, the word to the action" advised Hamlet
(3.2.15). His advice is one of the keys to successful school
Shakespeare. A whole class of students, in small groups, can present
every element of Malcolm's description of Macbeth (4.3.57-60):

I grant him bloody,
Luxurious, avaricious, false, deceitful,
sudden, malicious, smacking of every sin
That has a name

Teachers can helpfully inform students of alternative seventeenth-
century meanings of „sudden" (violent) and „luxurious" (lustful). The
same exercise can be repeated on the dozen qualities Malcolm
attributes to the good King only a few lines later (92-94). Similarly,
Juliet's declaration of all the things she would do „rather than marry
Paris" is a positive invitation to student to fit the action to the words of
each action: „leap...from off the battlement of any tower", „walk in
thievish ways"......and so on (4.1.77-85).

Shakespeare often provides summaries of the action of a play that
invite imaginative, physical re-creation, word by word. An obvious
example is Horatio's lines 359-36 in Act 5 Scene 2 of Hamlet:

So shall you hear
Of carnal, bloody, and unnatural acts,
Of accidental judgements, casual slaughters,
Of deaths put on by cunning and forced cause,

And in this upshot, purposes mistook
Fallen on th'inventors' heads.

Here, as teacher, you can choose between inviting your students to give a completely free response to each element. Or you can ask for each to show some incident in the play. itself: a fascinating and demanding challenge.

The far less familiar <u>Titus Andronicus</u>, written long before <u>Hamlet</u>, contains a similar list of „re-capitulated actions". Students can learn much about Shakespeare's' style in the comparison of the following with the extract above:

'Twill vex thy soul to hear what I shall speak;
For I must talk of murders, rapes, and massacres,
Acts of black night, abominable deeds,
Complots of mischief, treason, villainies,
Ruthful to hear, yet piteously performed.

School Shakespeare is EXPLORATORY

A textual approach tries to pin down possibilities to „right" meanings. But Shakespeare defies such straight-jacketing and invites active, free-wheeling exploration of possibilities. The paradigm case is Prospero's description of Sycoras from <u>The Tempest</u> (1.2.264-7):

This damned witch Sycorax,
For mischiefs manifold and sorceries terrible
To enter human hearing, from Argier thou knowest,
Was banished. For one thing she did
They would not take her life

Invite your students to discuss, prepare and enact „the one thing she did". Just what was it? You will find your students come up with a host of ideas, many of which can genuinely illuminate this most imaginative of Shakespeare's plays.

Or set your students the task (after their first acquaintance with the opening of <u>Romeo and Juliet</u>) of showing, in groups, the actual incident, long ago, that set the Montagues and Capulets at each others' throats. Shakespeare does not tell us. But you will find, as your students present their different versions, that Shakespeare really is a writer who speaks to the eternal perplexities that beset mankind. Shakespeare really does deal in „universals". Your students' responses will be fresh and relevant to their modern world, but they will demonstrate our enduring preoccupations with sex, money, territory, honour and so on.

School Shakespeare addresses ESSENTIAL THEMES

Every play has its quiddities: its distinctive elements, its essences, its core themes. Three practical examples will illustrate the need to ensure that every lesson, however exploratory, helps students appreciate something of the central themes or qualities of each play. First, language example: Romeo and Juliet is a play much concerned with oppositions and conflict (Montagues versus Capulets, youth versus age, life versus death and so on). Shakespeare builds those oppositions into the language of the play, most obviously in oxymorons. A valuable technique is for students to consider Romeo's oxymorons (1.1.166-172)

Here's much to do with hate, but more with love:
Why then, O brawling love, O loving hate,
O any thing of nothing first create!
O heavy lightness, serious vanity,
Misshapen chaos of well-seeming forms,
Feather of lead, bright smoke, cold fire, sick health,
Still-waking sleep, that is not what it is!

There is a similar „list" of oxymorons in Juliet's 3.2.73-79 („beautiful tyrant" etc.). Each group chooses one oxymoron to present as a still picture, without words. Their fellow-students guess which oxymoron is shown.

In Macbeth students can similarly portray one or more of the many examples of deceit (e.g. „Look like the innocent flower, but be the serpent under it"). They thus identify the play's vital concern with false appearance.

In <u>Measure for Measure</u>, so much concerned with the „weighings" of justice, Shakespeare builds that process into the language itself through antithesis. On every page of the Cambridge School Shakespeare script a character weighs or compares one thing with another, culminating most memorably in

An Angelo for Claudio, death for death
Haste still pays haste, and leisure answers leisure,
Like doth quit like, and measure still for measure

Students can represent this linguistic embodiment of the „justice" theme in many ways, most simply (but very effectively) by using their hands as a pair of scales to „weigh" their way through this (and other) speeches.

School Shakespeare involves CHOICE AND VARIETY

This principle has three aspects:

a) **Student responses**. Ensure your students can respond in a variety of ways: dramatic and physical, discussion, written, all other forms of expression (e.g. set and costume design), performance

b) **Teaching resources**. Use suitable editions, videos and film, visits to stage productions, posters, reviews, traditional criticism (sensibly used: the great majority of your students are not going to be literary critics).

c) **Setting appropriate tasks**. Have regard to the needs, aptitudes and abilities of your students. To give one example: I invariably find some students in sixth form classes (16 - 18 years old) who think that „acting-out" or „playing" is not for them. They consider it child-like and non-serious. I find that setting these small groups „directors' tasks" (acting as directors, preparing notes for scenes, characters etc.) motivates them, and it almost always draws them into more active work. You will find a very wide range of activities (some very intellectually demanding) in each edition of Cambridge School Shakespeare. Students and teachers can therefore choose suitable activities which will enable them to work on Shakespeare at appropriate levels.

School Shakespeare celebrates PLURALITY

An important piece of advice is „Forget Shakespeare, think of Shakespeares“. There is no definitive version of a Shakespeare play (or character or „story“). Multiple interpretation, and levels of interpretation, are possible, necessary and desirable.

Student can be invited for example to stage a scene or incident from very different points of view: cultural materialist (a form of marxism: human relations depend on money); feminist; psychoanalytic; liberal humanist; poetic-aesthetic (the beauty of the language); or Brechtian (remind the audience they are watching a political play). All these different „points of view“ can be put as class activities in language suitable for the age and ability group (the traditional „letter home from a servant at Macbeth's banquet“ is, of course, an obvious and valuable example of the principle in action: the viewpoint of the underdog).

School Shakespeare respects NEGATIVE CAPABILITY

This quality (which John Keats saw as Shakespeare's prime characteristic) is vital for both students and teachers. Keats expressed it as: „when a man is capable of being in uncertainties, mysteries, doubts, without any irritable reaching after fact and reason“. My own version for both students and teachers is „you don't have to know it all - nobody does“. It is more appropriate to explore the imaginative possibilities Shakespeare offers: treat it as a script.

School Shakespeare should be ENJOYED

Shakespeare wrote his plays to entertain and be enjoyed - whatever other motives he may have had. Treating the plays as SCRIPTS, for active, co-operative and imaginative recreation, is about enjoyment: the key to successful school Shakespeare.

All the above principles are embodied in the Cambridge School Shakespeare series published by Cambridge University Press: *Romeo and Juliet, Macbeth, A Midsummer Night's Dream, Othello, Richard II, Measure for Measure, The Comedy of Errors, The Taming of the Shrew, Much Ado About Nothing, Antony and Cleopatra, Julius*

Caesar, *The Merchant of Venice*, *Twelfth Night*, *Hamlet*, *The Two Gentlemen of Verona*, *King John*, *Al's Well That Ends Well*, *King Henry V* (*King Lear* and *The Tempest* are in preparation, together with *The Sonnets*).

Lutz Götze
Vom Nutzen der Hirnforschung für den Zweitspracherwerb

"Für Systeme scheint zu gelten, daß sie sich selbst nicht voll zugänglich sind."

(Goethe zu Eckermann)

"Sinn und Wesen des Menschen sind dem individual-menschlichen Verstand nicht zugänglich. Dieses ist keine Einengung des Individuums (das so viel denken und begreifen soll, wie es nur irgend kann!), sondern eine Befreiung: von den engen Staatsschematismen der Ideologen, die glauben, uns anderen allen global vordenken zu können. In Wahrheit steht der Sinn des Menschen hoch über unserem Begreifen."

(Christoph von der Malsburg)

Im Sommer 1989 haben Kongreß und Senat der Vereinigten Staaten von Nordamerika - ebenso wie Japan - die 90er Jahre zum "Decade of the brain" erklärt und damit die Erforschung des zentralen Nervensystems zu einer Aufgabe von besonderer Bedeutung gemacht. Die Zahl der fachspezifischen wie interdisziplinären Forschungs-projekte ist mittlerweile Legion; die Nachrichten mit immer neuen Daten und Erkenntnissen in diesem Bereich beeindrucken Experten wie Laien.

Im einzelnen sind vor allem die folgenden Wissenschaftssparten an den Untersuchungen des menschlichen Gehirns beteiligt:

Neurologie: Sie erforscht Anatomie und Physiologie des Gehirns und widmet sich der Bekämpfung von Krankheiten: Alzheimer (Ge-dächtnis- und Persönlichkeitsverlust), Parkinson (Zittern der Hände, Schüttellähmung), Veitstanz (hektische Drehbewegungen), Epilepsie (Krämpfe, Bewußtlosigkeit), Aphasie (Verlust des Sprachvermögens und des Sprachverständnisses).

Neuroinformatik: Sie entwickelt u.a. künstliche neuronale Netze zum Zwecke der Simulation der Gehirnfunktionen, z.B. das Bilderkennen durch Computer.

Neurobiologie: Sie untersucht u.a. die biologische Seite des Gedächtnisses (molekulare Gedächtnisspuren).

Biochemie: Sie erforscht u.a. die Stoffwechselprozesse beim Sprechen, Lesen, Hören usw.

Humangenetik: Sie untersucht u.a. die Einwirkung von Genstrukturen auf neuronale Faktoren, beispielsweise die Frage, ob das Gedächtnis genetisch erklärbar ist.

Philosophie: Sie will wissen, wie Wahrnehmen und Erkennen funktionieren, und beschäftigt sich seit der griechischen Antike mit zentralen Fragen wie "Geist" und "Seele" und deren Repräsentation im Gehirn.

Chaosforschung: Sie will klären, ob das Gehirn ein 'dissipatives System' sei, einer nichtlinearen Dynamik folge und dem Prinzip der Selbstähnlichkeit' genüge.

Linguistik: Die Linguistik, insbesondere die Psycholinguistik, will erklären, wie Erst- und Zweitsprachen verstanden und hervorgebracht werden, wie Spracherwerbsprozesse funktionieren, wie Interferenzen oder Wörterlernen neuropsychologisch begründet werden können.

Ethische Dimension

Forschungen und deren Anwendungen in Neurologie und Neurobiologie lassen bereits heute Gehirngewebetransplantationen bei Parkinson-Patienten[1] oder das Verpflanzen von Nervenzellen auf Chips (Silizium-Transistoren) zu; damit werden Eingriffe in jenen Bereich des Körpers vorgenommen, in dem nach nahezu aller Überzeugung Denken, Geist und Gefühl des Menschen situiert sind. Die Fragen nach den Grenzen des ethisch Vertretbaren stellt sich damit geradezu zwangsläufig.

Zwei Positionen stehen sich diametral gegenüber:

Als Befürworter weiterer Aktivitäten trat Klaus Dörner, Leiter der Westfälischen Klinik Gütersloh für Psychiatrie, Psychosomatik und Neurologie, auf dem CULTEC-Kongreß "Neuroworlds" im November 1993 im Wissenschaftszentrum Nordrhein-Westfalen auf: "Da das Gehirn technisch ein Organ ist wie jedes andere, dürfen wir es auch so weit wie jedes andere Organ reparieren, und zwar so weit, wie seine Funktion und seine Bedeutung davon mehr profitieren als beeinträchtigt werden."[2]

Meine Gegenthese lautet so: Das Gehirn ist kein Organ wie jedes andere, sondern einzigartig. Aber es ist auch nicht der ganze Mensch. Das Gehirn prägt die Individualität und Personalität des Menschen weit stärker als jedes andere Organ. Es ist die Grundlage unseres Bewußtseins wie auch des Selbstbewußtseins, darüber hinaus, nach allem, was wir wissen, der Ort, an dem Denken, Geist, Psyche und Gefühl ihren Platz haben. Das Gehirn darf daher nur in eng definierten Grenzen erforscht und lediglich in ethisch begründbaren Fällen 'repariert' werden. Solche Fälle sind ausschließlich schwere neuronale Erkrankungen.

Eine neue Ethik der Natur- und Geisteswissenschaften ist dringend geboten, um Mißbrauch, der heute bereits erkennbar ist und teilweise praktiziert wird, zu verhindern. Die Grundfragen der Menschheit - das Verhältnis von Körper und Seele wie das von Materie und Geist, daneben die Frage der Einheit oder etwa Pluralität der personalen Identität - müssen angesichts der neuen Entwicklungen der Hirnforschung neu definiert werden.

Neurolinguistische Hypothesen des Spracherwerbs

In Noam Chomskys Kritik an Skinners *Verbal Behavior* werden die Axiome seines "nativistischen" Ansatzes deutlich: nicht die Grundgrößen *Reiz, Reaktion Bekräftigung* sind die wesentlichen Faktoren des Spracherwerbs, sondern die Tatsache, daß dem Menschen *angeborene Ideen* - ein im Grunde Platonischer Gedanke - eigen sind, die den Spracherwerb von Anbeginn an biologisch determinieren[3]. Spracherwerb ist im wesentlichen ein Hypothesenprüfprozeß: Durch die Konfrontation des Kindes mit seiner Umwelt (sprachlicher Input) wird es gezwungen, daraus seine Grammatik zu konstruieren. Die angeborenen Strukturen - *Language Acquisition Device* (LAD) - beschränken dabei von vornherein die Auswahlmöglichkeiten. Chomsky postuliert weiter, daß der Spracherwerbsprozeß so schnell verlaufe, daß er ohne Prädisposition im Grunde nicht vorstellbar sei; weiterhin nimmt er an, daß das Sprachmaterial, das auf das Kind einwirkt, voller Fehler sei, weshalb erneut die Restriktionen des Hypothesenprüfprozesses überlebensnotwendig seien; schließlich geht er davon aus, daß der Spracherwerb stets gleich verlaufe (weil biologisch determiniert) und äußere Bedingungen wie Lernumwelt, Lernprogramm usw. im Grunde dabei keine Rolle spielten: In der Nachfolge René Descartes und dessen Dualismus von *res cogitans* (immaterielle Seele bzw. Geist) und *res extensa* (raumfüllende Materie mitsamt der Konsequenz, Seele und Denken gehörten zur res cogitans und seien damit nicht Teil der experimentellen Naturwissenschaft) - in dieser Nachfolge also stellt Chomsky fest, der Mensch sei als einzige Spezies in der Lage, Sprache zu erwerben. Lautäußerungen von Primaten seien keine Sprache.[4]

Chomskys Gedanke von der biologischen Determiniertheit der menschlichen Sprache wurde von Lenneberg[5] mit seiner These von einer sensiblen Periode des Spracherwerbs aufgegriffen: nur während eines bestimmten Lebensabschnittes könne der Mensch eine Sprache oder mehrere Sprachen mühelos erlernen, danach sei es lediglich unter erheblichem Aufwand und mit häufig eher bescheidenem Erfolg möglich. Diese sensible Periode sieht Lenneberg zum Zeitpunkt der Pubertät gegeben: zeitlich davor sei intuitives und kreatives Erwerben möglich, danach lasse die unzulängliche Plastizität des Gehirns nur noch lehrergelenktes und grammatikbetontes Lernen zu. Nur das Kind könne insbesondere die Lautung einer Fremdsprache wie ein Muttersprachler erwerben, Erwachsene nicht. Die Ursache für dieses Phänomen sieht Lenneberg in der Lateralisierung (Verseitigung) des Sprachzentrums in die linke Hemisphäre des Großhirns, insbesondere dessen cerebralen Cortex. Dabei spielen Ergebnisse der Aphasie-Forschung seit Wernicke und de Broca in der zweiten Hälfte des 19. Jahrhunderts eine wesentliche Rolle. Die Physiologie der linken Cortex-Hälfte stellt sich danach schematisch wie folgt dar (Sprachverstehen und Sprachproduktion sind hervorgehoben)[6]:

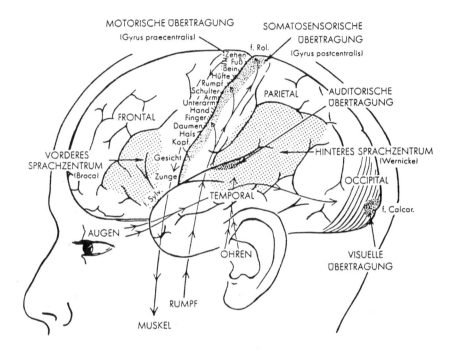

Seitenansicht der linken Hälfte des Kortex. Die Felder, in denen die Verarbeitung sprachlicher Form stattfindet, sind gepunktet markiert und zwar links, im Frontallappen, das Brocasche Sprachfeld, und rechts, vor allem im oberen Temporallappen, das Wernickesche Sprachfeld. Der Schall wird von den Ohren in den Kern des Wernickeschen Sprachfeldes übertragen und dort analysiert. Vom Brocaschen Sprachfeld aus werden die rechts dahinter in der Rolandischen Furche liegenden, die Mundbewegungen auslösenden Neuronen aktiviert.

Aphasieforschung

Insbesondere die Erforschung von Läsionen (Schädigungen) im Hirnbereich hat unterschiedliche Aphasien - Amnestische Aphasie, Broca-Aphasie, Wernicke-Aphasie und Globale Aphasie - und deren Ursprung vornehmlich im linken Cortex hervorgebracht[7] und die Lokalisierung der Sprachzentren in dieser Region begründet. Daneben spielte das Problem der Händigkeit eine wesentliche Rolle: Grundsätzlich wird davon ausgegangen, daß Bewegungen und Prozesse der linken Körperhälfte von der rechten Großhirnhemisphäre gesteuert werden, jene der rechten Körperhälfte entsprechend von der linken. Beim Sprachtest zeigt sich nun, daß ca. 90 % der beobachteten Rechtshänder linke Sprachdominanz aufwiesen, aber nur 56 % der Linkshänder - in anderen Tests auch weniger - rechte Sprachdominanz. Auch dies kann also als ein Hinweis auf Lateralisierungsprozesse gedeutet werden. Freilich ziehen Huber et al. eine eher skeptische Bilanz ihrer Forschungen im Hinblick auf das Phänomen der Lokalisationstheorie: "Den unterschiedlichen aphasischen Syndromen entspricht eine differentielle Lokalisation der Läsion in der sprachdominanten Hemisphäre. Diese klassische Auffassung konnnte an größeren Gruppen von Patienten vor allem mit Hilfe der Computertomographie bestätigt werden, allerdings nicht im engeren Sinne der alten Zentrenlehre... Beide Feststellungen, die der Einheitlichkeit der Syndrome und ihrer zugehörigen anatomischen Grundlage, müssen allerdings dahin eingeschränkt werden, daß sie aus Beobachtungen an umschriebenen zerebralen Durchblutungsstörungen abgeleitet sind. ... Benachbarte anatomische Gebiete, die neben ihrer gemeinsamen Vaskularisation (= Bildung von Blutgefäßen - L.G.) betroffen sind, haben nicht notwendigerweise gemeinsame Sprachfunktionen. Wichtige Fragestellungen der neurolinguistischen und neuropsychologischen Aphasieforschung lauten deshalb: Sind die beobachteten sprachlichen Auffälligkeiten tatsächlich Symptome des beeinträchtigten zentralen Sprachwissens, oder sind es Epiphänomene, wie z.B. Nichtflüssigkeit des Sprechens, Perseverationen (= krankhaftes Hängenbleiben an einem Gedanken oder einer sprachlichen Äußerung - L.G.) usw? Liegen bei häufig miteinander assoziierten Symptomen dieselben, wechselseitig abhängige oder völlig verschiedene Entstehungsmechanismen zugrunde?"[8]

Lennebergs Hypothese aus heutiger Sicht

Lennebergs These, daß der Spracherwerb nach vollzogener Lateralisierung nicht mehr oder zumindest nur noch eingeschränkt möglich sei, ist heute nach vielfältiger Kritik nicht mehr aufrechtzuerhalten. Kritisiert wurden vor allem folgende Punkte:

- Die Lateralisierung ist keine Voraussetzung des Spracherwerbs; vielmehr besteht die Plastizität des Gehirns - mit Abstrichen - bis ins Alter, was unzählige Beispiele erfolgreichen Spracherwerbs nach der Pubertät belegen.

- Der Spracherwerb ist nicht ausschließlich biologisch determiniert; externe (Lernumfeld, Curriculum usw.) wie interne Faktoren (Motivation, Aufmerksamkeit usw.) spielen eine wesentliche Rolle.

- Die Lateralisierung könnte auch schon vor der Pubertät (im Extremfall bei der Geburt) geschehen oder in mehreren Stufen ablaufen. Die Koppelung mit dem Zeitpunkt der Pubertät ist willkürlich.

- Kinder lernen Fremdsprachen nicht grundsätzlich besser als Erwachsene, wohl aber sind bestimmte Bereiche natürlicher Sprachen in bestimmten Altersstufen optimal zu erlernen: Aussprache und Intonation in der Kindheit, grammatisches Regelwissen im Jugendlichen- bzw. Erwachsenenalter.

Neue technische Möglichkeiten

Neuere bildgebende Verfahren wie *Optical imaging* oder die nuklearmedizinische *Positionen-Emissions-Tomographie* (PET) haben die Annahme bestätigt, daß im menschlichen Gehirn nichts geschieht, bei dem nicht jedesmal zahlreiche Hirnareale beteiligt sind. Jeder Gedanke, jedes Gefühl sind eine konzertierte Aktion: Immer ist das ganze Gehirn dabei: Es ist wie Mikado oder der berühmte Schmetterlingseffekt der Chaos-Theorie: Man bewegt etwas an einem Ende - und alles wackelt. Möglicherweise ist die Annahme von Sprach- und anderen Hirnzentren nichts anderes als der Ausdruck der Begrenztheit menschlichen Denk- und Vorstellungsvermögens.[9]

Neue neurologische Erkenntnisse

Aus der Vielzahl neuerer hirnphysiologischer Untersuchungen seien nur wenige Arbeiten erwähnt, die die traditionelle Annahme erschüttern, es bestünde ein fester Wohnsitz für die Sprache. So stimulierte George A. Ojemann verschiedene Stellen auf der linken Großhirnrinde bei mehreren Patienten und registrierte, ob sprachliche Fähigkeiten dadurch beeinträchtigt wurden. Er stellte fest, daß Mutter- und Fremdsprache an verschiedenen Orten gespeichert waren, daß weiterhin Vokale und Konsonanten, aber auch Wortklassen sowie regelmäßige und unregelmäßige Verben nicht an identischen Zonen verarbeitet oder produziert wurden.

Weiterhin: Bestimmte Läsionen bewirkten den vollständigen Verlust einer gelernten Sprache von mehreren beherrschten, die anderen aber nicht. Andere Verletzungen beeinträchtigten nur die Kompetenz in der geschriebenen Sprache, ließen aber die gesprochene Sprache völlig intakt.

Ojemanns Fazit: Es spricht alles dagegen, daß der Spracherwerb auf ein einziges Sprachzentrum im Gehirn begrenzt ist; vielmehr scheint das Organ eine große Vielfalt und Breite unterschiedlicher Teilaktivitäten parallel und gleichzeitig zu organisieren, die freilich dann in der sprachdominanten linken Hemisphäre gebündelt werden.

In ähnlicher Weise hat Antonio R. Damasio mit seinen Mitarbeitern bei Schädigungen des linken Schläfenlappens zweier Patienten unterschiedliche Ausfallserscheinungen festgestellt: beiden Patienten gelang es nicht, einfachen Objekten ("Katze", "Strauß", Früchte) das entsprechende Wort (Substantiv) zuzuordnen, wohl aber benannten sie die passenden Verben oder Tätigkeiten. Ein dritter Patient mit der gleichen Schädigung hingegen nannte die Substantive, scheiterte aber an den Verben. In allen drei Fällen lag im übrigen der Ort der Läsion außerhalb der Regionen, die traditionell als Sprachzentren gelten. Damasio und seine Mitarbeiter erklären dieses Phänomen damit, daß das menschliche Gehirn Begriffe und Objekte nicht einheitlich speichert oder an einem einzigen Ort im Cortex "ablegt", sondern ein Konzept - z.B. "Tasse" - in seine Bestandteile - Form, Farbe, Verwendungszweck und Bezeichnung - zerlegt, die an unterschiedlichen

Orten im Gehirn bewahrt und, bei Bedarf, an Brennpunkten, den Konvergenzzonen, wieder verbunden werden. Damasio vermutet, daß beispielsweise Verben im vorderen Stirnlappen gelagert sind, weil sie den engsten Bezug zur Planung von Phrasen und Sätzen sowie motorischen Abläufen haben, die hier gesteuert werden.

Deshalb schlußfolgert der Düsseldorfer Hirnforscher Karl Zilles, der durchaus von der Existenz spezifischer Hirnregionen ausgeht: "Eine komplexe Funktion wird heute nicht mehr als Leistung eines einzigen Areals, sondern als Leistung vernetzter Systeme angesehen, die sich aus vielen Einheiten in einer je nach spezifischer Funktion unterschiedlichen und dynamischen Konfiguration zusammensetzen.[10]

Interessant sind auch Gedanken und Überlegungen, die auf Paivios "Dualer Repräsentationstheorie"[11] fußen. Bekanntlich hatte Paivio als Ergebnis neurophysiologischer Untersuchungen behauptet, das menschliche Hirn besitze zwei grundlegend unterschiedliche Gedächtnisspuren für das Langzeitgedächtnis, einerseits sog. *Imagene* (bildhafte Gedächtnisbilder), mit denen aufgrund nichtsprachlicher Reize Erinnerungen an Personen, Gegebenheiten, Situationen und Orte gespeichert werden, andererseits sog. *Logogene* (verbale Gedächtnisbilder), also eine Gedächtnisspur, die Sprachmaterial verarbeitet. Paivio nun betont, daß zwischen beiden Verarbeitungssystemen enge wechselseitige Verbindungen bestehen, freilich sei auch eine gewisse Dominanz der bildhaften Verarbeitung gegenüber der verbalen Repräsentation zu konstatieren.

Muß auch an der zuletzt genannten Behauptung Zweifel gehegt werden, zumal wegen der schmalen empirischen Datenbasis - was freilich ein generelles Phänomen der Hirnforschung ist -, so deuten Paivios Überlegungen doch in eine Richtung, die auch andere Forscher bestätigen: Sprache ist danach im Gehirn mehrfach repräsentiert und nicht auf ein bzw. zwei Sprachzentren zu begrenzen.

Da sich neuere Forschungsergebnisse zumindest in dieser einen Auffassung einig sind - daß nämlich Verstehen und Hervorbringen von Sprache nicht von einem klar umrissenen Sprachzentrum im Hirn vollbracht werden, sondern von weit verstreuten Arealen, die zusammengeschaltet werden (und die möglicherweise auch noch bei

jedem Individuum anders gelagert sowie je nach Sprache unterschiedlich vernetzt sind) -, sollte fortan das Didaktiker-Postulat,
mithilfe "alternativer Fremdsprachen-Lehrverfahren" (Suggestopädie
usw.) oder generell mithilfe von Zweit- oder Drittsprachen die bei
Monolingualen scheinbar nicht genutzte rechte Hirnhälfte "zurückzu-
gewinnen", als das angesehen werden, was es im Grunde von
Anbeginn der Entwicklung an war: bare Illusion oder - schlimmer -
marktschreierische Demagogie. Die Hirnforschung jedenfalls läßt sich
zur Legitimation der "Alternativen Lehrverfahren" nicht heranziehen.

Vielmehr muß eingestanden werden, daß die vorliegenden Daten der
Hirnforschung für den Spracherwerb eher zur Bescheidenheit mahnen.
Hier muß noch erhebliche Forschungsarbeit geleistet werden.

In zwei Bereichen ist in jüngster Zeit einige Evidenz gewonnen
worden: in der Erforschung der Lesestrategien sowie auf dem Feld der
Gedächtnisforschung.

Lesestrategien des Gehirns

Bildgebende Verfahren zeigen, daß beim Lesen mutter- oder fremdsprachlicher Texte weit voneinander entfernte Areale des Gehirns in
Tätigkeit sind, also "Neuronenfeuer" entfachen: die im Occi-
pitallappen (Hinterhauptslappen) vermutete Sehrinde, weiterhin die
die Augenbewegungen steuernden Areale des Mittelhirns und der
(vorn gelagerten) motorischen Hirnrinde, schließlich Teile des
Temporallappens und auch das "Lesezentrum", das nahe dem Wer-
nicke-Bereich vermutet wird. Die Augen gleiten nun nicht linear und
kontinuierlich am Text entlang, sondern erfassen auf einmal ein
"Fenster" von ca. 31 Buchstaben, springen dann nach vorn und
zurück, um neue Informationen zu erfassen und bereits bekannte zu
sichern (Sakkaden). Dabei gibt es offensichtlich diakritisch sensitive
Bereiche, auf die sich das Auge konzentriert: Wortanfang, Wortende,
Buchstabenverdoppelungen sowie der oberhalb der Mitte liegende
Teil des Buchstabens (z.B. Großbuchstaben). Lesetechniken im
Sprachunterricht sollten sich an diesen diakritischen Bereichen
orientieren und zugleich auf entsprechende Zeilenlängen achten.

Gedächtnisforschung

Bekanntlich hatte Aristoteles die Meinung vertreten, das Denken bediene sich der Vorstellungen oder Abbilder, die aus dem Gedächtnis erzeugt werden[12]. Er hielt den *Gedächtnisabdruck* für eine physische Spur (bei Platon am Beispiel der Wachstafel illustriert) und meinte, daß dieser "Abdruck" die Verbindung zwischen Vergangenheit und Gegenwart herstelle. Das (Wieder-)Erinnern sei von den Assoziationsgesetzen beherrscht. Platon sah das ganz anders: das Wiedererkennen ist für ihn ein Beweis für die unabhängige Existenz der Ideen (Universalien).[13] Sie sind es, die Wiedererkennen ermöglichen. Wiedererkennen geschieht durch einen dialektischen Prozeß und braucht also nicht im "Gedächtnis-Speicher", als *Gedächtnisspur* oder *Engramm*, vorhanden zu sein, um erkannt zu werden. Die Seele vermittelt zwischen der Welt der Ideen und der sinnlich wahrnehmbaren Welt: wie freilich der Weg vom physischen Sinneseindruck in der Seele zur Wahrnehmung von Sinneseindrücken (Klang, Farbe, Schönheit usw.) führt, wird bei Platon nicht recht deutlich. Wichtig aber ist der dialektische Prozeß: Lernen und Erkennen sind aktive Seelentätigkeiten, durch die die Wahrnehmungen mit bereits vorhandenen, d.h. *angeborenen* Ideen verknüpft werden.

Beide - Aristoteles und Platon - vertreten eine dreistufige Seelentheorie: vegetative (Wachstum, Entwicklung, Fortpflanzung), sensitive (empfindungsfähig) und denkende Seele. Nur der Mensch verfügt über diese dritte Stufe: sie allein ist unsterblich, während die beiden anderen Seelenstufen mit dem Tod des Organismus vergehen.

Die nachfolgenden *Stoiker*, zumal Galen[14] (130 - 200), übernehmen Aristoteles' Auffassung, das Herz sei das wichtigste Seelenorgan (Platon sah es im Gehirn), und entwickeln die Lehre vom göttlichen *Pneuma*, indem sie sagen, daß die verschiedenen geistigen Fähigkeiten dem in den Hirnhöhlen (Hirnventrikeln) befindlichen Pneuma, dem lateinischen *spiritus*, also Geist, zugeschrieben werden. Die Welt ist vom göttlichen Pneuma durchdrungen, das mit zunehmender "Dichte" den menschlichen Geist (hegemonikón) bildet und Sinneswahrnehmungen ermöglicht. Unsere Sinne, so die Stoiker, vermitteln mit der Unterstützung des Verstandes Wahrheit und Wirklichkeit. Das

Pneuma erzeugt einen Tonus (tonós), einen Druck also. Je stärker der Tonus, desto nachhaltiger der Sinneseindruck, je bleibender der Abdruck, desto stärker die Erinnerung, das Gedächtnis. Das hegemonikón - die Vernunftseele, die Denkseele der Stoiker - ist die höchste und dichteste Ausprägung des göttlichen Pneuma. Bis in die Moderne hat diese Pneuma-Lehre der Stoiker gewirkt, wie eine Darstellung des Gehirns und der Sinne von Gregor Reisch aus dem Jahre 1517 zeigt:[15]

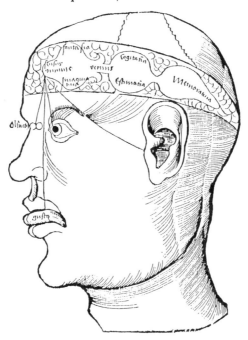

Darstellung des Gehirns, der Sinne (*visus, auditus, olfactus, gustus*) und der den Hirnventrikeln zugeordneten Seelenvermögen, dem *sensus communis* (Gemeinsinn), der *fantasia* (Wahrnehmungsvermögen), der *vis imaginativa* (Vorstellungsvermögen), *vis cogitativa* (Denkvermögen), *vis estimativa* (Urteilsvermögen) und der *vis memorativa* (Gedächtnisvermögen). Die Überschrift zeigt, daß es sich im Sinne von Aristoteles um Fähigkeiten der *anima sensitiva* handelt (aus der *Margarita Philosophica* von Gregor Reisch, 1517).

Noch René Descartes (1596 - 1650) folgt der stoischen Erkennt-
nislehre: für ihn ist das Denken an sich ein Ergebnis angeborener
Ideen - worauf bekanntlich später Chomsky aufbaut - und damit nicht
eines der Erfahrung, wie Aristoteles und später John Locke meinten.
Der immaterielle Geist (*res cogitans*) wird klar von der Materie (*res
extensa*) getrennt: letztere ist Forschungsgebiet der experimentellen
Naturwissenschaften, Erinnern und Denken Angelegenheit der
immateriellen Seele. Der größere Teil des Gehirns ist nach Descartes
Ort des Gedächtnisses. Das *körperliche* Gedächtnis, so Descartes, ist
auch den Tieren eigen, *geistiges* Gedächtnis als Wiederentdeckung
angeborener Ideen hingegen nur dem Menschen: Tiere sind also
seelenlose Wesen, Maschinen gleich. So Descartes. Jüngere
Gedächtnisforschungen haben, anders als Galen, kein Areal im Gehirn
ermitteln können, der als "Ort des Gedächtnisses" zu lokalisieren ist
oder funktioniert. Die chemisch-molekulare Übertragbarkeit von
Gedächtnisspuren, etwa durch Ribonukleinsäuren (RNS), ist bis heute
umstritten. Wahrscheinlich spielt der Hippocampus ("Seepferdchen")
im Temporallappen des Großhirns eine besondere Rolle;
wahrscheinlich wird Gedächtnis über *Synapsen* (Schaltungen) her-
gestellt: sie sind die Kontaktstelle zwischen den *Neuronen*, genauer:
zwischen dem *Axon* (abgehendes Nervenende) und einem *Dendriten*
(einkommendes Nervenende), wobei *Enzyme* wie Calpain eine
verstärkende Rolle spielen. Die Hypothese der Neurobiologen lautet:
je intensiver das Neuronenfeuer und je höher der Erregungszustand
sind, desto stärker wird das *Engramm* eingetragen (man denke an
Platons Wachstafel), und desto stärker ist die Langzeitpotenzierung:
entsprechend dauerhafter wird der Sinnesreiz im Gedächtnis
aufbewahrt.

Eher fragwürdig ist es freilich, wenn Informatiker heute behaupten,
"daß etwa 10 Neuronen notwendig sind, um ein bit Information zu
speichern. Extrapoliert man diese Werte auf den gesamten
menschlichen Cortex, so beträgt seine Speicherkapazität etwa 3×10^8
bit. Diese Speicherkapazität reicht aus, um etwa 1 % der durch unser
Bewußtsein fließenden Information permanent zu speichern."[16] Die
Quelle dieser wie anderer "Erkenntnisse" bleibt im dunkeln.

Während einerseits zwischen episodischem ("der hat ein tolles
Gedächtnis!"), semantischem (für das Bedeutungslernen wichtig),

ikonischem, echoischem, prozeduralem und motorischem *Gedächtnis* unterschieden wird, gehen andere Forscher vom Gedächtnis als einem *Lernvorgang* aus: beim Lernvorgang werden Neuronen bzw. deren Synapsen verändert (*Kurzzeitgedächtnis / Kontextgedächtnis*[17] / *Arbeitsgedächtnis*); diese Prozesse bewirken sekundäre Veränderungen, das Langzeitgedächtnis, das prinzipiell unbegrenzt ist und dessen Behaltens- und Vergessensprozesse wohl wesentlich von der Intensität und Bedeutung des Erlernten sowie von dem jeweiligen Grad an Interesse und Motivation beim Lernenden bestimmt sind. Grundlage dieser Veränderungen ist die neuronale *Plastizität*: sie ist grundsätzlich bis ins Alter gegeben, unterliegt jedoch der Vergessenskurve: am ersten Tag nach dem Lernen vergißt man am meisten, am zweiten und dritten auch noch viel, ab dem 5. Tag flacht die Kurve ab. Was bis dahin übriggeblieben ist, geht nur langsam verloren.[18] Die *Gedächtniskunst* - die Mnemotechnik - beschäftigt sich seit Simonides damit, wie man sein Gedächtnis trainieren, d.h. etwas besser behalten kann. Hilfsmaßnahmen wie die, sich bestimmte Merkmale (Farben, Ecken, Oberbegriffe etc.) zu merken, werden seit langem beim Lernen genutzt. Ganz wesentlich aber ist das Lernen von Sinneinheiten (*chunks*), auf die sich auch Miller bezieht: nicht Einzelinformationen, sondern Sinnzusammenhänge (Phrasen, Syntagmen, idiomatische Wendungen, Zahlenkombinationen usw.) werden offensichtlich im Gedächtnis gespeichert. Ebenso ist das Behalten von *Formeln* und *Rahmen (Guten Tag, geben sie mir bitte X!)* leichter als jenes von Einzelwörtern. Weiterhin ist bekannt, daß das Dekodieren von Sätzen beim Verb beginnt (ein Argument für die Verbvalenzgrammatik), darüber hinaus, daß spontane Sprache zeitlich segmentiert ist, um besser verstanden zu werden, aber auch, weil die Satzstrukturen nicht weiter in die Zukunft voraus geplant werden können als für zwei bis vier Sekunden. Nach dieser Zeitspanne tritt jeweils eine Pause ein, weshalb spontan gesprochene Sprache häufig rhythmisch erscheint. Dagegen wirken "Dauersprecher", die keine Pausen machen, aus eben diesem Grund ermüdend: man hört ihnen nicht zu und behält entsprechend nichts.

Die folgenden Faktoren bestimmen den Grad dessen, was beim Lernen im Gedächtnis behalten wird, also die Güte des Gedächtnisses:

• die Bedeutung der Information für das Individuum

- der Grad der Motivation

- der Grad des Erregungszustands (Langzeitpotenzierung)

- der Grad der Aufmerksamkeit und die Intensität der Verarbeitung

- das "Zurechtlegen" des Gelernten mit eigenen Begriffen

- die Verknüpfung der neuen Information mit bereits Gelerntem

- das Reproduzieren des Gelernten, z.b. das Weitererzählen oder die Weitergabe der Information an andere

- der Grad des Fremden bzw. Neuartigen im Verhältnis zum bereits Bekannten. Hierbei gilt freilich keineswegs, daß das Fremde ohne Einschränkung motivierend wirkt und damit im Gedächtnis verhaftet bleibt, wie auch der Umkehrschluß falsch ist: die Erinnerung an das bereits Bekannte sei grundsätzlich demotivierend. Auch das Fremde kann, weil zu dominant und übermächtig, demotivieren; es kann darüber hinaus außerhalb des zum Zeitpunkt des Lernens gegebenen Erfahrungshorizontes (Kinder) liegen und damit eher Stereotypisierungen und Stigmatisierungen verstärken. Eine lernergerechte Dosierung ist daher empfehlenswert.

Zweifelsohne sind das wichtige Aussagen über das Gelingen oder auch Scheitern von Lernprozessen, wie aber auch über Gedächtnisleistungen.

Konsequenzen für den Zweitspracherwerb

Die gesicherte Datenbasis hirnphysiologischer Prozesse ist eher schmal, wie wir erfahren haben. Dies ist freilich angesichts der Komplexität und Vielschichtigkeit dieser Prozesse alles andere als erstaunlich. Ein Bonmot des großen Mediziners und Nobelpreisträgers John Eccles am Rande des Düsseldorfer Kongresses "Neuroworlds - Zukunftswege der Hirnforschung" im Herbst 1993 machte schnell die Runde: Eccles meinte, als Ergebnis seiner jahrzehntelangen Forschungen sei er zu dem Schluß gekommen, *das Gehirn des Menschen beschäftige sich vor allem mit sich selbst und lasse uns nur in Ausnahmefällen daran teilhaben. Es spreche sozusagen pausenlos mit sich selbst und vollziehe ständig und selbständig Aktivitäten, die nicht durch Reize der Außenwelt bedingt sind. Äußere Reize würden nicht direkt verarbeitet, sondern in bereits vorhandene Aktivitäten einbezogen: beide - Reize und Hirnaktivitäten - veränderten sich dabei. Wie? Das eben sei das Problem!*

Doch gibt es keinen Grund zum Fatalismus. Für den Zweitspracherwerb sind wichtige Erkenntnisse gewonnen worden.

• Erst- und Zweitspracherwerb laufen aus hirnphysiologischer Sicht ähnlich ab, nicht unterschiedlich. Es werden bei beiden Erwerbsprozessen Areale der linken bzw. rechten Hirnhälfte benutzt und vermutlich auch nicht grundsätzlich verschiedenartige neuronale Netze geschaltet. Die These, Kinder lernten Sprachen grundsätzlich leichter als Erwachsene, kann nicht aufrechterhalten werden - ebenso übrigens wie ihre Umkehrung nicht generell stimmt, daß nämlich Erwachsene grundsätzlich eine zweite Sprache leichter und schneller lernten als Kinder, weil sie über mehr Weltwissen und Erfahrungen verfügten. Vielmehr ist es so, daß immer bestimmte Areale der Sprache in bestimmten Altersstufen aufgrund genetischer Veränderungen optimal erworben werden. Damit kommt Piagets Entwicklungspsychologie des Kindes mit ihren vier Stadien in den Blickwinkel:[19]

• sensomotorisches Stadium (0 - 20 Monate)

• präoperationales Stadium (20 Monate - 7 Jahre)

• konkret-operationales Stadium (7 - 11 Jahre)

• formal-operationales Stadium (ab 11 Jahre).

Empirische Untersuchungen zu Lerntempo und Lernerfolg im ungesteuerten Zweitspracherwerb haben gezeigt, daß die Lerngeschwindigkeit wesentlich vom Alter und den sprachlichen Strukturbereichen abhängt. Im Bereich der Phonologie ist die Altersspanne 6 - 10 Jahre am günstigsten - das Stadium des Beginns des Abstraktionsvermögens und gedanklicher Schlußfolgerungen. Im Bereich der Flexionen und der Syntax einer Zweitsprache zeigen präpubertäre Lernende die besten Ergebnisse, während Sprachenlernen unter Zuhilfenahme erklärender Regeln erst bei Kindern ab ca. 11 Jahren gelingt - dem

"Stadium der formalen Operationen" Piagets. Jüngere Erwachsene (beispielsweise die "Seiteneinsteiger" unter den ausländischen Jugendlichen) können kurzfristig schneller vorankommen als andere Altersgruppen, werden aber langfristig von Lernenden, die bereits als Kinder oder Jugendliche Kontakt zur Zweitsprache hatten, überholt.

• Diese entwicklungspsychologischen Daten können nur teilweise hirnphysiologisch interpretiert werden. Wode nennt in diesem Zusammenhang vier Erkläransätze[20], von denen keiner für sich allein sämtliche beobachteten Fakten erklärt, sondern die Faktoren ineinanderspielen:

  • *Biologische* Erklärungen (vgl. Lenneberg): das Gehirn funktioniert beim Erwachsenen anders als beim Kind; möglicherweise spielt auch das Geschlecht eine Rolle.

  • *Affektive* Erklärungen: beim Kind baut sich eher als beim Erwachsenen die affektive Grundlage auf, die erforderlich ist, um Sprachen unbefangen und ohne Angst vor Fehlern zu erlernen.

  • *Inputerklärungen*: Erwachsene und Kinder erhalten unterschiedliche sprachliche Vorgaben (Input), weil sich ihre Gesprächspartner in jeweils verschiedener Weise auf das altersbedingte Niveau des Lernenden einstellen.

  • *Intellektuell-kognitive* Erklärungen: ein Erwachsener lernt eine fremde Sprache vor dem Hintergrund der erlernten Erstsprache (Interferenzwirkung) und seines Weltwissens. Insofern befördert die bereits erworbene Erstsprache den Zweitspracherwerb; doch liegen keine gesicherten Daten darüber vor, ob die Bedeutung zweier Wörter in zwei Sprachen, die dasselbe meinen, in unterschiedlichen Registern oder gemeinsam repräsentiert ist. Doch kann beim Lernen von Wörtern einer Zweitsprache auf andere Strategien zurückgegriffen werden als bei der Erstsprache. Entsprechend sind die Faktoren, die den Spracherwerb beeinflussen, breit gefächert[21]:

- *linguo-kognitive* Fähigkeiten: Kodierung mentaler Repräsentationen, Kodierung entwicklungsspezifischer Strukturen;

- *biologische* Eigenschaften: Alter, Geschlecht usw.

- Merkmale der *Persönlichkeitsstruktur*: Selbstsicherheit, Empathiefähigkeit, Lernstil, analytische Fähigkeiten, Gruppenverhalten usw.

- *affektive* Faktoren: Motivation, emotionaler Zustand, Umfang und Intensität des Sprachkontakts usw.

Vor monokausalen Erklärungen des Zweitspracherwerbs, auch solchen hirnphysiologischer Art, sei daher gewarnt.

Implikationen für den Sprachunterricht

Die Argumentation hat gezeigt, wie mehrdimensional die Faktoren sind, die den Erwerb von Zweit- oder Drittsprachen beeinflussen. Im folgenden werden einige praktische Konsequenzen unserer theoretischen Erörterungen für den Unterricht einer Zweit- oder Fremdsprache gezogen:

- Aus dem Konzept eines sich selbst organisierenden Systems neuronaler Netze - wie heute das menschliche Gehirn im Regelfall begriffen wird - folgt schlüssig, daß Spracherwerbsprozesse - gesteuert oder ungesteuert - höchst individueller Natur sind, weshalb sich eine Dogmatisierung methodischen Vorgehens, welcher Art auch immer, verbietet.

Ob grammatikalisierende Methode, audio-linguale Methodik, direkte Methode, kommunikative Didaktik oder kognitive Verfahren: sie alle sprechen immer nur Teilbereiche der Faktoren und Eigenschaften im Menschen an, die den Spracherwerb beeinflussen. Empfehlenswert ist daher eine variable und multidimensionale Vorgehensweise, keine einseitige oder gar starre Methodik.

- Je differenzierter, variabler und kreativer das Unterrichtsverfahren gestaltet ist, desto besser. Das Gehirn will in seiner ganzen Vielfalt

angesprochen und "beschäftigt" werden, keineswegs nur kognitiv
oder nur spielerisch-kreativ.

- Daher sollte das Übungs- und Textangebot motivierend und differenziert sein, also kommunikative, kognitive und kreative
Lehreinheiten sinnvoll verknüpfen. Gelernt werden sollte in
Sinneinheiten (Syntagmen, Phrasen, Funktionsverbgefüge,
chunks), da offensichtlich das Gehirn chunks speichert und
verarbeitet, keine Einzeleinträge; gefördert werden sollte das
Assoziationslernen, da offenbar neue Informationen mit bereits
gespeicherten Informationen assoziiert werden, dadurch neue
Sinneinheiten gebildet und andere verworfen werden. Deshalb ist
z.B. das verbale Üben mit Assoziogrammen sinnvoll, ebenso wie
das Clustering oder ähnliche Assoziationsverfahren im Bereich des
Kreativen Schreibens, weil es ganzheitlich vorgeht, also logisch-
kognitive Prozesse mit reinen Assoziationen verbindet.

- Da es kein "ideales" Alter für das Fremdsprachenlernen gibt,
empfiehlt es sich, jene Areale der Sprache (Phonologie, Morphologie, Syntax, Lexik, Pragmatik) in jenen Altersstufen besonders
zu lehren, die oben erwähnt werden. Der Erfolg dürfte größer sein.

- Dazu gehört auch die falsche Auffassung, Kinder lernten schneller
eine fremde Sprache als Erwachsene. Dies wird häufig mit
Beispielen des Deutschen wie dem Erwerben der Inversion oder
der Endstellung des Finitums im Gliedsatz behauptet, das Kinder in
der Erstsprache schnell und mühelos erlernten, Erwachsene
hingegen häufig nie. Schätzungen haben dagegen ergeben, daß
Kinder bis zu 9000 Stunden Zeit (Sprachkontakt mit der Mutter,
Familienangehörigen, Freunden, in der Schule) dafür benötigen.
Welcher Erwachsene hat so viel Zeit?

- Sinnvoll ist das Verbinden von *Imagenen* und *Logogenen* im Sinne
Paivios, also die Koppelung visueller und sprachlich-logischer
Reizverarbeitung. Es deutet alles darauf hin, daß dadurch die
Reizwirkung (Langzeitpotenzierung - LTP) verstärkt und der Lern-
erfolg vergrößert wird. Bildliches und sprachliches Gedächtnis
können so verknüpft werden.

• Es ist sinnvoll, beobachtete Sequenzen des ungesteuerten ("natürlichen") Zweitspracherwerbs in die Progression des Unterrichts einzubauen (Negation, Inversion, Endstellung des Verbs im Nebensatz). Doch sei vor einer Übergeneralisierung dieser Sequenzen gewarnt: der Spracherwerb ist ein höchst individueller Prozeß; bezeichnenderweise sind die vorliegenden Daten nur bei jeweils einer oder wenigen Personen erhoben worden.

• Beim Leselernprozeß sollte auf Strategien der Erstalphabetisierung zurückgegriffen werden: Erkennen von Buchstaben, Wort- und Satzgrenzen, syntaktischen Strukturen und Phrasen, Texteinheiten, Thema-Rhema-Strukturen, Schlüsselwörtern, Konnektoren, Wortbildungsregeln (die anders als in der Muttersprache sind, beispielsweise bei Komposita). Auch die Zeilenlänge und die Folge von Sakkaden müssen beachtet werden.

• Aus der Gedächtnisforschung leiten sich Hinweise zu benutzbaren *Mnemotechniken* ab: Chunk-Bildung, visuell-ikonische Repräsentationen von Wortbedeutungen, kontextuelle Repräsentationen, emotionale und sprachliche bzw. nichtsprachliche Repräsentationen lexikalischer Bedeutungen. Die variable Anwendung dieser Repräsentationen kann das Worterlernen in der Fremdsprache erleichtern.

Fazit: Was nottut, ist ein interdisziplinärer Forschungsansatz von Neurologen, Informatikern, Linguisten und Sprachdidaktikern, um den Geheimnissen des menschlichen Gehirns auf die Spur zu kommen. Dieser drei Pfund schwere Klumpen aus Fett, Eiweiß und Wasser, der unser Leben regiert, ist weitaus komplizierter, als es der deutsche Anatom Franz Joseph Gall vor 130 Jahren sah, der mit seinem schönen Bild genau erklärte, wo im Cortex Elternliebe, Frohsinn, Sprachsinn, Geschlechtsliebe, Kampfeslust usw. angesiedelt waren. Die Ehrlichkeit gebietet zugegeben, daß wir heute ganz am Anfang des Tunnels stehen. Die Neuronenfeuer haben, um im Bild zu bleiben, ein wenig Licht in das Dunkel dieses faszinierendsten aller menschlichen Organe gebracht und viele scheinbare Wahrheiten und Tatsachen erschüttert.

Anmerkungen

1. Vgl. Hagan Widner: Transplantation von Hirngewebe. Vortrag auf dem Kongress "Neuroworlds. Zukunftswege der Hirnforschung". Wissenschaftszentrum Nordrhein-Westfalen, 3./4.11.1993 (In: Jutta Fedrowitz u.a. (Hrsg.): *Neuroworlds*, Frankfurt / New York 1994, S. 372 - 379)

2. Klaus Dörner: Neue Ethik für die Hirnforschung? Vortrag auf dem Kongreß "Neuroworlds. Zukunftswege der Hirnforschung". Wissenschaftszentrum Nordrhein-Westfalen. 3./4.11.1993 (In: Jutta Fedrowitz u.a. (Hrsg.): *Neuroworlds*, A.a.O., S. 370)

3. Noam Chomsky: A review of skinner's "Verbal Behavior". In: *Language* 35, 1959, S. 26

4. Vgl. R. Gardner & B.T. Gardner: Teaching sign language to a chimpanzee. In: *Science* 165, 1969, S. 664-672.

   Zur Kritik daran: J.A. Fodor, T.G. Bever, M. Garrett: *The psychology of language*. New York: McGraw-Hill, 1974.

5. Eric W. Lenneberg: *Biological foundations of language*. Cambridge/Mass.: MIT Press, 1967.

6. Vgl. Helmut Schnelle: Sprache, Gehirn und neuronale Netze. In: *RUBIN*. Wissenschaftsmagazin der Ruhr-Universität Bochum 2/1992, S. 4.

7. Vgl. Walter Huber, Klaus Poeck, D. Weniger: Aphasie. In: Klaus Poeck (Hg.): *Klinische Neuropsychologie*. Stuttgart 1989.

8. Huber et al., a.a.O., S. 107 f.

9. Vgl. *GEO* Nr. 12/1994. Das Gedächtnis. S. 25.

10. Karl Zilles: Vom Seelenorgan zum neuronalen System - Historische und gegenwärtige Konzepte zur Lokalisation von Hirnfunktionen. (In: Jutta Fedrowitz u.a. (Hrsg.): *Neuroworlds*, A.a.O., S. 178)

11. A. Paivio: *Imagery and Verbal Processes*. New York 1971.

12. Vgl. Sir W. David Ross: *Aristotle's Parva naturalia. A revised text with Introduction and Commentary.* Oxford 1955.

13. Vgl. Platon: *Theaitet.* In der Übersetzung und mit den Erläuterungen Friedrich Schleiermachers. Insel Verlag Frankf./M. 1979.

    Sowie: Francis M. Cornford: *Plato's Theory of Knowledge (The Theaetetus and the Sophist of Plato).* Indianapolis 1957.

14. Vgl. Ernst Florey: MEMORIA: Geschichte der Konzepte über die Natur des Gedächtnisses. In: Dsl./Olaf Breidbach: *Das Gehirn - Organ der Seele. Zur Ideengeschichte der Neurobiologie.* Akademie Verlag Berlin 1992, S. 166 ff. Meine Erläuterung hält sich eng an Floreys Darstellung.

15. a.a.O., S. 153.

16. Robert F. Schmidt: Integrative Leistungen des Zentralnervensystems. In: Dsl. und G. Thews (Hg.): *Physiologie des Menschen.* Berlin et al 1990, S. 163 ff.

17. Das Kontextgedächtnis ist nach Miller auf sieben ± zwei Sprachzeichen begrenzt und sichert, in Sinneinheiten, Produzieren und Verstehen von Sätzen. Vgl. George A. Miller: The magical number seven, plus or minus two: some limits on our capacity for processing. In: *Psychological reviews* 63, 1956. S. 81 - 97.

18. Vgl. Hermann Ebbinghaus: *Über das Gedächtnis. Untersuchungen zur experimentellen Psychologie.* Leipzig 1885.

19. Jean Piaget: *Le langage et la pensée chez l'enfant.* Paris, 1923.

20. Henning Wode: *Einführung in die Psycholinguistik.* München 1988.

21. Wode, a.a.O., S. 292.

22. Gall, F.J. / Spurzheim, J.K.: *Untersuchungen über die Anatomie des Nervensystems überhaupt, und des Gehirns insbesondere.* Ein dem Französischen Institute überreichtes Mémoire. Nebst dem Berichte des H.H. Commissaire des Institutes und den Bemerkungen der Verfasser über den Bericht. Paris / Straßburg 1809.

Christopher Halsall
The European Initiative at King's School Rochester

A programme of foreign language teaching for pupils aged 4 to 18

The shortcomings of the British approach to foreign language learning have been well rehearsed: firstly the assumption that only clever English people are capable of learning any foreign language, and that the enterprise is in any case somewhat comic and demeaning, and secondly the assumption that it doesn't actually matter very much anyway, since all but the most benighted foreigners (who can, of course, be safely disregarded) will be able to speak English. We may call this the Paul Gascoigne tendency, after perhaps its most famous practitioner, the well-known monolingual British footballer.

Two examples will suffice:

1. Ibiza airport bar: my wife orders two beers in Spanish and proffers the correct money, after 6 days of learning Spanish. The English-man next to her says in amazement: "Cor, you speaka da lingo, then darling, do you?"

2. British Telecom overseas operators: I have to ask for a German directory enquiry. The UK operator calls Germany and gets the recorded message, "Bitte warten Sie, usw". "Do you know what she's saying?" says the UK operator. I explain, and at this point the real German operator answers. Without hesitation the UK operator starts to explain my enquiry in English. No attempt to ask whether the German operator understands (she does) and clearly no knowledge of any other language from an "international" operator.

Familiar stuff, and all very depressing.

How can we transform this into what we might call, continuing the reference, the Gary Lineker tendency (after another English footballer), in which the speaker assumes the worth and necessity of foreign language learning, and sets about it?

The Government, as part of a huge restructuring of the British education system which has taken place in recent years, has decided upon an answer. They have drawn up a long list of the sort of language which British pupils ought to learn, and created an equally long list of the sort of activities which foster language learning. These lists, graded for levels of achievement, are in fact extremely well thought-out and useful to the curriculum planner. They represent a vast stock of intelligent thought about the nature of learning.

Sadly, however, there is a catch. The Government's guidelines will make it compulsory for all British pupils to learn a foreign language from age 11 to age 16. Is this likely to draw maximum profit from children's language learning potential? Or is it likely to lead to widespread disaffection among pupils? A survey of British truants recently revealed that a high proportion of them cite foreign languages as the lesson which sends them out of school. These truants are of the precise age group which the Government is proposing to compel to continue with foreign language learning. This policy will, moreover, lead to a huge increase in the numbers of pupils studying foreign languages at a time when it is not easy for state schools to staff the foreign language lessons they already have. It seems to me doubtful whether the road to success leads this way.

Fortunately for King's School Rochester, the Government's rules will apply only to state schools.

King's is an independent school in Kent. It is a cathedral foundation with a strong academic tradition and a solid modern languages department. This department taught a traditional syllabus in which pupils began to learn French at the age of 10, German at 13 and some chose to do Russian at 14 or 16, or Italian at 16. French was the only language which was compulsory to the age of 15/16, to first public examination (GCSE). Results were invariably excellent: no-one had failed German since the Triassic period, and hardly anyone had failed French. Despite this we were dissatisfied with GCSE, which is a very basic qualification, although it has some advantages.

In recent years King's has set up a department for younger pupils so that it can offer education from the age of 4 to 18.

King's therefore decided to investigate the possibility of exploiting our independence to create a modern languages scheme which would be close to revolutionary in the UK. We hoped to teach a foreign language to all our pupils from the day they came to the school, basing this on the research data, and on our own experience, both of which suggested that the ideal age to begin learning a foreign language is as young as possible, preferably below 8, and certainly below 11, proposed by the British Government.

Almost no other school in the UK had tried this out. There had indeed been experiments in teaching French to primary school pupils, but by 1990 most of these had run into the sand, bedevilled by problems of staffing, resourcing, and continuity - pupils were leaving primary school at 11 with some French, then having to start it again when they went to secondary school, since the British system usually mixes pupils from different primary schools at this stage, bringing together those with French experience and those without. Moreover, there had been a lack of suitable material for the younger pupils - one inspector described a class of 8 year olds chanting "Je voudrais un vin rouge".

We hoped to overcome the difficulty of continuity by our very nature. We offer education from 4 to 18, and hope that most pupils will stay with us for their whole career. However, we have significant acquisitions of new pupils at ages 8, 11 and 13 and clearly they would have to be catered for. Moreover, in 1990 we only had girls in our Sixth Form (ages 16-18): since then the school has gone co-educational throughout, and the gradual build-up of girls means a steady flow of new beginners. Nonetheless, we remain confident of offering a progressive programme of language learning for all our pupils.

We decided to do some research. It was not particularly easy: there were few trails to follow. After taking advice from various sources, we arranged a visit to the European School at Culham in Oxfordshire. They were extremely helpful. Essentially, all their pupils are compelled to learn a foreign language from an early age and are also compelled to study some curriculum subjects in a foreign language. The pupils speak a range of European languages, and multilingualism in the classroom and playground is accepted as natural by all. We watched lessons: the most valuable conclusions we reached were that all teachers we recruited for any future scheme should be native speakers of that language and that they should be trained for the age group concerned. These conclusions may seem obvious. Native speakers would ensure that small children did not think that this was some kind of game, and would make it clear by their very presence that languages were a real issue. They would also act as ambassadors of another country, and would bring a repertoire of expertise to the teaching of small children which we did not feel a non-native speaker could match. As for the training, we were keen to avoid the spectres of secondary phase teachers (such as myself!) with no previous experience of teaching younger children.

The European School not only showed us a potential path; they were kind enough to host several subsequent visits and to share some of their syllabuses with us.

We next visited the Netherlands, through the good offices of the Central Bureau and ESHA. Why are the Dutch so good at foreign languages? (The question posed itself: one of our senior English teachers at that time was a Dutch native speaker!) Our visit revealed that Dutch language teaching is actually rather conservative in nature. The difference is that Dutch people are constantly surrounded by foreign languages in contexts which enhance their motivation to learn them. To take a simple example, Dutch students of science at university will find that a high proportion of their set texts are in English. On a less exalted level, one little girl told us that she hoped to emulate English-speaking pop singers.

We could, of course, not transform our school into a small country with a language few people take the trouble to learn, surrounded by large countries with pervasive cultures. The lesson we learned was a reinforcement of the necessity for native speaker teachers, and the requirement for satellite television which we at once installed.

Which language were we to choose? The obvious answer in the UK is French, especially as we are in Kent, sixty kilometres from the Channel Tunnel. We did not go for the obvious answer. Virtually 100% of our pupils enter university, and subsequently enter professions which range from the highly respected, such as the law and business, down to the current British Cabinet Minister who is a former pupil of the school. We were impressed by the fact that Europe has more native speakers of German than any other language, and those speakers wield an economic power which is disproportionate to their numbers.We noted the fading influence of German in British state schools, and decided that our pupils would derive advantage from, to use a market analogy, selling a scarce commodity. We chose German. We did, however, arrange to start our pupils off with French at the age of 8 rather than 10. This is, in any case, more common in British preparatory schools as a starting age.

We therefore decided that from September 1991 we would begin to teach German to all the pupils in our Pre-Preparatory School, aged 4 -7 and to all those pupils in the Preparatory School, aged 8 - 13, with the exception of the top two years. In the Senior School the normal GCSE/A level courses continued.

A table will make this clearer.

Chronological age of pupils	Name of class
18	Upper Sixth (A level exams)
17	Lower Sixth
16	Upper Fifth (GCSE exams)
15	Lower Fifth
14	Remove
Entry to Senior School	
13	Fourths
12	Thirds
11	Seconds
10	Ones
9	Lower Ones
Entry to Preparatory School	
8	Fourth Year
7	Third Year
6	Second Year
5	First Year
Entry to Pre-Preparatory School	

This progression is, of course, not typical of much of the British state sector.

We recruited first of all by advertisement in Germany, and although this was successful at first, we now advertise mainly in the UK. Recruitment in Germany is expensive, and German teachers have a financial status which they are, reasonably enough, reluctant to abandon. Recruitment in the UK has not proved difficult: there are plenty of suitably qualified German teachers here, and their familiarity with Britain and British schools is useful.

We further decided that in language learning, little and often is the key to success, and organised a lesson of approximately half an hour a day every school day. It was not easy to find time in the timetable for this: a form period here, a period from another subject there. At each stage we explained to colleagues what we were doing and why, and we also arranged a publicity campaign for parents, with meetings, and consultations. Naturally the Press and television were involved. The result was that a very positive welcoming spirit prevailed among staff and parents, and this naturally transmitted itself to the pupils. Demand forced us to set up a German class for parents, which still continues.

The following year, we took on extra staff and ensured that every pupil in the school, up to and including the Remove year (aged 14), received German lessons.

Our syllabuses, naturally, varied according to age, and are still in a process of development in the Preparatory School. Our initial resolve was that learning a language should be fun, and that for the Pre-Preparatory pupils, aged 4-9, there should be no, or almost no written work and no grammatical explanation, but a good deal of games, songs, puzzles and so forth: in short the way in which a child learns its first language, insofar as we could reproduce it. After three years, this programme is now substantially in place, and can be followed by each new year's pupils in their First Year.

At first we intended the same to be true for older pupils, but we have discovered that many of these actually wish to write things down: that the occasional quick explanation of a grammar point is comforting:

and that examinations of some sort help to foster motivation. We have accepted these points.

For the first two years, we have essentially taught our pupils the basics of German around a series of topics, such as animals and travel. This approach will soon reach its limitations, however, as our pupils' abilities develop, and we have already made experiments in the next step ahead, which is to begin teaching parts of the rest of the curriculum in German. I will not enter here into the theory and practice of second language learning, except to point out that a language is not really (except for specialists) a subject in itself: it is a means to an end, a tool. A hammer and chisel are not intrinsically very interesting: it is what you do with them that makes them so. Similarly, the instrumental case in Russian is of limited appeal in itself: what counts is what you can do with it. The point of learning a language is thus to use it, and in schools this can ultimately be arranged by teaching other subjects through the medium of a particular language.

This needs to be carefully planned. First of all, pupils must be in no way disadvantaged by learning a subject in another language. This is easily arranged by taking the lessons from the allocation for German, and not from the allocation for the other subject, so that in practice pupils actually receive extra lessons in the subject. This needs to be made very clear to pupils, parents and colleagues, but especially to parents, since a major part of their motivation in sending their children to us in the first place is our excellent examination results: nothing must therefore seem to jeopardise these.

Secondly, the syllabus must be planned and discussed, since it is likely that whatever subject is chosen will be shared between the teacher who teaches it in English and the teacher who teaches it in German. In my previous existence as a teacher adviser for English as a second language in Inner London, I was constantly dealing with such relationships: there is a simple but obvious key to success - the colleagues have to like each other.

Thirdly, the German staff need to feel secure about the subject they are teaching.

Fourthly, the work has to be provided with resources. These will of course cost money, and they will have to be obtained from Germany or with the help of German educators in the UK. Moreover, they will have to be selected and vetted by the head of department of the subject chosen. Since this colleague will not necessarily have any German, he or she will need advice from a bilingual person.

In fact, of course, the ideal solution would be for the same person to teach in both English and German, and we are fortunate to be able to make experiments along these lines. Three of our German teachers are trained and experienced in PE teaching, and have been able to ensure that much PE is conducted in German. This is actually quite straightforward: one is rarely in doubt as to what a PE teacher wants one to do, and the language of instruction is relatively limited and supported by gestures or demonstration. Moreover, one of our German teachers is also a trained and experienced teacher of Biology, and she has begun work on the lines indicated above, with one of her biology sets. Practical laboratory lessons are quite suitable for instruction in a foreign language, since much of the material is reinforced by physical demonstration. The only caveat is that laboratory safety must be clearly maintained. Both these experiments have proved successful, and we hope to extend them to mathematics shortly.

It is of course clear that it is higher up the school where the changes will gradually become revolutionary. As yet the Senior School is scarcely affected. In 1993-4 the Removes (14 years old) became the first year group to enter the Senior School having already done some German (only one year in this case). Next year's Removes will have done three years.

A table may make this clearer.

Academic year beginning

	Age	91	92	93	94	95	96	97	98	99	00	01	02	03	04	05
U6	18	5	5	5	5	5	5	6	8	9	10	11	12	13	14	14
L6	17	4	4	4	4	4	5	7	8	9	10	11	13	13	13	13
U5	16	3	3	3	3	4	6	7	8	9	10	11	12	12	12	12
L5	15	2	2	2	3	5	6	7	8	9	10	11	11	11	11	11
R	14	1	1	2	4	5	6	7	8	9	10	10	10	10	10	10
4	13	-	1	3	4	5	6	7	8	9	9	9	9	9	9	9
3	12	-	2	3	4	5	6	7	8	8	8	8	8	8	8	8
2	11	1	2	3	4	5	6	7	7	7	7	7	7	7	7	7
1	10	1	2	3	4	5	6	6	6	6	6	6	6	6	6	6
L1	9	1	2	3	4	5	5	5	5	5	5	5	5	5	5	5
4	8	1	2	3	4	4	4	4	4	4	4	4	4	4	4	4
3	7	1	2	3	3	3	3	3	3	3	3	3	3	3	3	3
2	6	1	2	2	2	2	2	2	2	2	2	2	2	2	2	2
1	5	1	1	1	1	1	1	1	1	1	1	1	1	1	1	1

The figures in the left hand column refer to the pupil's year group. The figures in the main table show in which year of studying German a pupil is. Thus in the year beginning 1993, the Lower Sixth are in their fourth year of German study. The first year group to have gone right through the programme will leave school in 2005, having started their 14th year of German in 2004. At this point the whole programme will be in place.

What relationship does this have to the new English National Curriculum, in which the content of syllabuses is centrally governed to an unprecedented extent? It is not quite like the Soviet model, in which the Minister in Moscow could look at his watch and tell you, time zones permitting, what Class 7 in Irkutsk were studying at that moment, but it is remarkable for Britain. One might say that it has very little to do with it. After all, the curriculum prescriptions say that a foreign language begins at age 11 and continues to age 16, and we seem to have pre-empted this by 7 years. We can, of course, legally do so since we are an independent school and do not have to follow these directives.

On the other hand, even independent schools ignore major trends in education at their peril, and moreover, as noted above, there is a great deal of good in the precise details of the Modern Languages directives. We can thus borrow the structure of their content while ignoring the age references, and this is what we shall do.

In order to set up our initiative, it was necessary to convince the Governors of the school of its worth, and persuade them to use the school's funds for this purpose. Such a scheme is, of course, not cheap, involving considerable appointment costs. It was thus necessary to set up a system of external inspection of the initiative by an independent body, and for this the school employed the Independent Schools Joint Council. A highly experienced inspector made six visits to the school between autumn 1991 and autumn 1993, and has recently reported in positive terms to the Governors on our progress so far. He has also proffered large amounts of formal and informal advice on future developments, and we are currently planning these, as mentioned above.

The initiative has generated a very large amount of publicity, both formal and word-of-mouth, for the school. Such publicity is vital for an independent school, and to the best of my knowledge, response has been entirely favourable. Many other schools, as well as university departments, have either come to visit us or have invited us to speak at meetings and conferences. Again, response has been positive, and other schools are now considering similar programmes.

How are we to deal with public examinations? As can be seen from the table above, our pupils have hitherto taken the first UK public examination, GCSE, in the Upper Fifth after three years' instruction. By 1996 those Upper Fifths will be in their sixth year, and by 2002 in their twelfth. For these pupils GCSE will be rather easy, we hope: as previously mentioned, no-one fails it even now. We are thus actively investigating the possibilities of other public examinations: many of these, however, suffer from the disadvantage of being aimed at adults. Should we then allow our pupils to take GCSE early? The

Government's drive towards publication of every conceivable examination result, in the fond belief that this will drive up standards, works against this, since the system of statistics collection is eccentric in many ways. However, the system of attainment targets already published means that GCSE is itself not likely to survive in its present form. The future of British public examinations seems so fluid that we are inclined to wait and see: none of the alternatives we have canvassed are wholly satisfactory. My Headmaster lives in the hope that a truly European system of examinations would become available on a pan-European basis so that we might be able to combine the requirements of the English National Curriculum with European requirements.

How are we to deal with new beginners? As previously noted, the structure of the school makes this problem less substantial, but it is certainly not trivial. We have used setting as a device, ensuring that newcomers start together as much as possible, and we have also created several Beginners' Tapes for the Pre-Prep and Prep departments, which have been a great success. These enable pupils, and indeed their parents, to work at home or in the car on the way to school.

It was clear from the start that we needed a link with a German school, and personal contacts enabled us to set up a partnership with the Kreisgymnasium Bargteheide in Schleswig-Holstein. A preparatory visit paved the way for a pupil exchange of the ordinary sort to be set up, but we were also able to welcome eight teachers from Bargteheide to King's. The return visit will take place in October 1994. Moreover, several of our Sixth Form have been able to go to Bargteheide on work experience during the summer, and a German pupil is currently spending a year boarding with us: this has been a great success.

There is plenty of scope for the future. I envisage three particular objectives. Firstly, I would wish to see us setting up joint projects with our German partner school, in various curriculum areas. This would be educationally valid and would also attract European funding, whose guidelines at the moment tend to exclude schemes such as ours, despite the indisputable benefits it confers on our pupils.

Secondly, we need to extend the range of materials, particularly reading materials, which we are currently able to offer. This will be expensive.

Thirdly, and this will be the most complex task, we need to move German into other curriculum areas in the school, by using German to reinforce other areas of learning. We would hope to provide some aspects of most of our curriculum subjects eventually, but this is bound to be a gradual process.

This is a long journey, not to be completed before 2005 at the earliest. We look forward to it with confidence and enthusiasm.

Josef Kempen
Aspekte der Koexistenz zwischen Afrikaans, Englisch und Deutsch im südlichen Afrika

" *Die man - die vrou - die kind* ", - kein germanisches Esperanto, sondern ein besonders interessanter, uns räumlich ferner Verwandter, das Afrikaans von über drei Mio. weißen und noch mehr farbigen Südafrikanern und Namibiern. Wie kam es nun zur Symbiose von Afrikaans, Englisch und Deutsch, wie überhaupt zu einer neuen westgermanischen Kultursprache am Kap? Dazu zunächst etwas zur *äußeren Entwicklungsgeschichte* des jüngsten europäischen Sprachsprosses in Übersee, anschließend zur *inneren*.

Das weiße Südafrika war lange Zeit eine vornehmlich niederländische Domäne. In seinem "Goldenen Zeitalter" wurde Holland, das sich in einem achtzigjährigen Freiheitskampf gegen die Weltmacht Spanien durchgesetzt hatte, auf vielen Gebieten tonangebend, zum Lehrmeister Europas. Selbst niederländische Wörter fanden den Weg in andere Sprachen - allein ins Englische rund 4000. Grundlage des Reichtums und der Macht der Generalstaaten war die holländische Seegeltung; ihre Flotte war zeitweilig größer als die ganz Europas zusammengenommen. Im Welthandel hatte Amsterdam die Stelle Lissabons eingenommen. Holländische Niederlassungen entstanden an den Küsten Amerikas (Nieuw Amsterdam, das spätere New York) und Afrikas bis nach Australien und Ostasien. Zwei Jahrhunderte lang war z.B. der Japanhandel Europas ausschließlich in holländischer Hand.

1652 gründete *Jan van Riebeeck* für die niederländische Handelskompanien am Kap der Guten Hoffnung eine Erfrischungsstation. Hieraus sollte sich das weiße Südafrika und seine Hauptsprache, das Afrikaans entwickeln. Zahlreiche Deutsche standen bereits im Dienst der ersten Kapholländer. Ab 1677 traten malaiische Sklaven hinzu, ferner (1688) etwa 200 Hugenotten, von denen ein Drittel aus dem damals noch stärker niederländisch sprechenden Nordosten Frankreichs stammten. Sie gingen, wie auch die Deutschen, im Burentum auf. Nur ihre Namen (Duplessis, Leroux, Mal-herbe, Marais, Terblanche...) künden noch von ihrer Herkunft.

1806 nahm England vom Kap Besitz. Bald darauf wird Englisch alleinige Amts- (1825) und Rechtssprache (1826). Nicht wenige burische Afrikaner passen sich der Anglisierung an. Dabei war noch um 1820 das Zahlenverhältnis Buren zu Briten 8 : 1 gewesen!

1836 verließen die mit der englischen Oberherrschaft unzufriedenen Buren das Kapland auf ihrem " *Groot Trek* ". Ein Jahr später schlug der Burenführer *Pretorius*, nach dem die spätere Hauptstadt Pretoria benannt wurde, die Zulus entscheidend am " *Bloedrivier* " (Blutfluß). Am Ende der Trecks standen die freien Burenrepubliken "Oranje" und "Transvaal". Ihre Amtssprache war das Niederländische. Umgangssprache war jedoch das kapholländische Afrikaans, das längst zu einem eigenen Idiom geworden war. Mit der zweiten Hälfte des 19. Jh. setzten dann auch die Bemühungen zur Anerkennung des Afrikaans als Schriftsprache ein.

Doch die höheren Bevölkerungsschichten waren inzwischen weitgehend anglisiert, und der englische Einfluß am Kap wuchs ständig auch dank des sozialen Abstands zu den Afrikaanssprechenden. Es kam jedoch nicht zur Bildung einer Mischsprache. Dem dominierenden Englischen standen das Hochholländische - oder was man dafür hielt - und das Afrikaans gegenüber.

1875 wurde in Paarl im Kapland die " *Genootskap vir Regte Afrikaners* " gegründet. Das Ergebnis der Bemühungen dieser ersten afrikaansen Sprachbewegung war u.a. die Zulassung des Niederländischen in der Kapkolonie (1882). Parallel dazu eroberte in Belgien die "*Flämische Bewegung*" dem Niederländischen die ersten Rechte für die Mehrheit der Bevölkerung, und in den nördlichen Niederlanden erwachte das Westfriesische aus einem jahrhundertelangen Schlaf, bis es schließlich Amtssprache wurde. Doch zurück nach Südafrika.

Die ersten gedruckten Zeugnisse des Afrikaans - darunter der Koran der Kapmalaien - entstanden im 19. Jh. Das " *Wunder des Afrikaans* " setzte aber erst richtig ein nach dem Burenkrieg (1899-1902) und der darauffolgenden Anglisierungsperiode unter *Lord Milner*. Eine zweite afrikaanse Sprachbewegung - diesmal unter Führung des Transvaal -

konnte sich bereits auf eine erste Hochblüte der jungen Dichtung stützen. Sie knüpft an Namen wie *Celliers, Langenhoven, Leipoldt, Malherbe, Marais, Preller, du Toit* u.a. Wichtig war auch, daß die *Südafrikanische Akademie* (1909), in der sich schließlich die niederländisch- und afrikaansgesinnte Richtung vereinigten, Afrikaans als ihre Sprache annahm. Doch die Amtssprachen der 1910 gegründeten " *Südafrikanischen Union* " waren Englisch und Niederländisch.

Der erste Weltkrieg brachte den Umbruch. Afrikaans wurde Schul- und Kirchensprache. 1925 folgte das Parlament. Afrikaans hatte gesiegt. Es erhielt 1918 in *Stellenbosch* und *Bloemfontein* seine ersten Lehrstühle. Dann begann die Arbeit am großen Wörterbuch (1926). In wenigen Jahrzehnten verzehnfachte sich der Wortschatz, um allen Anforderungen einer Kulturnation und modernen Industriegesellschaft gerecht werden zu können.

1933 erschien die Bibel auf Afrikaans, ein Bestseller. Die Radiosendungen wurden 1936 zweisprachig, Englisch und Afrikaans, und die politische Machtübernahme durch das Burentum (1948) - die Namen *Malan, Strijdom* und *Verwoerd* kennzeichnen diese Periode - war der Beginn einer weiteren Aufwärtsentwicklung auch der Sprache. Doch wie war ihre *innere Entwicklung* verlaufen?

Das Holländische des 17. Jh. war am Kap unter allerlei fremden Einflüssen allmählich zur einfachsten (indo-)germanischen Sprache geworden. Zu den bekannten Entwicklungstheorien gehören:

1. Spontane Veränderung in der Isolierung von Holland.

2. Fremde Siedler (Franzosen, Deutsche u.a.) vereinfachen das Holländische.

3. Eingeborene sowie malaiisch-portugiesisch sprechende Sklaven - jede Familie hatte 8 bis 10 - kreolisieren die Sprache ihrer Herren, nicht zuletzt über die Kindersprache.

4. Ausgleich niederländischer und niederdeutscher Dialekte.

Der Begründer der niederländischen Dialektgeographie, *G.G. Kloeke*, konnte jedoch eine Reihe vermeintlicher Fremdeinflüsse als ebensogut (süd-)holländisch nachweisen.

Auch mußte sich das Nebeneinander verschiedener Sprachformen im Mutterland mit seinen enormen Bevölkerungsverschiebungen zu der Zeit - nicht zuletzt die vor der *"Spanischen Furie"* fliehenden Flamen - am Kap widerspiegeln. So manches war durch das Fehlen kultureller Oberschichten und Akademien vom "rechten" holländischen Weg abgedrängt worden und ließ sich auch durch die Lektüre der Staatenbibel nicht mehr rückgängig machen. Selbst Holländer, darunter sechs der zwölf Berater van Riebeecks, waren ja Analphabeten gewesen!

Doch alle an der Sprache zerrenden fremden Kräfte und selbst die Symbiose mit der englischen Weltsprache haben den niederländischen Kern des Afrikaans nicht verändern können, wohl aber zu seiner radikalen Vereinfachung geführt. So zeigten sich schon früh Unsicherheiten im Gebrauch des Artikels, Singulars und Plurals. Das Imperfekt begann zu schwinden, und so konnte *van Rede* 1685 berichten, die Hottentotten sprächen eine fast unverständliche Sprache, die sich die Kinder der Holländer auch angewöhnten - eine Entwicklung, die durch Amt und Kirche nicht mehr aufzuhalten war und sich ähnlich auch im amerikanischen Negerenglisch (*Porgy and Bess: you is my woman now...*) vorfand. Aber auch das klassische Latein entledigte sich seiner vielen Formen bei der Auflösung in seine Tochtersprachen. Das afrikaanse Verb verlor alle seine Endungen. Es erinnert an die Verkehrssprache mit Gefangenen und Fremdarbeitern im letzten Krieg: *ich sagen, du gehen, er kommen....* Afrikaans, ohne Konjugations- oder Deklinationsendungen, ohne unregelmäßige Verben und mit nur einer Vergangenheitszeit (Perfekt), kann dank dieser Vereinfachungen mit Englisch besser konkurrieren. Im letzteren lassen sich z.B. alle Zeiten mit ihren Personalpronomen in ca. 30 Wörtern ausdrücken; Französisch hätte dazu etwa 200 nötig.

Für die Ökonomie des Afrikaans spricht auch, daß es sich mit zwei Demonstrativen begnügen kann, *hierdie-daardie*, d.h. dieser,-e, -s und jener, -e,-s, oder daß Possessiv-, Reflexiv- und Personalpronomen z.T. gleichlauten:

ons was ons - wir waschen uns; *ons boek* - unser Buch, wir buchen. Noch ein einfacher Satz möge die Wirtschaftlichkeit des Afrikaans bezeugen:

Die man wat daar loop, is my oom.   Sing.

Die mans wat daar loop, is my ooms.   Plur.

Der Mann, der da geht, ist mein Onkel (Oheim).

Die Pluralversion benötigt nur die beiden Formen mit -s. Englisch braucht dazu vier, Niederländisch vier, Französisch sechs (davon vier lautlich) und Deutsch gar sieben Änderungen (dazu die Großschreibregeln). Weitere Beispiele:

Sing.: *ek dink, jy dink, hy dink, u dink*

Plur.: *ons dink, julle dink, hulle dink.* - Ich denke usw.

Sy het gedink - Sie hat gedacht, Sie dachte.

Jy het dit moet sê - Du hast das sagen müssen.

Der letzte Satz lautet z.B. in der Rhön mundartlich:

Dou hoscht des müs sö.

Doch im Afrikaans sind das die griffigen Kurzformen einer Standardsprache, die übrigens auch eigene Konstruktionen aufweist:

Hulle slaan vir hom - Sie schlagen ihn.

Fluit-fluit loop ons stasie-toe - Pfeifend gehen wir zum Bahnhof.

Ons sal nie kom nie - Wir werden nicht kommen.

Die Unterschiede zur holl. " Muttersprache " füllen ein Buch. In vielem steht Afrikaans dem Englischen näher. Dabei konnte *Bismarck* die Delegation *Oom Krügers* noch in pommersch-niedersächsischem Platt ansprechen. Afrikaans ist jedoch im Gegensatz zum in viele Mundarten aufgesplitterten Niederdeutsch, das sein Überleben u.a. in der europäischen Minderheitencharta sucht, eine Amts- und Kultursprache ohne jede Einschränkung. Die unverschobene, niederfränkische Konsonanz verbindet das Afrikaans noch lose mit dem Niederdeutschen. Die 21 Mio. Niederländer und Flamen verstehen das Afrikaans ohne große Mühe.

Wie hat sich nun die britisch-burische Symbiose sprachlich ausgewirkt? Zahlreiche Wörter wurden ins südafrikanische Englisch übernommen:

aardvark, biltong, kop(pie), kraal, stoep, trek, veld...

Engl. Anlaut wurde stimmlos, z.b. in *veal*

Engl. -r nähert sich z.t. dem Afrikaans in " *train* "

Engl. *film* klingt oft wie " *fillem* " in Afrikaans, usw.

Umgekehrt beeinflußte der ständige englische Kontakt das Afrkaans in den verschiedenen Sprachkomponenten. So verschob sich z.B. die ursprünglich ndl. Betonung in *pàrlement, pùbliseer* u.a., zeigt sich grammatische Interferenz bei " *die mees lelike* " (*lelikste*) - häßlichste oder auch in einer Konstruktion wie

So vroeg as 1900 = as early as..... statt*: Reeds in...*

Der deutsche Einfluß in Südafrika war hingegen gering, jedoch stärker in Namibia, wo Deutsch einige Zeit alleinige Amtssprache war, dazu gemeinsam mit Afrikaans und Englisch bis zur Unabhängigkeit des jungen Staates.

Etwa 30% der weißen Einwohner des Landes sind deutscher Herkunft. Afrikaans war zu Beginn der deutschen Kolonialzeit dort bereits fest etabliert. Die Buren waren damals die Lehrmeister der Deutschen und Afrikaans - bis heute - die lingua franca auch bei den Eingeborenen. Durch die engen Kontakte übernahm Afrikaans einige Germanismen wie *aanvraag-* Anfrage, *opgaaf-* Aufgabe, *dit stem-* es stimmt u.a., für die es eigene Begriffe gab, während andererseits das südwester Deutsch, nicht zuletzt zur Zeit des Verbots der Deutschabteilungen an den Regierungsschulen nach dem zweiten Weltkrieg, über die Schülersprache vom Afrikaans beeinflußt wurde:

ich wunder, warum - ek wonder (I wonder ...)

er gibt nicht um - hy gee nie om nie

wir developen eine lelike taal... u.s.w.

Eine Sonderbedeutung erhielten z.B. Wörter wie *Bock* (Antilope), *Kapitän* (Häuptling), *Klippe* (Stein), *Pad* (Pfad) = jede Art Weg, Straße. Der Schritt zur verwandten, vereinfachten afrikaansen Mehrheitssprache fiel den meist norddeutschen Einwanderern nicht schwer. Der afrikaanse Artikel " *die* " konnte ja, mit Hilfe weniger Präpositionen, die Arbeit von sechzehn deutschen Artikelfällen - davon sechs unterschiedlichen Formen - übernehmen, um nur dieses eine Beispiel zu nennen. Die afrikaansen Doppelverneinungen wurden nicht übernommen.

Der vorliegende Beitrag muß sich auf wenige Beispiele beschränken. Ein Vergleich möge aber noch aufzeigen, daß auch das formenarme Afrikaans sich vorzüglich zur Wiedergabe auch antiker Dichtung eignet, wie *T.J. Haarhoff* mit dem Abschied von Hektor und Andromache beweist:

" It will come when sacred Troy shall go to destruction.

Troy and warlike Priam, too, and the people of Priam,

And yet not that grief, which then will be of the Troyans

Moves me so much..." (Matthew Arnold)

" Kom sal die dag wanneer Troje / die heilige, val en verniel word

Priamos ook en die burgers / van Priamos es-speer gewapen

My egter raak nie so seer nie / die leed van die Trojers hiernamaals...

Nee, nog die leed van my moeder / of van my vader, die Koning,

Ai, maar dis jy en jou leed wat my tref..."

Auch das englische Südafrika schätzt sehr die natürliche Frische der afrikaansen Literatur und steuert zuweilen dazu bei, so die Brüder *Hobson.*

All dies erfüllt den burischen Afrikaner mit berechtigtem Stolz. Er hat sich unter schwierigsten Bedingungen gegenüber einer Weltsprache durchgesetzt. Dank seiner Deutschfreundlichkeit - auch die Deutschen gelten als Stammvolk der Buren - konnte Deutsch im südlichen Afrika bis heute überleben. Das gilt es taktvoll und angemessen an den deutschen Hochschulen zu honorieren: echte Germanistik statt drohender, bloßer *"Teutonistik"*. Warum nicht eine verbindliche germanische Zweitsprache (die nicht Englisch sein sollte) für den Studierenden der Germanistik (analog Romanisten und Slawisten)? Die Kombination Niederländisch/Afrikaans müßte ohnehin selbstverständlich sein, in Personalunion selbst in Zeiten knapper Kassen eine überfällige Bereicherung des Germanistikangebotes.

Afrikaans ist nicht mehr die Sprache der Apartheid, und es koexistiert mit einer zweistelligen Zahl weiterer Sprachen im südlichen Afrika. Die Burensprache - mit Ndl. das Kommunikationsmedium für über 30 Mill. Menschen auf der Welt - wird überleben und damit die Identität der Afrikaanssprachigen erhalten, - wenngleich nicht ohne Einbußen.

Bibliographische Hinweise

Kloss, Heinz: *Nebensprachen. Eine sprachpol. Studie über die Beziehg. eng verwandter Sprachgemeinschaften.* (Ndl. Dt. Jiddisch. Afrikaans. Fries. Pennsylv.- Deutsch). Wien-Leipzig 1929.

Haarhoff T.J./van den Heever C.M.:*The Achievement of Afrikaans.* Central News Agency. S.A., o.J.

Nöckler, H.C.: *Sprachmischung in Südwestafrika.* München 1959.

Kempen, J.: Die Wonder van Afrikaans . In: *Wirkendes Wort*, 4/ 1966. Standard Encycl. of Southern Africa, Vol.I. (Afrikaans). Kapstadt 1970.

Van der Merwe, E.G.: *Die Ontwikkeling, Stand en Toekoms van Afrikaans in SWA/ Namibie.* (Ongepubl.Tesis) Potchefstroom 1989.

de Vleeschauwer, C. A. M.: De Vlaamse Hugenoten . In: Jb.12, *Zannekin.* Ypern 1990.

Dt. Bundestag: *Die deutsche Sprache in der Welt.* Bonn 5 / 1986.

Links, T./ Kirchner E.: Voorstelling van het rapport over Zuid-Afrika/Namibie. In: *Nederlands in de Wereld. Een Internationaal Coll..* Brussel 1991.

Immenga, H.: Afrikaans - vaarwel of welvarend? Zur Stellg. des Afrikaans in einem neuen Südafrika. In: *Nachbarsprache Niederländisch.* 1/1993.

Vekeman, H./ Ecke, A.: *Geschichte der ndl. Sprache.* P. Lang-Verlag, Bern 1993. Dort weitere Literatur.

Trossbach, H.: Afrikaans als EG-Sprache. In: *Allg. Zeitg. Windhuk,* 4.3.1993.

Deloof, J.: Afrikaans na apartheid . Rez., in: *Ons Erfdeel,* 37. Jg., (2/ 1994), p. 302-304, Rekkem (B.).

Georgy Khruslov
Multilingual Russia: Gateway to Asia or Passage to Europe

1.0 Russia: the Portrait of a Nation[1]

To describe a linguistic portrait of a country as a whole is much in the habit of recent writing. At the last FIPLV Congress in Hungary, August 1991, a participant from Bulgaria spoke about the portrait of a nation as a language learner (Danova, 1991). Researchers write about multicultural and multilingual cities, communities and nations. "History has transformed the continent of Europe into a mosaic of peoples, who differ according to language, culture, customs and traditions and religious practice" (Council of Europe ... Recommendation 1177:1).

Making a start from the general theme of the Congress - 'Fun with Languages - Keys to Europe, Gateway to the World' - I may give some examples of gates and links as metaphors. Dynamic Hamburg as the economic centre of Europe of the future is called in a newspaper advertisement "Gateway to Europe" ("Izvestiya", 29 September 1993). The Republic of Buryatia, which since the beginning of time was a focus of brisk trade currents from the east to the west and from the north to the south, is in a similar way called "Gateway to the East" ("Rossijskaya gaẑeta", 12 August 1993). Turkey is viewed as a "Link between Europe and Central Asia", and there is a Turkish TV channel "Eurasia".

It is a long-time argument going back to Slavophiles and Westernists what Russia essentially is: an Asian or an European country, or both, or unique? Of course I discard the notion of "advanced" Europe and

1 The author acknowledges gratefully financial support from The Cornelsen Foundation and administrative help from the Institute for Language Didactics, University of Hamburg, which made possible his participation in the FMF/FIPLV Congress Hamburg '94

"backward" Asia but some contemplation on Russia's "Eurasian" issues seems worthwhile.

As it is, geographically Russia's territory is divided into European (appr. 1/7 of its area) and Asian (appr. 6/7) parts. Politically, according to the Constitution of 1993 (Article 65), the Russian Federation is composed of 21 Republics, i.e. Adyge, Altaic, Bashkir, Buryat, Chechen, Chuvash, Daghestan, Ingush, Kabardin-Balkar, Kalmyk, Karachay-Circassian, Karelian, Khakass, Komi, Mari, Mordvin, Northern Ossetic, Tartar, Tuva, Udmurt, Yakut, and also six terretories (krai), 49 regions (oblast'), two cities of federal status, i.e. Moscow and St. Petersburg, one autonomous region and ten autonomous areas (okrug). The paradox of the Russian Federation is that Russians as an ethos do not have their own national statehood within it.

The present federal system has a long history behind it with gains and losses of the Empire. Historically for quite a time since the late sixteenth century Russia increased from Muscovy by vast territories inhabited by peoples with different life-orientations. Peoples of the Northern and Sibirian areas lived within the general frame of a closed natural life-cycle. Central Asia, a part of the Caucasus, pre-revolutionary Crimea and the Volga River Area clung to the oriental tradition. The Baltic States, Poland, Finland, Western Ukraine and Western Belorussia, another part of Caucasus (Christian Georgia and Armenia) represented the Western (European) pattern of development. The national emblem of Russia - double-headed eagle - which was first adopted in the times of Grand Duke Ivan III after the Byzantine fashion symbolised for Russia her interests both in Europe and in Asia, in the West and in the East ("Rossijskaya gaźeta", 3 December 1993). During the XVIIth century in diplomatic deeds to Oriental countries there was used a 'heraldic sister' of the Eagle - 'tugra', a calligraphic token in Arabic which reminds us of centuries-old history of mutual integration between Russia and the East (Faizov, S., 1993: 46-47).

Ethnoses who inhabit Russia speak about 150 languages, (among them appr. 70 standard ones). They belong to different language families: Indo-European, Finno-Ugric, Turkic, Caucasian, Mongolian, Tungus-

Manchurian, Paleo-Asian a.o. and use both Russian-based letters, especially those of them (appr. 50) with new writing systems, and their own alphabet.

Religiously it is a country of all branches of Christianity, Islam, Judaism, Buddhism a.o. with specific attitude to the lore and the logos and correlation between the written and the oral traditions.

As the Russian scientist Dmitry Mendeleev put it, "...all our history is an example of combination of Asian and West European notions" ("Intimate Thoughts" / "Zavetnye mysli" /, 1903-1905, quoted in "Nauka i Zhizn", 1993, No.7:7). The European and Asian unity as a phenomenon of the Russian philosophical and social thought was represented in the 1920's by such names as Nikolay and Sergey Trubetzkoy, Lev Karsavin, Nikolay Lossky, Semyon Frank a.o. This circle called for the dialogue between Eastern and Western cultures. It tried to solve the essential problem of Russia's relation to Europe, and it spoke about Russia's destiny to defend the world from harmful Western impact.

The "Eurasians" were strongly 'Orient-orientated', but they were not in favour of efforts to "re-Asianise" Russia and to build her as an Oriental despotic state: "According to Eurasian thinking, a forcible turn to either of the origins and underestimate or disregard of the other one inevitably lead to artificial isolation of Russia and destruction of her specific foundations. The initial thesis of the united Eurasia is not a direct identification of Russia with the East, nor a substitution of Russia for the East, but an investigation of the original Russian idea. It is an exodus to the East, and not simply a way to the East, as it is sometimes thought" (Ochirova, T., 1993:35).

As a matter of fact the Eurasian thinking restored the nation-state concept of Nikolay Karamzin who saw Russia as a unity of the Western and the Eastern worlds: it gave her advantages as compared with other states but was also fraught with dramatic contradictions.

Of today's reflection of Russian thinkers on these issues I want to give you two other examples. Dmitry Likhachev claims that the culture of Russia was made up in terms of multinationalism. Russia serves as a gigantic bridge between peoples, a cultural bridge above all: "The great Russian river Volga united Russians, Tver Karels, Maris, Mordvins, Udmurts, Chuvashes, Tartars, Germans, Kalmyks" (Likhachev, 1990:13). In a draft constitution proposed by Andrey Sakharov the Soviet Union's successor was to become not the Community of Independent States but the Union of Soviet Republics of Europe and Asia.

At the closing session of the AILA '93 World Congress last August in Amsterdam Richard Tucker used an idiom of minimizing the earth's population to 100 persons and giving the percentage of Asians and Europeans and inhabitants of other continents, their education, life-conditions, etc. Similarly Roger Cole and Carine Feyten spoke on multiculturalism and multilingualism and highlighted U.S. population trends. By the 21st century ethnic groups in the U.S. will outnumber whites, and expected population increases in 10 years will be: Asians 22%, Hispanics 21%, Blacks 12%, Whites 2% (Cole, Feyten, 1993).

Russia seems to face analogous processes. A reader's letter calls a popular Russian daily "not a European but a Eurasian newspaper" and claims: "It is necessary to pay as much attention as possible to the gigantic Tartar-Bashkir-Kazakh Central Asian region, and in general to territories where Muslim religion is spread. Low birth-rates in Russia, on the one hand, and the growth of families with many children in those Republics inevitably lead to a drastic change of demographic and economic balance" (*Izvestiya*, 24 September 1991). As if answering this letter, the newspaper admitted that "We, Eurasians... We have grown together. The country has been split across two continents but sometimes it seems that she does not belong purely either to Europe or to Asia. We are some specific formation. Like it or not, we are Eurasians" (*Izvestiya*, 13 December 1991).

Socially the claim for the original Russian way of life brings back strong nationalistic feelings, groups and movements. Some people advocate orientation to Western-type modernization, some put emphasis on relations between the West and Orthodox Russia, not the Muslim Orient, some speak about the 'common Slavic space', some agree to the vitality of 'Slavic and Turkic dualism', etc.

The acute problem is that whereas Germans found themselves a united nation, 25 million of Russians were scattered all over the former Soviet Union, outside Russia. They are often labelled "ethnic Russians" or "Russian-speaking population", which is often wrong as dozens of other 'non-titular' ethnic groups are meant by these labels, too.

These days Russia shelters 1.7 million refugees (both Russian and non-Russian). Obviously the main aim of their routes across the frontiers is not language spread, often they leave their houses and belongings behind and flee to save their lives. But at the same time their migration promotes dissemination and diffusion of various vernacular languages.

Another feature of the present sociolinguistic situation is a growing demand for Russians with foreign language proficiency. Russian workers are admitted to the foreign labour market, and Federal migratory service of Russia estimates the number of Russian nationals wishing to leave for a provisional job abroad between 2 and 5 million persons. This year Germany's quota is 2000 'Gastarbeiter' from Russia. More and more Russians also travel abroad for business and entertainment. These patterns of social behaviour and thought form different educational traditions and affect language attitude and choice, learning technique, etc. In this paper some social and ethnocultural aspects of Russian language education are brought into focus.

2.0 Which Language for the National Curriculum?

A language education paradigm for modern Russian school comprises mother tongue, Russian and foreign languages (for a more detailed scheme see Khruslov, G., 1991:15-16). The combination and the volume of these three components is a matter of vital imptortance.

In a series of publications and lectures on language education policy in Russia Irina Zarifian describes the phenomenon of 'University educational area' (universitetskij uchebnyj okrug') as an instrument of this policy since the beginning of the XIXth century. The 'okrug' was made up of a university in its centre and a gymnasium (a secondary school) attached to it and guided by it. Besides Moscow University in the centre with the Russian-speaking area around it, the main universities signified the Western advancement of Russia like in Derpt (or Tartu) intruding into the German-speaking zone or in Vilnius into the Polish-speaking zone which stretched as far as Kiev province (guberniya) inclusive.

Russia was left with central provinces and outlying districts of Sibiria and also Central Asia where other literary languages and cultures existed. When most of Lithuania became a part of the Russian Empire, increasing Russification brought the closing down of Vilnius University in 1832, the Polish-speaking area was moved to Warsaw, and Belorussia and Ukraine fell under Russia's influence. The Eastern advancement of Russia was put into effect on the basis of Kazan University as an intermediary between Europe and Asia. Kharkov University covered southern areas, and further advancement went into the direction of the Transcaucasian area.

In Zarifian's approach 'University educational area' is seen as a synthesis of cultural activity and state government, and comparative philology as an educational technology of it. In school a national language was brought together with other languages through this technology. The main classical language and cultural basis of the Russian educational system was not Church Slavic but Latin or Greek. Mother-tongue education progressed owing to non-native languages. Improving and developing language didactics of modern schools "can be achieved, on the one hand, by extended teaching of classical, foreign and national languages alongside of teaching Russian as a cross-national language and, on the other hand, by reconstructing the lost parts of school philological knowledge" (Zarifian, I., 1990:50).

At the present time a number of different types of schools in Russia increases. Besides schools with deepened study of certain subjects, languages included, there have appeared such institutions as gymnasiums, lycees, schools with classes of advanced and extended language studies etc. State-owned schools are being supplemented by private and church schools, and in big cities - by European and UNESCO-associated schools. Irina Zarifian has designed a 'Moscow University area' project for Moscow State University and Moscow

Department of Education which was approved in 1992. The first 'classical' gymnasium was opened in Moscow teaching children Euclidean geometry, Latin and Greek, and religion ("Rossijskaya gaž eta", 19 November 1993).

The 'classical' approach looks very appealing and tempting as it gains a foot-hold in ancient culture and languages. To meet other educational demands in the Russia of today, one can make another journey into history and go back to the Education Charter of 1864 which recognized both 'classical' and 'real' (non-classical) gymnasiums. The former taught two classical languages - Latin and Greek - and one modern language (of pupils' own choice) and a concise course of natural history. The latter had no classical languages but taught profoundly natural science, mathematics, physics and two modern languages. The other subjects (religion, Russian language, history and geography) were taught in equal volume in both types of gymnasiums. However, seven years later this experiment was interrupted by the Education Charter of 1871 which left only one type of secondary school - with two classical languages. The 'real' gymnasium disappeared, and it was substituted by the 'real' specialized school (real'noe uchilische). This counter-reform brought general education back to the Greek and Latin course of studies of the 18th century, that is a century back (Lebedev, P. in The Anthology of Pedagogical Thought..., 1990:20-21). So now we have to re-establish not only 'classical' but 'real' types of educational institutions as well.

2.1 Mother Tongue Education

For a number of decades mother-tongue education was neglected in Russia, especially after the law to "consolidate connection of school with life" was adopted by the Supreme Council of the RSFSR in 1958. In many national regions a mother tongue language was either learnt only as a subject in so-called national schools with Russian as language of instruction or not learnt at all. By the mid-70s out of more than 150 languages of the peoples of Russia only 53 languages were learnt in national (non-Russian) schools, mainly as subjects; by the mid-80s - 46, by 1988 - 39 (Kuz'min, 1989:34 a.o.). School hours to learn a mother tongue were allotted according to the "remaining principle" after all other subjects required by the national curriculum were introduced into a syllabus. Examinations to assess proficiency in a mother tongue language were cancelled.

In Northern schools speech development of children has been characterized by low mother tongue proficiency, dialect word redundancy, Russian and neighbouring languages interference (for example, Komi-Zyryan upon Mansi, etc.). Many of the children do not know the meaning of most essential words denoting kinship, household, traditional tools, names of fish, berries, trees (INPO Archives, Research Report No. 02850068473, Nikol'skaya, G. a.o., 1985:47-51).

Since the mid-80s when reforms of schools and society began, growth of national self-identity in various regions of the Russian Federation brought to comprehension the necessity of maintenance of ethnoses, their languages and cultures. Changes have occurred in many national schools and pre-school institutions as regards mother tongue education. Sets of text-books of basic subjects are being designed because primary school shifts to mother tongue instruction. However, schools lack mother tongue text-books on a communicative and functional basis, terminology in mother tongue has not been devised, which hinders this shift, too. There is a shortage of teachers and manuals. Solving these problems would foster the future of national schools as the transmitter of ethnic languages and cultures and, correspondingly, ethnoses themselves (Khasanov, N., Khruslov, G., 1993: 18, in press).

2.2 Russian Language Education

Russian as a school subject in Russian schools of the Russian Federation has been traditionally taught for general literacy and oracy in mother tongue in primary school (Grades 1-4) and for more linguistic awareness at the intermediate stage (Grades 5-9). A standard syllabus has two or three academic hours (equal to 45 min. each) for Russian language study a week, besides Russian literature which is, however, generally taught by the same teacher. At the senior stage (Grades 10-11) Russian language classes are either optional or not available in the syllabus at all. Rendering or composition on one of the prescribed themes is a state graduation exam assessing Russian language and literature knowledge. The dominant trend of mother tongue teaching until the mid-80s was teaching orthography ("orthographism") and grammar rules. Strong accent on language structure and wide use by teachers of traditional linguistic terminology made this subject unpopular and boring among schoolchildren. It required extensive memorizing work in a purely formal way, and the prestige of Russian as a school subject was low.

Among other newly-designed concepts of teaching Russian as a mother tongue its fundamental objectives are defined as follows: to represent one's mother tongue as a system, to systematize language facts and to attain language competence of pupils: to turn, after Lev Vygotsky, the process of spontaneous unconscious use of a mother tongue into the guided conscious process which allows speech skills of a pupil to rise to a higher level, to master oratory and rhetoric as effective use of language, to attain speech competence of pupils. Also it is important to comprehend, after Joseph Vendryes, one's mother tongue as a particular case of the universal language system which aims at ethnic and cultural self-awareness and helps to overcome chauvinism and nationalism in their language manifestations (Khruslov, G., 1992a:15-16).

Russian mother tongue education witnesses in many ways the same problems to change language teaching methods that prevailed for years and to improve the quality of Russian teacher training, actual teaching in schools and the outfit of Russian langage learning for schoolchildren. The Russian language of today also finds itself, like its indigenous counterparts, in the focus of ethnic and social reflections of the Russians. It is more and more appreciated as a common historic and cultural heritage of Russians.

2.3 Foreign Language Education

Identifying problems of foreign language teaching experts agree that "the existing educational system enables each learner to a certain amount of knowledge, skills and habits in a foreign language. However, existing methods, text-books and level of teacher training do not enable practical mastery of a foreign language to the extent that the current world and country situation demands" (The Concept of Language Policy..., 1991:6). Language proficiency of most school graduates remains still not high.

Language choice is very scarce, English and German are the predominant foreign languages. In the late 80s correlation of most widely learnt foreign languages in Russian schools was as follows: English was learnt by 52.3% of pupils, German - by 38.6%, French - by 8.9%, Spanish - by 1.2% (Safonova, V.,1992:48; for attitudinal behaviour towards these languages in Russia see Khruslov, G., 1992b:81-82). At present the Russian secondary school tends to introduce more languages to learn - Chinese, Korean, Finnish, Japanese, Italian, Polish, Bulgarian, Czech and other. In most schools only one foreign language is learnt which is beginning to change, too, and in some schools children learn their second or even third foreign language. In some regions languages of special cultural and historic importance are implemented into the curriculum. For example, in Kalmykia, besides learning a European language, Chinese or Mongolian seem appropriate.

Another problem is that pupils of town schools in Russia and pupils of Russian language schools in autonomous Republics have much better possibilities for learning a foreign language than pupils of countryside schools or schools with mother tongue tuition. There is also a constant demand for qualified language teachers and a need to change language teaching methodology and supply.

3.0 Diversity of Ethnic and Linguacultural Patterns in School Practice

To show why it is important to move from 'universal' methods to those that take into consideration national and cultural identity of a learner, I refer to some select examples of language education in ethnic schools.

3.1 Teaching Methods and Learning Technique - Impact of Traditional way of Life and Region

Example A. A French expert visited a UNESCO conference of ethnic (national) schools in Yakutiya and spoke about two types of civlization: a book one and an oral one. The world image in the two is quite different. The oral culture people think in pictures, in metaphors, their perception of the world is based on animism, on religion. Organising schools for such ethnic groups, like in the Russian North, onc should think which methods of teaching are appropriate for them and not impose alien ones (Malorie, J., in National School..., 1993:47). For example, written home tasks and written exams do not seem fit for Northern ethnic schools. I share a close impression recollecting students from Latin America who do belong to a 'culture of songs and dances', and a guitar in the classroom during their language lesson can perform miracles.

Example B. Buddhist educational practice well known to Russian language teachers in South Eastern Asia finds parallels in Buddhist (Lamaist) areas of Russia. "Traditional contemplative education is interpreted into all kinds of use of visual aids and methods, various games after drawings and pictures, making dialogues, drama technique after text-book and so on. One of the basic methods of education is learning by heart texts big in volume. Monotonous re-iteration is often accompanied by musical performance, adopting a special attitude (a pose), rocking oneself to and fro in time with sounds and music" (Drokin, S., in IVth International Symposium..., 1994:77-78). These features find striking similarities in Buryat and Kalmyk schools, especially as regards sensivity to music and painting.

Example C. Communicative behaviour of Tartars and Bashkirs has undergone strong influence of Muslim religion, which propagated a kind of 'sensual ascetism' and suppressed all outward emotional activity of a person (Sultanov, F. in National and Cultural Specificity..., 1982:105). This is one of the reasons why I doubt the possibility for Buryat, Kalmyk, Bashkir, Tartar and some other ethnic group students to learn foreign languages using accelerated or intensive methods. These methods are not too fit for schools as they are (with two hours a week for language lessons) but also because relying on them too heavily could distort students' identity.

Example D. There are 86 Jewish schools nowadays in Russia with more than 6 thousand pupils ("Inostranets", 9 February 1994). These schools teach Hebrew, Jewish literature and tradition. Traditional

Jewish texts have not been compiled for silent reading, so in class one may hear many voices which is specific for a yeshiva or a synagogue. You visit a Jewish school and you never forget its busy, open and friendly atmosphere.

3.2 Content of Education

Example E. In the Muslim tradition there are some taboo topics which in a language text-book can be illustrated by an assignment. 'Tell us about your family' or 'Meet someone' with questions like 'Have you got a sister?'. 'What is her name?', 'How old is she?', 'Is she beautiful?', 'How old is your mother?', etc. With Muslim students such questions cause a strong psychological shock, because asking questions about one's mother, sister, girl-friend or wife means a breach of privacy and ancient traditions. If asked such a question a Muslim student would grudgingly answer it and often give wrong names and ages (Makheb, Rakhman in IVth International Symposium..., 1994:147-148; cf. Kniffka, H., Cultural Identity..., 1992:77 on Islam as the dominant factor of cultural identity among Arab students of German).

3.3 Assessment Procedures

Example F. The traditional criterion for mother tongue reading proficiency has been measuring tempo of speech by words per minute, this criterion lower for reading mother tongue than for reading Russian (INPO Archives, Research Report No. 02850064820, Uzdenova, L. a.o., 1985:18). However, commenting on some peculiaraties of communicative behaviour of Tartars and Bashkirs, an expert states that "...from the point of view of a native Russian language speaker the Tartar speech is faster than the Russian one; from the point of view of a Tartar speaking dialects close to the Tartar language, the speech of a Mishar dialect speaker is faster than his own speech, and the Bashkir speech is slower than the Tartar one" (Sultanov, F. in National and Cultural Specificity..., 1982:102). In such a case all figures of 'words per minute' turn relative and unreliable.

3.4 School Management

Division of the academic year into terms, the schoolday, the timetable, duration of a lesson, the size of class groups, correlation between in-school and out-of-school activities, vacation-time, communicating with parents, etc. also differ in schools in different ethnocultural communities.

4.0 Conclusion

Each component of the language education paradigm is important. One cannot improve foreign language instruction in Russia without raising the standards of mother tongue and Russian language teaching, and vice versa. Multilingual didactics of today would compromise high level of proficiency and rhetoric in a mother tongue, cross-border communication in Russian and dialogue of cultures through foreign languages. All these are interdependent and interwound. All languages are precious, prestigious and respectful: Asian or European, major or minor alike. To be truly Eurasian, Russia has to pick up the best of the European and the best of the Asian, to develop her own original traits and to put it into language education of her children, which would be a true key to the future world.

Literature

Anthology of Pedagogical Thought of Russia of the Second Half of the 19th - Beginning of the 20th Century (Antologiya pedagogicheskoj mysli Rossii vtoroi poloviny XIX - nachala XX v.). Moscow: Pedagogika, 1990.

Cole, R., Feyten, C. *Multiculturalism and Multilingualism: Florida's Educational Challenge.* Handouts prepared for a paper delivered at AILA '93, Amsterdam, 13th. August 1993.

Concept of Language Policy as Applied to Schools of the RSFSR (Kontseptsiya yazykovoj politiki primenitel'no k shkolam RSFSR). [Moscow, 1991].

Council of Europe Parliamentary Assembly, EREC1177.WP 1403-5/12 /92-6-E. *Recommendation 1177 (1992) on the rights of minorities*. Text adopted by the Assembly on 5th February 1992.

Danova, M. *The portrait of a nation as a language learner: the language learning and teaching situation in Bulgaria 1990-1991*. Agenda session on 'Language Education for Intercultural Communication'. FIPLV Conference, Pecs, 14th August 1991.

Faizov, S. The Oriental Emblem of Russia (Vostochnyj gerb Rossii). *'Zhizn' natsonal 'nostej'*, No.1. January 1993: 46-47.

4th International Symposium on Linguacultural Studies (IV Mezhdunarodnyj simpozium po lingvostranovedeniyu). Moscow, 31th January - 4th February. Moscow: MAPRJAL, Russian Peace Foundation, Pushkin Institute of Russian Language, 1994.

Khasanov, N., Khruslov, G. *Mother Tongue Education in Russia*. [1993]. Studies in Mother Tongue Education. Enschede: IMEN (in press).

Khruslov, G. *The Concept of Mother Tongue Teaching in Secondary School Providing General Education in the Russian Federation (Kentseptsiya prepodavaniya rodnyh yazykov v srednej obscheobrazovatel'noj shkole Rossijskoj Federatsii)*. Ms. Moscow: MIROS, 1992.

Khruslov, G. Language Perception in Russia as a Sociocultural Category. *Language Learning Journal*, Nr.5. March 1992: 81-84.

Khruslov, G. Languages, *Culture and Morals in School Education of Russia in the 90s* [Part 1. Languages]. International Seminar "The State and Perspectives of Multilingual School Teaching before the 21th Century". Moscow, 9th - 12th December 1991: 15-16.

Kniffka, H. Cultural identity, life-cycles nad intercultural communication: teaching German to adults in Saudi Arabia. *Language Learning Journal*, No. 5. March 1992: 75-80.

Kuz'min, M. (ed.) et al. *Problems of the National School in the USSR: History and Current State (Problemy natsinal'noj shkoly v SSSR: istoriya i sovremennost')*. Moscow: VNIK "Shkola", 1989.

Likhachev, D. Russian Culture in the Spiritual Life of the World (Russkaya kul'tura v dukhovnoj zhizni · mira). *'Russkij Yazyk za Rubezhom'*, 1990, No. 6: 11-17.

National and Cultural Specificity of Speech Communication between Peoples of the USSR (Natsional'no-kul'turnaya spetsifika rechevogo obscheniya narodov SSSR). M.: Nauka, 1982.

National School: Concept and Technology of Development. UNESCO International Conference. Yakutsk, 16th - 21th March 1991. *'Narodnoe obrazovanie Yakutii'*, 1993, No. 2.

Ochirova, T. The European-Asian Unity and the Ways of the Russina Historical Self-Knowledge (Evrazijstvo i puti russkogo istoricheskogo samopoznaniya). *'Izvestiay Akademii nauk. Seriya literatury i yazyka'*, vol. 52, No. 4 July - August 1993: 34-47.

Safonova, V. *Cultural Studies and Sociology in Language Pedagogy (Kul'turovedenie i sotsiologiya v yazykovoj pedagogike)*. Voronezh: Istoki, 1992.

Zarifian, I. *Theory of Philology. Bibliography and Commentary (Teoriya slovesnosti. Bibliografiya i kommentrij)*. Moscow: Znanie, 1990.

Gerhard Krüger
Lektüren für den Französischunterricht im 3./4.Lernjahr

1. Vorbemerkung:

Die folgenden Ausführungen beziehen sich auf Erfahrungen mit Lektüren vornehmlich am Ende von 9. bzw. in 10. Klassen mit Französisch als zweiter Fremdsprache in allgemeinbildenden Gymnasien des Landes Schleswig-Holstein.

2. Plädoyer für einen verstärkten Lektüreeinsatz in der Mittelstufe

Aus Gesprächen mit Kollegen ergibt sich, daß das Lehrbuch nach wie vor eine dominierende Rolle im Französischunterricht der Mittelstufe spielt. Gleichzeitig wird aber eine gewisse Lehrbuchmüdigkeit bereits am Ende des zweiten Lehrjahrs konstatiert und der Wunsch geäußert, eine geeignete und motivierende Lektüre zu behandeln. Informelle Umfragen haben zudem ergeben, daß das Wahlverhalten der Schülerinnen und Schüler für das Fach Französisch bei Eintritt in die Oberstufe in hohem Maße davon abhängt, ob zumindestens in der 10. Klasse eine Lektüre behandelt wurde oder nicht. Hauptsächlich aus diesen beiden Gründen ist der Einsatz von Lektüren in der Mittelstufe daher nachdrücklichst zu empfehlen.

3. Zum Begriff der Jugendlektüren

Unter Lektüren sollen hier Jugendlektüren verstanden werden, die sich an etwa 12-16 Jährige wenden. Hierbei kann es sich nicht um didaktisierende, lehrreiche Literatur handeln, in der ästhetische Momente gezielt als Mittel der Beeinflussung eingesetzt werden.Texte,in denen die moralisierende Absicht deutlich zu Tage tritt, sollen hier ebensowenig vorgestellt werden wie die eher zu den Klassikern moderner Jugendliteratur zu zählenden Schriften z. B. von Michel Tournier (z. B. Vendredi ou la vie sauvage), J.M.G. Le Clézio (z.B. Celui qui n'avait jamais vu la mer), beide erschienen in der

Sammlung Folio Junior, Jules Verne oder gar Saint-Exupérys *Le petit prince*. Bei den genannten Werken erscheint eine sorgfältige Interpretation geboten, die im 3. /4. Lernjahr, vornehmlich als Erstlektüre, noch nicht in jedem Fall erreicht werden kann. Ebenfalls die Bandes dessinées sollen hier unberücksichtigt bleiben.

4. Lernvoraussetzungen im 3./4. Lernjahr

Müßten nicht die Lernvoraussetzungen unserer Schüler berücksichtigt werden, könnte sich der Lehrer bei der Lektüreauswahl an Lesegewohnheiten gleichaltriger französischer Jugendlicher orientieren. So werden z. B. die Schriften des französischen Schauspielers und Sängers Cyril Collard, der an Aids verstarb, sowie die von Daniel Pennac augenblicklich von französischen Jugendlichen außerordentlich geschätzt. Eine einfache Übernahme dieser Lektüren im deutschen Mittelstufenunterricht scheitert jedoch in der Regel an den Lernvoraussetzungen. Am Ende des vierten Jahres Französischunterricht verfügen unsere Schüler über ein lexikalisches Wissen von deutlich unter 3.000 Wörtern, das sich noch weitgehend am Français Fondamental I orientiert. Die Französischlehrbücher sind ja bekanntlich so ausgerichtet, daß in den ersten beiden Lernjahren die Kommunikationsfähigkeit in Alltagssituationen im Vordergrund steht. Dies führt dazu, daß es insbesondere an Vokabular zur Personencharakterisierung sowie zur Darstellung der Personenkonstellationen fehlt. Außerdem wird überwiegend ein français standard gelehrt, d.h. das in französischen Jugendbüchern häufig anzutreffende français familier wird nur unzureichend behandelt. Selbst unter Berücksichtigung des transnationalen (potentiellen, transparenten) Wortschatzes, der Entwicklung antizipierender und kontextueller Lesetechniken, des intelligenten Vokabelratens sowie einer Einführung in Grundregeln der Wortbildungslehre kann m. E. angesichts der heute üblichen Semantisierungsverfahren bei der Behandlung von Lehrbuchlektionen kaum die Hoffnung bestehen, eine Lektüre im Original in Klasse 9 oder 10 zu lesen, die die Interessenlage der Schüler berücksichtigt, ohne sie durch einen zu hohen Steilheitsgrad zu demotivieren. In diesem Zusammenhang wird ein Schwierigkeitsgrad von nicht mehr als 5 - 7 % als ideal angesehen, wobei man sich darüber im klaren sein muß, daß es kein Verfahren gibt, das tatsächliche aktive und/oder passive lexikalische Wissen der Schüler zu messen. Liegt der Steilheitsgrad sehr viel höher, dann kann sich der Wunsch, durch eine Lektüre zur Motivationssteigerung beizutragen, möglicherweise schnell in das Gegenteil verkehren. Es bleibt abzuwarten, ob die verstärkte Berücksichtigung von authentischen Materialien in neuen Lehrwerken für den Französischunterricht sowie entsprechende Auflagen in neuen Lehrplänen einiger Bundesländer (z. B. des Landes Schleswig-Holstein) langfristig die Behandlung authentischer Originaltexte erleichtern.

Im grammatischen Bereich sind in der Regel keine nennenswerten Schwierigkeiten für das Textverständnis festzustellen, denn am Ende des dritten Lehrbuchs, z.B. des Lehrwerks Echanges, sind alle wesentlichen Strukturen bekannt,die für die Textaufnahme benötigt werden, mit Ausnahme des passé simple, das sich natürlich als schriftsprachliche Form auch in Jugendbüchern findet, aber nur passiv erkannt werden muß, da es bei der Textwiedergabe durch das passé composé ersetzt werden kann. Aus dem bisher Gesagten ergibt sich, daß die Hauptschwierigkeit bei der Lektürebehandlung in dem unzureichenden lexikalischen Wissen der Schüler liegt, das eine zügige informationsentnehmende Lektüre erschwert. In diesem Zusammenhang sollte auch über gängige Semantisierungsverfahren in der Lehrbuchphase nachgedacht werden, d.h. ob es nötig ist, tatsächlich jedes unbekannte Wort vorab zu erklären. Um die Lesegeschwindigkeit zu erhöhen, sollte auch m.E. die Benutzung eines zweisprachigen Lexikons zugelassen werden sowie bei den Vokabelannotationen verstärkt auf das Deutsche zurückgegriffen werden, um dadurch die Dauer der Behandlung einer fremdsprachigen Lektüre zu reduzieren.Um die Spannung und damit die Motivation der Schüler aufrechterhalten zu können, erweist sich eine Verweildauer bei der Lektürebehandlung von deutlich mehr als vier Wochen in der Regel als problematisch.

Angesichts der oben beschriebenen lexikalischen Schwierigkeiten wird in den ersten Jahren des Französischunterrichts auf Lektüren zurückgegriffen, die für deutsche Schüler auf der Grundlage des Vokabulars der Lehrbuchlektionen geschrieben wurden, z.B. *Une bonne solution* oder *Des voisins mystérieux* (Klett). Diese weisen zwar einen zumutbaren Steilheitsgrad auf, es handelt sich jedoch um didaktisierte Lektüren mit einer stark konstruierten Handlung, die Erlebnisse der Protagonisten sind oft überzogen und daher wenig glaubwürdig. Der Realitätsbezug erscheint gering, so daß nur wenig Angebote zur Identifizierung bzw. Distanzierung gemacht werden. Die landeskundlichen Elemente (z.b. Metrofahren) sind zudem aus den Lehrbuchtexten hinlänglich bekannt und daher weniger reizvoll. Eine andere Möglichkeit wird dann in der Benutzung von Texten "en français facile" gesehen. Bei diesen handelt es sich jedoch eher um Nacherzählungen, die auf ihre Haupthandlungselemente reduziert wurden. Der Reiz des Originals geht dadurch verloren, z.b. eine subtile Personencharakterisierung bei Balzaç Maigret, Maupassant, Mauriac oder Christiane Rochefort. Es müßte m.E. daher überlegt werden, ob diese anspruchsvollen Texte nicht in einem späteren Lernerstadium im Original gelesen werden sollten.

5.   Kriterien der Textauswahl

5.1. Inhaltliche Kriterien:

Einleitend muß erwähnt werden, daß die französischen Jugendbuch-verlage ein so breites und vielfältiges Angebot machen, daß es kaum möglich erscheint, sich hierüber umfassend zu informieren, will man nur die wichtigsten Rezensionen berücksichtigen. Allgemein kann je-doch folgendes gesagt werden: Bei der Auswahl sollte sich der Lehrer an der Interessenlage von 13-16 jährigen Jugendlichen orientieren, wie sie sich auch in ihren privaten Lektüregewohnheiten artikuliert. Eine geeignete Lektüre sollte darüberhinaus handlunsgorientiert sein, atmo-sphärisch dicht, mit einem angemessenen, aber nicht zu hohen Re-flexionsgrad. Durch eine hohe Verschlüsselung wird der unmittelbare Zugang zum Text erschwert, die Analyse müßte dann im Mittelpunkt des Unterrichts stehen, was auf dieser Lernerstufe m.E. nicht unbedingt erforderlich ist. Weiterhin sollte eine Lektüre Orientie-rungsangebote an Jugendliche machen, die ein sowohl identifizieren-des als auch distanzierendes Lesen ermöglichen. Jugendliche in die-sem Alter beschäftigen sich u. a. mit folgenden Problemen: Ablösung von der Familie, Ich-Findung, Aufnahme von Freundschaften, Bezie-hungen zum anderen Geschlecht, Probleme, die sich in der Schule und der Arbeitswelt ergeben, aber auch mit den "großen Themen" un-

serer Zeit: Arbeitslosigkeit, Kriminalität und Gewalt, Ausländerfeind-
lichkeit, Aids und Drogen sowie der Integration von Behinderten. In
der Auseinandersetzung mit diesen Fragen wird in der Jugendliteratur
die Welt von heute in ihrer Fragwürdigkeit widergespiegelt, es werden
Lösungsangebote gemacht oder auch nicht, die Jugendlichen werden
konfrontiert mit ihren Wünschen und Ängsten. Sie müssen sich auseinandersetzen mit ihrem eigenen Traum von Leben und den Schwierigkeiten seiner Realisierung im Alltag, d. h. es ist oftmals eine Vor-
wegnahme der Ambivalenz, die sich aus den Konflikten zwischen dem
eigenen Weltentwurf und den tatsächlich existierenden Verhältnissen
ergibt. Eine Umfrage auf dem Salon du Livre de Montreuil aus dem
Jahre 1987 ergab, daß sich Jugendliche außerdem von folgenden Kriterien leiten lassen: 1. Des livres qui font rire : 67 % 2. où il y a du
suspense : 50 % 3. où il y a de l'action, des aventures: 49% 4. où tout
s'arrange à la fin : 46 % 5. qui racontent des histoires vraies : 45 %
6. qui racontent la vie des gens qui vivaient avant nous: 42%

5.2. Sprachlich-formale Kriterien:

1. Eine Lektüre sollte nicht zu lang sein (maximal 50-60 Seiten), um
   sie in angemessener Zeit im Unterricht behandeln zu können.

2. Deskriptive Passagen sollten zugunsten handlungsorientierter eine
   untergeordnete Rolle spielen.

3. Sie sollte längere Passagen in direkter Rede aufweisen.

4. Die Sprache der Jugendlichen sollte angemessen berücksichtigt
   werden.

5. Die Handlung sollte in mehrere Abschnitte / Episoden aufgeteilt
   werden können.

6. Die Syntax sollte nicht zu komplex sein; die Zahl der Wörter pro
   Satz nach Möglichkeit 20 nicht überschreiten.

7. Die Bilder /Illustrationen sollten eine Hilfe für die
   Texterschließung sein und die Bildung von Hypothesen
   ermöglichen.

8. Der Text sollte leserfreundlich präsentiert werden: Bebilderung, Schriftgröße, Zahl, Art und Plazierung der Annotationen.

6. Vorstellung von drei Texten

6.1. Marie-Aude Murail: Le hollandais sans peine, Paris 1989, Ecole des loisirs.

Bei dieser kurzen Erzählung handelt es sich um einen ausgesprochen humorvollen Text. Bekanntlich erweist sich die Behandlung von "lustigen Geschichten" im Fremdsprachenunterricht als problematisch, insbesondere dann, wenn der Reiz im Sprachwitz liegt, der für unsere Schüler nicht unmittelbar verständlich ist. Ein Witz, der jedoch erst erklärt werden muß, bleibt ohne Wirkung. Dies ist bei dieser Erzählung jedoch nicht der Fall. Kurz zum Inhalt: Eine französische Familie fährt in den großen Ferien nach Deutschland. Der Vater hat hierbei allerdings auch den Hintergedanken, daß sein Sohn auf diese Art und Weise seine deutschen Sprachkenntnisse verbessern könnte. Auf dem Campingplatz macht er die Bekanntschaft eines gleichaltrigen, wie er glaubt, Holländers, der französisch lernen möchte. Um mit ihm zu kommunizieren, erfindet der Held eine eigene Sprache, die er seinem Freund beibringt, so daß sich beide bereits nach kurzer Zeit in elementaren Situationen verständigen können. Um den Überblick über sein erfundenes Sprachsystem nicht zu verlieren, legt der jugendliche Held ein Vokabelverzeichnis an, wobei er seinem Vater, der über den Fleiß seines Sohnes sehr erfreut ist, versichert, daß es sich hierbei um die holländische Sprache handelt. Der Reiz dieser Geschichte liegt zudem darin, daß ihr Einsatz z. B. in den Klassen 9 bis 11 bei unterschiedlicher Schwerpunktsetzung möglich ist.

6.2. Azouz Begag: Le Temps des Villages, Genève 1993, Editions La Joie de Lire.

Anhand dieser kurzen Erzählung kann die Problematik der immigrés in Frankreich sowohl emotional als auch rational behandelt und die Interdependenz politischer, wirtschaftlicher, individueller und gesellschaftlicher Tatbestände aufgezeigt werden. Bei der Behandlung dieser Thematik stellt sich für den Lehrer das Problem, die Zwänge und Härten, die sich für europäische jugendliche Leser aus der patriarchalischen Familien- und Gesellschaftsordnung der arabischen Welt ergeben, aufzufangen. Dies könnte z.b. durch die Berücksichtigung dieser kleinen Erzählung von Azouz Begag im Unterricht erfolgen. Ganz kurz zum Inhalt: Es ist Weihnachten, die Stadt ist verzaubert. Der jugendliche Ich-Erzähler arabischer Herkunft beobachtet das vorweihnachtliche Treiben, nicht ohne seine französischen Freunde um die zu erwartenden Geschenke zu beneiden. Eines Tages muß er für seine Mutter Einkäufe machen. Der Weg führt ihn an einer Kirche vorbei, vor der einige Clochards sitzen und betteln. Er gibt einem von ihnen das Milchgeld und kehrt unverrichteter Dinge nach Hause zurück. Vom Balkon der Wohnung aus beobachtet er mit seinem Vater die Szene. Sein Vater erzählt ihm von der sozialen Ungleichheit in Frankreich und erinnert sich an seine Jugend in einem kleinen arabischen Dorf. In der Retrospektive wird der Unterschied zwischen der arabischen und der europäischen Welt deutlich: "La solitude n'existait pas. Les hommes vivaient ensemble, au temps des petits villages". Die arabische Solidargemeinschaft, die Großfamilie wird sichtbar: "Et quand quelqu'un devenait fou, il était consacré fou du village. Et les vieux restaient vivre avec les enfants et les adultes, dans leur chaleur". Der Vater lebt von der Sehnsucht "de rentrer au village, là-bas où les gens s'aiment, se connaissent et se souhaitent le bonjour en le pensant sincèrement". Dort herrscht nicht die Moral Chacun pour soi et Dieu pour tous! In der europäischen Welt hingegen "on a construit des asiles pour soigner les vieux, pour les écarter des autres. Pour les gens devenus vieux, on a inventé le mot 'troisième âge' et on a construit des maisons de retraite pour qu'ils soient plus tranquilles dans leur solitude. Ou pour qu'ils laissent les autres tranquilles!" Die gelungenen Illustrationen von Catherine Louis sind ein unverzichtbarer Bestandteil der Erzählung, die nicht nur das Gesagte verdeutlichen, sondern in ihrer Aussage darüber hinausgehen.

6.3. Thierry Lenain: Un pacte avec le diable, Klett 1993

In dieser bearbeiteten Lektüre werden die Probleme von Drogenabhängigen thematisiert. Kurz zum Inhalt: Die Eltern der 12 jährigen Roxanne sind geschieden, die Heldin lebt bei ihrer Mutter, die wieder geheiratet hat. Roxanne versteht sich jedoch mit ihrem

Stiefvater überhaupt nicht und beschließt,fortan bei ihrem Vater zu wohnen. Sie verläßt spät abends nach einem heftigen Streit mit ihrem Stiefvater die Wohnung der Mutter, um vom Bahnhof aus ihren Vater anzurufen. Auf dem Anrufbeantworter hört sie die Mitteilung, daß er für einige Tage verreist ist. In dem Bahnhofslokal macht sie die Bekanntschaft eines jungen Mannes, Davids. Dieser bietet ihr an, die Nacht in seiner Wohnung zu verbringen. Sie willigt ein, muß jedoch feststellen, daß David drogenabhängig ist. Sie versucht alles, was in der Macht eines kleinen Mädchens steht, um ihm bei der Bewältigung seiner Probleme behilflich zu sein: Sie hört ihm zu, macht mit ihm einen Ausflug an einen romantischen See, um in die grausame Realität vergessen zu lassen, informiert sich bei der Drogenberatungszentrale. All ihre Versuche sind jedoch vergeblich, David stirbt. Der Leser erfährt nicht, ob er Selbstmord begeht oder ob dies infolge einer Overdosis passiert. Ihr Vater und seine Freundin sind abschließend bemüht, Roxanne behilflich zu sein, das Erlebte zu vergessen und auch zu bearbeiten.

7. Methodische Bemerkungen

Diese sollen sich beziehen auf einige Überlegungen zur Verbesserung der Erschließungs-, Anwendungs- und Produktionskompetenz der Schüler am Beispiel von *Un pacte avec le diable*.

1. Durch Lektüre kann zu einer Verbesserung der Techniken der Texterschließung beigetragen werden, da durch literarische Texte insbesondere antizipierende und kontextuelle Lesetechniken eingeübt werden können. Dies ist unbedingt erforderlich, um die Lesegeschwindigkeit der Schüler zu erhöhen und damit einer verhängnisvollen Regression bei der Lektüre fremdsprachlicher Texte vorzubeugen und entgegenzuwirken.

2. Das im Lauf der Lektüre wiederholte und erarbeitete Vokabular soll durch entsprechende Übungen angewendet werden und damit in das Langzeitgedächtnis der Schüler Eingang finden. Hierzu bietet sich u. a. folgendes an:

   a) Das szenische Spiel. Die Begegnung Roxannes mit David in dem Bahnhofslokal kann szenisch dargestellt werden, wodurch an gewisse Grundsituationen des Lehrwerks angeknüpft werden kann, wie z.b. telefonieren, Bestellungen aufgeben, sich vorstellen.

b)Die Beschreibung und Darstellung eines Raumes, hier eines Innenraumes, l'appartement de David und eines Außenraumes, l'étang, als Oppositionsräume, um die civilisation sale von der nature pure abzugrenzen. Dies kann anhand von Zeichnungen bzw. Photos geschehen,die auszuwählen und zu beschreiben sind.

c)Die Erstellung eines Porträts, die Charakterisierung von Personen, die Beschreibung von Personenkonstellationen, die Erstellung der Biographie Davids. In dem Roman wird von David lediglich eine tranche de vie geliefert, viele Leerstellen bleiben auszufüllen, z. B. die Gründe für seine Drogensucht. Hier bietet es sich an, die Schüler entsprechende Hypothesen aufstellen zu lassen. Bei der Erstellung der Biographie Davids sollten den Schülern einige Hilfen gegeben werden (z.b. la date de naissance, les parents, la famille, les amis, la scolarité, les loisirs). Die Biographie sollte in der dritten Person Singular abgefaßt werden, um so den Gebrauch des Präsens zu ermöglichen und weitergehende Schwierigkeiten,die sich aus dem Gebrauch der Zeiten ergeben könnten, zu vermeiden.

3. Literaturunterricht sollte nicht nur interpretatorisch betrieben, sondern als persönliche Herausforderung verstanden und produktionsorientiert angelegt werden. Hierzu bietet sich z. B. folgendes an:

a)Welche Erwartungen weckt der Titel Un pacte avec le diable? Hierfür bietet das Lehrwerk Echanges im zweiten Band in der Lektion 10 B eine Anknüpfungsmöglichkeit.

b)Entwerfen eines slogan, einer publicité zum Thema Drogen.

c)Auswählen von Musik zur Illustration von Szenen, z. B. au lac, la peur de Roxanne und Begründung der Auswahl.

d)Information zum Thema Drogen. Dies könnte z. B. dadurch geschehen, daß ein Teil des Prospekts der Aktion Sorgenkind mit dem Titel *Was tun gegen Drogen? Sieben Vorschläge für Eltern und Erzieher* in einfaches Französisch übertragen und diskutiert wird.

Literatur

Rolande Causse (Hsg.): L'enfant Lecteur. Collection Autrement, *Série Mutations* No. 97, Paris 1988

Rolande Causse: *Guide des meilleurs livres pour enfants*, Calman-Lévy, Paris 1986

Jan, Isabelle: *Les livres pour la jeunesse: un enjeu pour l'avenir.* Editions du Sorbier, Paris 1988

La Revue des Livres pour Enfants, No. 154, sélection 1993, publiée par La Joie par les Livres, 75004 Paris (8, rue Saint- Bon)

Au Plaisir de Lire, *Materialien zum Unterricht, Sekundardarstufe I*, Heft 124, Hessisches Institut für Bildungsplanung und Schulentwicklung, Wiesbaden 1994

M. Gorschenek und A. Rucktäschel (Hrsg.): *Kinder- und Jugendliteratur*, Wilhelm Fink, München 1979 (UTB 742)

Ingrid Mummert: Schüler mögen Dichtung - auch in der Fremdsprache. *Europäische Hochschulschriften*, Peter Lang, Frankfurt am Main 1984

Carole Tisset et Renée Léon: Enseigner le français à l'école. Collec. *Pédagogies pour demain*, Hachette, Paris 1992

Erik Kwakernaak
Übungstypen und Lernziele im Sprechunterricht

Es ist bereits oft gesagt worden: Das Üben ist der Kern des Fremd-sprachenunterrichts, das Üben ist der Fremdsprachenunterricht selbst. Deshalb sollten Übungsformen im Mittelpunkt des fremdsprachen-didaktischen Interesses stehen. Kein Fremdsprachenlehrer kann es sich erlauben, keine eindeutige Vorstellung von Übungstypen und deren Lerneffekten zu haben, auch wenn es oft nur Annahmen, Vermutungen oder sogar nur Hoffnungen über Lerneffekte sind.

Was Übungen im einzelnen wirklich an Lerneffekt bringen, entzieht sich weitgehend der Wahrnehmung, auch der wissenschaftlichen. Die Wissenschaft kümmert sich kaum darum, wie zum Beispiel Schwerdtfeger (1989:188) und Schmid-Schönbein (1989:418f.) beklagen. Nach den audiolingualen Phasenmodellen der 60er und 70er Jahre und den kommunikativen Übungstypologien der späten 70er und frühen 80er Jahre (Bundesarbeitsgemeingemeinschaft Englisch an Gesamtschulen 1978, Candlin 1981, Neuner u. a. 1981) scheint auch die didaktisch-methodische Theoriebildung um dieses Thema nicht mehr interessant zu sein.

Wie bei der audiolingualen Methode ist auch im kommunikativen Fremdsprachenunterricht das Sprechen das höchste Lernziel. Die kommunikativen Übungstypologien definierten ihre Hauptkategorien von Übungstypen so:

Stufe A: Entwicklung und Überprüfung von Verstehensleistungen

Stufe B: Grundlegung von Mitteilungsfähigkeit - Übungen mit reproduktivem Charakter zur sprachlichen Form

Stufe C: Entwicklung von Mitteilungsfähigkeit - sprachliche Aus-gestaltung vorgegebener Situationen / Rollen / Verständi-gungsanlässe in Übungen mit reproduktiv-produktivem Charakter

Stufe D: Entfaltung von freier Äußerung

(Neuner u.a. 1981:44f.)

Das Stichwort 'freie Äußerung' erinnert daran, daß die kommunikativen Übungstypologien den Anschluß an die emanzipatorische
Didaktik der 70er Jahre suchten, die den Diskurs-Begriff von
Habermas in Anspruch genommen hatte. Danach ist das oberste
Lernziel erst erreicht, wenn der Lerner imstande ist, selbstgewollte
Äußerungen, die seinen eigenen kommunikativen Bedürfnissen entsprechen, in der Fremdsprache zu realisieren. Jede Fremdbestimmung
ist dabei auszuschließen. Pauels (1983) hat sich damit kritisch ausein-
andergesetzt und dargestellt, wie schwer Habermas' Diskursbegriff mit
den Lernzielen des Fremdsprachenunterrichts vereinbar ist.
Problematisch ist auch ein Element, das Hans-Eberhard Piepho in die
Definition des kommunikativen Fremdsprachenunterrichts eingebracht
hat, und zwar die Unterscheidung zwischen 'Übungen und Aufträgen,
die Kommunikation *simulieren*' und 'Übungen und Aufträgen, die
Kommunikation *sind*' (z. B. in Bundesarbeitsgemeinschaft 1978:19).
Sie widerspiegelt sich im Gegensatz zwischen den '*vorgegebenen*
Situationen/Rollen/Verständigungsanlässen' und der '*freien* Äußerung'
in den Definitionen der Stufen C und D.

Bei diesem Parameter 'vorgegeben' (den ich als 'simuliert' verstehe)
versus 'frei' entstehen jedoch einige Probleme. Die Soziolinguistik
ordnet jedem Menschen zahlreiche soziale und psychologische Rollen
zu. Je nach Partnerkonstellation bin ich 'Kunde', 'Nachbar', 'Freund',
'Passant', 'Vortragender auf dem FMF-Kongreß' undsoweiter
undsofort. In welcher dieser Rollen bin ich eigentlich 'ich'? Jede
Kommunikationssituation hat ihre eigenen Bedingungen, zwängt
jeden Kommunikationspartner in irgendeine Rolle, die weitgehend
bestimmt, was er an sprachlichen Handlungen realisiert.

Die Partnerkonstellation 'Schulklasse mit Lehrer im Fremdsprachenunterricht' begrenzt die Zahl der möglichen Textsorten recht
stark. Außer den Sprachfunktionen, die zur Organisation und
Regulierung des Unterrichtsgeschehens notwendig sind, gibt es
praktisch nur die Textsorten Lehrervortrag, Unterrichtsgespräch und
Klassengespräch, die hier auf natürliche Weise zu Hause sind.
Unterrichtsgespräch und Klassengespräch decken sich zum Teil mit
der Textsorte Diskussion oder sind Sonderformen der Diskussion. Es
bleibt aber immer eine Diskussion im Fremdsprachenunterricht, die
'fremdbestimmt' bleibt, erstens durch die meist nicht selbstgewählte

Rolle des Schülers als Teilnehmer am Unterricht, zweitens durch den Zwang der Fremdsprache als Kommunikationsmittel. Damit ist jede Kommunikation im Fremdsprachenunterricht per definitionem simuliert. Wahrscheinlich meinen das auch die Autoren der *Übungstypologie zum kommunikativen Deutschunterricht* in der Einleitung zu den Übungsbeispielen der 'Stufe D': 'Nach der Entwicklung von Verstehens- und Mitteilungsleistungen mit Hilfe von notwendigerweise mehr oder weniger stark steuernden Übungen soll der Sprachlerner dazu kommen, das bis hierher erworbene inhaltliche Wissen, die sozial-interaktiven Verhaltensweisen und das sprachliche Können frei anzuwenden. "Frei" ist auch hier immer noch auf die Simulation im Unterricht beschränkt, beinhaltet jedoch verstärkt die flexible Übertragbarkeit auf Verwendungszusammenhänge außerhalb des organisierten Sprachunterrichts' (Neuner u. a. 1981:128).

Da stellt sich aber die Frage, welches sprachliche Können auf welche Verwendungszusammenhänge eventuell übertragen wird. Auch wenn die *Übungstypologie zum kommunikativen Deutschunterricht* unter den D-Übungen z.B. ein 'Diskussionsspiel mit Rollenkarten' (D 3.6, Neuner u. a. 1981:139) aufführt, also eine eindeutig simulierte Situation, dann bleibt es immer noch bei der Textsorte 'Diskussion' und werden somit alle Sprachfunktionen, die in dieser Textsorte selten oder gar nicht vorkommen, ausgeschlossen.

Damit bestätigt diese kommunikative Übungstypologie eine alte Tradition des Fremdsprachenunterrichts, nach der (neben dem Lesen) die gebildete Konversation bzw. Diskussion das höchste Lernziel ist. Bereits im 17. und 18. Jahrhundert lernte man Französisch, um sich an Diskussionen über Religion, Philosophie, Kunst und Politik beteiligen zu können. Diese Tradition blieb auch im 19. und 20. Jahrhundert, während der ganzen Ära der Grammatik-Übersetzungsmethode, bestehen in der Form der Konversationskurse oder Konversationsübungen für fortgeschrittene Lerner, die im Grundkurs oder in der Schule die Grammatik schon einmal durchgearbeitet hatten. Zugespitzt formuliert: Die Fremdsprachendidaktik hat im Zuge der emanzipatorischen Didaktik der 70er Jahre das Bildungsideal des aufgeklärten Bürgertums neu belebt und die traditionelle Konversation bzw. Diskussion unter Verwendung von Habermas' Zauberwort 'Diskurs' als höchstes Lernziel eines 'kommunikativen' Fremdsprachenunterrichts neu legitimiert.

Als Fortschritt ist dabei zu sehen, daß im kommunikativen Fremdsprachenunterricht die Konversation bzw. Diskussion nicht den fortgeschrittenen Lernern vorbehalten bleibt, sondern von Anfang an schon auf einem elementaren Niveau anvisiert wird. Als Nachteil sehe ich, daß durch diese Inthronisierung der Diskussion als höchste gesprochene Textsorte und der Meinungsäußerung als höchster Sprechakt alle anderen Textsorten und Sprechakte auf den zweiten Rang verwiesen werden, so wie sie in den kommunikativen Übungstypologien tatsächlich nur unter den Übungstypen der Stufen B und C erscheinen.

Das trifft dann - nicht zufällig - genau die vielen Kommunikationssituationen, die im Klassenraum nicht auf natürliche Weise vorkommen und dort nur als Simulation geübt werden können. Gerade diese Kommunikationssituationen und damit alles Sprachmaterial, das nötig ist, um darin zu funktionieren, bekommen dadurch einen niedrigeren Status. Ich denke dabei an alle möglichen Gespräche, die der Lerner als Tourist, Durchreisender, Kunde, Kongreßbesucher, Verkäufer, Gastgeber, undsoweiter undsofort in der Fremdsprache führen muß mit anderen Zielen als Meinungsaustausch. Vor allem im Bereich der Handlungsregulierung entstehen für den Fremdsprachensprecher oft größere und wichtigere Kommunikationsprobleme als im Bereich der Diskussion und des Meinungsaustausches, speziell dann, wenn er sich gegen entgegengesetzte Belange von native speakers durchsetzen muß.

Die Schwierigkeiten in diesem Bereich werden nach meiner Erfahrung von Lehrern namentlich in der Sekundarstufe II oft bagatellisiert; hier herrscht, zumindest in den Niederlanden, häufig die Ansicht, daß solche praktischen Situationen *mit* der Übungsform des Rollenspiels, also der Simulation, in den Anfängerunterricht der Sekundarstufe I gehörten. Dagegen gehe es in der Sekundarstufe II nicht darum, irgendwelche Spielchen zu spielen, sondern darum, auf einem inhaltlich anspruchsvollen Niveau über gesellschaftliche und literarische Probleme zu diskutieren.

Ich plädiere absolut nicht dafür, daß die Textsorte Diskussion als Lernziel abgesetzt wird; ich will nur dafür plädieren, daß auf allen Niveaus des kommunikativen Sprechunterrichts eine breite Palette von relevanten gesprochenen Textsorten geübt wird, ohne die einseitige Dominanz der Textsorte Diskussion. Wenn aber die Diskussion ein wichtiges (oder das wichtigste) Lernziel ist, sollte ein gezieltes sprachhandlungsbezogenes Training der Diskussion als Textsorte in den Unterricht integriert sein. Das ist leider im Fremdsprachenunterricht, trotz der Ideale der emanzipatorischen Fremdsprachendidaktik, selten der Fall.

Kritik der kommunikativen Übungstypologien

Einige Mängel der kommunikativen Übungstypologien um 1980 habe ich genannt. Ich fasse meine Kritikpunkte zusammen und ergänze sie um einige andere.

1. Die Kategorien A bis D sind nur sehr global definiert und sind zu einseitig auf ein zu eng gefaßtes Lernziel zugeschnitten: Als 'höchste' Fertigkeit erscheint in der D-Kategorie nur das Sprechen, wobei außerdem der Sprechakt 'Meinungsäußerung' (bzw. 'Stellungnahme' oder sogar 'distanzierte Reflexion') und die Textsorte 'Diskussion' zu sehr isoliert und überbewertet werden. Eine diskutable Unterscheidung zwischen 'simulierter' und 'freier' Äußerung macht die Grenze zwischen der C- und der D-Kategorie fragwürdig.

2. Die andere produktive Fertigkeit, Schreiben, hat keinen eigenständigen Platz, funktioniert nur als Hilfsfertigkeit, namentlich beim Notizenmachen zu Hör- und Lesetexten bzw. als Vorbereitung für Diskussionen. Auch wenn das Schreiben im schulischen Fremdsprachenunterricht nicht mehr als eine bescheidene Rolle verdient, sollte eine Übungstypologie auch andere Bereiche, z. B. Schreiben im Rahmen eines Kurses 'Writing English for Publication' umfassen.

3. Bei den rezeptiven Fertigkeiten fehlen die lesestrategischen Übungen, um die seit Anfang der 80er Jahre das Übungsrepertoire des Fremdsprachenunterrichts erweitert worden ist. Darauf hat

Neuner bereits 1983 aufmerksam gemacht; er hat eine Typologie vorgeschlagen, deren Systematik auf der Unterscheidung der einzelnen Sprachebenen basiert: Wortebene, Satzebene, Textebene, 'Ebene der kulturellen Erfahrung' (Neuner 1983:73f.). Diese Systematik bleibt in den vorliegenden Übungstypologien ein Fremdkörper.

4. Übungen zu produktiven kommunikativen Strategien, namentlich Kompensationsstrategien, fehlen. Welchen Platz sie in den kommunikativen Übungstypologien einnehmen sollten, ergibt sich nicht aus der Systematik der Typologie.

5. Dasselbe gilt für Induktionsübungen zu phonologisch-phonetischen, orthographischen, grammatischen, textstrukturellen und soziokulturellen Erscheinungen.

Ansatz zu einer neuen Übungstypologie

Ich war an einem Versuch beteiligt, die Umrisse einer neuen, erweiterten Übungstypologie zu entwerfen (Koster, De Jong und Kwakernaak 1992). Als Hauptkategorien boten sich uns die vier Fertigkeiten an, und zwar an erster Stelle die übergreifenden Kategorien rezeptiv-produktiv, an zweiter Stelle die Kategorien mündlich-schriftlich. Beim Begriffspaar rezeptiv-produktiv kamen wir auf das Problem, wo induktive Lernaktivitäten unterzubringen sind, wie sie beispielsweise durch folgende Instruktionen ausgelöst werden: *'Was bedeutet* désordre? *Und was bedeutet* déshabillé? *Und* désemballer? *Was bedeutet also die Vorsilbe* dés-?*'* oder *'Unterstreicht die Wörter in diesem englischen Text, die plötzlich bedeuten. Was findet ihr?'* Erwartete Antwort: *'Mal* suddenly*, mal* sudden.*'* Frage: *'Was ist der Unterschied? In welchen Kontexten findet ihr* suddenly*, in welchen* sudden?*'* Auch lesestrategische und kommunikationsstrategische Lernaktivitäten, z. B. Umschreibungs- und Umformulierungsübungen, brauchen einen Platz.

Es ist natürlich möglich, solche Übungen als besondere Subkategorie bei den rezeptiven bzw. produktiven Lernaktivitäten unterzubringen. Ich habe aber, vor allem aus innovationsstrategischen Gründen, in unserer Gruppe befürwortet, für diese Art von Lernaktivitäten eine extra Hauptkategorie einzurichten, die zwischen 'rezeptiv' und 'produktiv' steht und für die ich den Namen 'analytisch' oder 'sprachanalytisch' vorgeschlagen habe - bis sich eine bessere Bezeichnung findet.

Als Alternative zum Begriffspaar rezeptiv-produktiv boten sich auch die Sprachebenen als Hauptkategorien für unsere Übungstypologie an: die phonologisch-phonetische, lexikalische, morphologische, syntaktische und textuelle Ebene. Auch das sind wichtige Planungskategorien, die es verdienen, als Hauptzugänge zu einer systematischen Übungstypologie zu funktionieren - zumindest wenn man davon ausgeht, daß ein Fremdsprachenlehrplan nicht nur eine 'pragmatische', sondern auch eine linguistische Progression aufzuweisen hat, was vor etwa 15 Jahren nicht so selbstverständlich war. Zusätzlich zu diesen traditionellen Sprachebenen hat sich in der fremdsprachendidaktischen Diskussion in den letzten zwei Jahrzehnten eine extra Ebene auskristallisiert, die soziokulturelle Ebene (vgl. z. B. Ek 1986), die wir für unentbehrlich hielten.

Die Kategorien 'rezeptiv-analytisch-produktiv' und die Sprachniveaus können in einem Raster zueinander in Bezug gesetzt werden (Abb. 1). Damit müßte es möglich sein, jeder konkreten Übung und damit auch jedem etwas mehr abstrahierten Übungstyp einen spezifizierten Platz auf unseren Hauptkoordinaten des Fremdsprachenunterrichts zuzuweisen.

Der Raster ist noch sehr grob. In Koster u. a. (1992) hatten wir als Hauptparameter innerhalb dieses Rasters den Grad der Lenkung angenommen; jede Übung bekam auf einer Dreierskala einen Platz zwischen 'gelenkt' und 'ungelenkt' zugewiesen. Das halte ich inzwischen für einen Fehlgriff, da Lenkung bei rezeptiven, analytischen bzw. produktiven Lernaktivitäten auf ganz unterschiedliche Weisen erfolgt.

Form- bzw. Inhaltsorientierung

Folgender Vorschlag gilt ausdrücklich nur für die Kategorie 'produktiv'. Als wichtigstes Merkmal nehme ich die An- oder Abwesenheit einer Situierung oder mit einem anderen Wort den

Lenkungstyp an. Ich gehe dabei von der Prämisse aus, daß Inhalts-
bzw. Formorientierung bei der Produktion von Sprache ein
entscheidender Faktor ist. Das ist weitgehend eine bloße Annahme.
Der Wissenschaft ist es offensichtlich weder theoretisch noch
empirisch gelungen, diesen Faktor in den Griff zu bekommen (vgl. z.
B. Preston 1989).

Trotz aller Unsicherheiten scheint es sinnvoll, in einem
Trainingsprogramm für Sprechen und Schreiben zwischen Übungs-
typen zu unterscheiden, die eher Inhaltsorientierung induzieren, und
anderen, die eher Formorientierung induzieren, auch wenn eine
tatsächliche Inhalts- bzw. Formorientiertheit beim individuellen
Lerner nicht gemessen werden kann. Anzunehmen ist, daß eine
Übungsaufgabe wie *Setzen Sie folgende Sätze ins Imperfekt* kaum eine
Inhaltsorientierung beim Lerner erzeugt, eine Aufgabe wie
*Überzeugen Sie Ihren Nachbarn, daß Niederländer keine Vorurteile
gegenüber Deutschen haben* viel eher.

Inhaltsorientierung ist nur möglich, wenn die Übung einen situativen
Rahmen hat. Sprache als normales Kommunikationsmittel funktioniert
immer in einer realen Situation. Daneben gibt es die Simulation, das
Rollenspiel, in der der situative Rahmen fingiert wird. Die Grenze
zwischen Wirklichkeit und Fiktion bzw. Simulation ist fließend und
für den Fremdsprachenunterricht nicht von so grundlegender
Bedeutung, wie es die emanzipatorisch inspirierte Fremdsprachendidaktik um 1980 wollte.

Nach dem Übungsmerkmal 'Lenkungstyp' folgen in meinem
Vorschlag (Abb. 2) als zweites und drittes die Merkmale 'produktiver
Anteil' und 'sprachliche Komplexität', die beide ein Maß der Belastung
des 'Formulierungsapparates' (des 'formulator' im Sprach-
produktionsmodell von Levelt (1989)) des Sprechers sind. Die beiden
Merkmale beeinflussen sich gegenseitig: Wenn ich meinen Schülern
eine sprachlich komplexe und/oder kontrastiv schwierige
Sprechleistung abverlange, dann kann ich ihnen die Aufgabe
erleichtern, indem ich zielsprachige Vorgaben oder Hilfen, z. B. in
Form von Wortmaterial oder Satzmustern (Redemittel) zur Verfügung
stelle. Ein viertes Merkmal ist das Tempo, die verfügbare Zeit, die
natürlich ein erschwerender bzw. erleichternder Faktor bei der

Sprachproduktion ist. Als letztes Merkmal erscheint der inhaltliche Schwierigkeitsgrad; hier geht es um die Frage, wie schwer der 'conceptualizer' in Levelts Modell belastet wird.

Wenn es darum geht, innerhalb einer Übungstypologie eine Hierarchie dieser 5 Merkmale zu erstellen, dann würde ich vorschlagen, das erste, den Lenkungstyp, als Hauptparameter von Sprechübungen zu betrachten und die übrigen 4 als Variablen innerhalb des Übungstyps zu sehen. Das führt zu einer Zweiteilung der übergeordneten Kategorie der Sprachebenen: Nur auf den drei höchsten Ebenen, der soziokulturellen, der Text- und der Satzebene, kann sinnvollerweise von Lenkung durch Situationsfaktoren die Rede sein (bei einem hohen produktiven Anteil). Dabei ergibt sich eine Gruppe von inhaltsorientierten ('kommunikativen') gegenüber einer Gruppe von formorientierten produktiven Übungstypen.

Inhaltlicher Schwierigkeitsgrad

Bei formorientierten Übungstypen spielt der inhaltliche Schwierigkeitsgrad keine Rolle, in der Gruppe der inhaltsorientierten Übungstypen eine um so wichtigere. Hier liegt ein wesentliches, bisher weitgehend vernachlässigtes Problem der kommunikativen Fremdsprachenmethodik und -didaktik. Der inhaltliche Schwierig-keitsgrad einer kommunikativen Aufgabe ist immer relativ: Er ist stark individuell bedingt und u. a. von der Sozialisation des Lerners abhängig. Das führt bei der Leistungsmessung in der Schule zu großen Beurteilungsproblemen. Diese potenzieren sich, wenn der Lerner·in der Prüfungsaufgabe viel Freiheit bekommt, nicht nur seine eigenen Formulierungen, sondern auch seine eigenen Inhalte zu bestimmen. Ein Trainingsprogramm, das im wesentlichen aus solchen inhaltlich offenen Aufgaben besteht, bietet dem Lehrer kaum Möglichkeiten, eine systematische sprachliche Progression zu erzielen.

Ich habe oben ausgeführt, daß der kommunikative Ansatz so aufgefaßt werden kann und wird, daß namentlich im Fortgeschrittenenunterricht die freie, offene, nicht vorstrukturierte, improvisierte Diskussion als oberstes und einziges Lernziel aufgefaßt wird. Diese Entwicklung wird dadurch verstärkt, daß die improvisierte Diskussion bzw. Konversation seit jeher Lernziel im Fremdsprachenunterricht für

Fortgeschrittene war. Das führt dazu, daß die alte Didaktik-Methodik des Sprechunterrichts mit all ihren Problemen kontinuiert wird. Diese Didaktik-Methodik kann, polemisch zugespitzt, so zusammengefaßt werden: Die Lerner sollen nur soviel wie möglich reden; der Lehrer stellt Redemittel zur Verfügung, aber muß abwarten, in wiefern die Lerner diese Redemittel in Gebrauch nehmen, da ihnen nicht nur die Wahl der Redemittel, sondern auch der Inhalte, die sie zum Ausdruck bringen wollen, überlassen wird. Ansonsten kann der Lehrer nur die vielen Fehler korrigieren und hoffen, daß sich die Lerner diese Korrekturen zu Herzen nehmen. Das liefert den Sprachlernprozeß völlig dem Zufall aus und macht es außerordentlich schwierig, ein einigermaßen systematisch aufbauendes Curriculum einzurichten.

Ich sehe ein, daß der inhaltliche Schwierigkeitsgrad eine wichtige Variable in der Sprachgebrauchspraxis ist und daß der Lerner außerhalb der Schule nicht nur vorgegebene Inhalte versprachlichen, sondern durchaus auch dann fremdsprachig kommunizieren können muß, wenn das Generieren und/oder Gliedern des Inhalts der Äußerung viel kognitive Arbeit erfordert. Ich sehe aber andererseits die Sprechdidaktik und -methodik im Fremdsprachenunterricht als stark verbesserungsbedürftig. Meine Einschätzung einer realistischen Innovationsstrategie ist, daß es sich eher lohnt, vorläufig vorrangig an einem Sprechunterricht zu arbeiten, in dem die offene, unstrukturierte Diskussion eine untergeordnete Rolle spielt. Auch wenn das inhaltlich vorstrukturierte Sprechen primäres Lernziel ist, wird es schwierig genug sein, ein einigermaßen systematisch aufbauendes Curriculum zu erarbeiten, vor allem im Fortgeschrittenenbereich. Das hieße also, daß der Fremdsprachenunterricht sich vorläufig vorrangig auf das Lernziel der *Formulierung*sfertigkeit, das Training von Levelts 'formulator', zu konzentrieren hätte.

Damit habe ich ein großes und wichtiges Problem des kommunikativen Fremdsprachenunterrichts weder ausdiskutiert noch gelöst, sondern nur angesprochen. Ich kann nur hoffen, daß durch eine Diskussion über Übungstypen und deren relevante Merkmale auch die Diskussion über die Ziele des kommunikativen Fremdsprachenunterrichts neu belebt wird, aber vor allem auch, daß sich diese reichlich abstrakten und theoretischen Überlegungen in konkreten Verbesserungen des Fremdsprachenunterrichts niederschlagen werden.

Literatur

Bundesarbeitsgemeinschaft Englisch an Gesamtschulen, *Kommunikativer Englischunterricht. Prinzipien und Übungstypologie*, München: Langenscheidt, 1978

Candlin, Christopher N., *The communicative teaching of English. Principles and exercise typology*, Burned Mill, Harlow: Longman, 1981

Ek, Jan A. van, *Objectives for foreign language learning, Volume I: Scope*, Strasbourg: Council of Europe, 1986

Koster, Cor, Wout de Jong, Erik Kwakernaak, Naar een nieuwe oefeningstypologie, in *Levende Talen* 473 (1992), 376-384

Kwakernaak, Erik, Van fasenmodel naar oefeningstypologie, in *Toegepaste Taalwetenschap in Artikelen* 18 (1984), 18-33

Kwakernaak, Erik, Spreekvaardigheid: doelen, toetsing en training, in *Levende Talen* 482 (1993), 393-400

Levelt, Willem J., *Speaking: from intention to articulation*, Cambridge, Mass.: MIT Press, 1989

Neuner, Gerhard, Zum Wandel der Übungsformen in der Methodik des Fremdsprachenunterrichts, in Albert Raasch (Hrsg.), *Handlungsorientierter Fremdsprachenunterricht und seine pragmalinguistische Begründung*, Tübingen: Narr, 1983, 67-74

Pauels, Wolfgang, *Kommunikative Fremdsprachendidaktik. Kritik und Perspektiven*, Frankfurt am Main usw.: Diesterweg, 1983

Preston, Dennis R., *Sociolinguistics and second language acquisition*, Oxford: Blackwell, 1989

Schmid-Schönbein, G., Arbeits- und Übungsformen, in K.-R. Bausch u.a. (Hrsg.), *Handbuch Fremdsprachenunterricht*, Tübingen: Francke, 1989, 418-422

Schwerdtfeger, I. C., Arbeits- und Übungsformen: Überblick, in K.-R. Bausch u.a. (Hrsg.), *Handbuch Fremdsprachenunterricht*, Tübingen: Francke, 1989, 187-190

Abbildungen

	rezeptiv	*analytisch*	*produktiv*
soziokulturelle Ebene			
Textebene			
Satzebene			
grammatische Ebene			
lexikalische Ebene			
Laut-/Zeichen-Ebene			

Abb. 1   Hauptkategorien einer neuen Übungstypologie für den Fremdsprachenunterricht

Parameter	geringere kognitive Belastung	höhere kognitive Belastung
1. Lenkungs-typ (Situierung)	ohne Situierung: form-orientierte Übung: Lenkung nur durch sprachliche Vor-gaben und/oder linguistische Instruktionen	1. ohne Situierung: Sprach-spiel: Lenkung durch äußerungsbestimmende Spielregeln 2. mit Situierung: Rollen-spiel, simulierte Kommu-nikation: Lenkung aus-schließlich oder über-wiegend durch Situations-faktoren (Rollen, Sprech-bzw. Schreibintentionen usw.) 3. mit Situierung: reale Kommunikation a) zum Generieren von Sprache als Lerngegen-stand (Konversation, Diskussion) b) zur Regulierung des Unterrichtsgeschehens
2. produktiver Anteil	mit vielen zielsprachigen Vorgaben/Hilfen bzw. einem hohen reproduktiven Anteil	mit wenig oder keinen ziel-sprachigen Vorgaben/Hilfen bzw. einem hohen produktiven Anteil
3. sprachliche Komplexität	sprachlich wenig komplexe und/oder konstrastiv leichte Lernerleistung	sprachlich komplexe und/oder konstrativ schwierige Lernerleistung
4. Tempo	ohne Tempodruck	mit Tempodruck
5. inhaltlicher Schwierig-keitsgrad	Inhalt der Aussage vorge-geben bzw. leicht generier-bar; keine Probleme auf der Diskurs- bzw. pragmatischen Ebene	Generieren und/oder Gliede-rung des Inhalts der Aussage erfordert viel kognitive Arbeit

Abb. 2 Parameter von Sprechübungen im Fremdsprachenunterricht

Norbert Lademann
Funktion und Kommunikationsintention als Voraussetzungen für Kommunikationsbefähigung

Ich glaube, "Lust auf Sprachen", der Titel des Kongresses, ist sowohl aus allgemeingültiger als auch aus aktueller Sicht klug gewählt. In der Geschichte des Fremdsprachenunterrichts gab es durchaus Zeiten, in denen den Lernenden die vielleicht anfänglich vorhandene Lust, eine Fremdsprache zu erlernen, bereits nach den ersten Stunden der Beschäftigung mit ihr gründlich vergangen ist. Grammatische Regeln ohne den entsprechenden Sinn, der ja eigentlich nur Verständigung zwischen Menschen mit unterschiedlichen Muttersprachen sein kann, erlernen zu müssen, das "gebetsmühlenartige" Imitieren von Mustersätzen im Zwei-, Drei-, oder Vierphasenrhythmus als hauptsächliche Aneignungsmethode, die Auswahl von Themenkreisen, die angeblich "auf das Leben vorbereiten", zum Zeitpunkt ihres Einsatzes jedoch Schüler kaum interessieren, aber auch das bloße Reproduzieren von Textinhalten (Nacherzählen, Zusammenfassen), sozusagen als kommunikativer Höhepunkt, das Bewerten produktiver Lernerleistungen einseitig nach der Anzahl der Normverstöße - dies alles und anderes mehr macht nicht Lust auf Sprachen. So erklärt es sich, daß trotz aller "kommunikativer Orientierungen" zwischen der Notwendigkeit, Fremdsprachen zu beherrschen und dem Schülerwunsch, sich diese anzueignen, ein beachtliches Spannungsfeld liegt. Dies gilt es abzubauen, damit Lerner wieder Lust verspüren, sich mit ausländischen Mitbürgern verständigen zu können. So ist das Kongreßmotto auch Programm; es muß ein wesentliches Prozeßelement in unserem Fremdsprachenunterricht sein.

Andererseits muß eine Fremdsprache eben auch **erlernt** werden. Es gilt, mehrere tausend lexikalische Einheiten zu verinnerlichen, sich natürlich auch grammatische Regularitäten anzueignen, Wendungen auf imitativem Wege beherrschen zu lernen, Textinhalte zu reproduzieren, um dazu eigene Meinungen entäußern zu können. Aber im Hintergrund all dieser Aktivitäten steht immer das Ziel unseres Tuns: die **Befähigung zu kommunikativer Sprachausübung.** Diesen eigentlichen Sinn des Fremdsprachenunterrichts muß der Schüler erkennen, damit er "Lust auf Sprachen" bekommt und sich diese auch erhalten kann. Menschen sind bekanntlich lernfähig und auch lernwillig, letzteres allerdings nur, wenn sie dahinter einen Sinn sehen, der sie zu Lernhandlungen motiviert.

In den vergangenen zehn bis zwölf Jahren wurde in der Fachdidaktik Englisch der Martin-Luther-Universität Halle-Wittenberg ein Konzept entwickelt, das der Lust auf das Erlernen der englischen Sprache (eigentlich von Fremdsprachen generell) Rechnung trägt: der **"Kommunikativ-funktionale Ansatz"**. Er beruht im wesentlichen auf den folgenden Grundüberzeugungen:

1. Die Hauptfunktion von Sprache ist die Verständigung zwischen Menschen, der Informations- und Meinungsaustausch, das Einschätzen bzw. Werten von Sachverhalten. Demzufolge muß die Hauptzielstellung des Fremdsprachenunterrichts darin bestehen, Fremdsprachenlerner zu kommunikativer Tätigkeit zu befähigen.

2. Fähigkeiten erwirbt man durch Tätigkeiten, sprachliche Fähigkeiten durch sprachliche Tätigkeiten, fremdsprachlich-kommunikative Fähigkeiten also durch fremdsprachlich-kommunikative Tätigkeiten. Die berühmten "four skills" sind nach unserer Auffassung **Tätigkeiten**, die sich in sprachlichen Handlungen manifestieren. Fremdsprachliche kommunikative Tätigkeiten sind daher Ziel und Mittel des Fremdsprachenunterrichts.

3. Um diese Prämissen realisieren zu können, müssen sich die Lerner Sprachmittel aneignen: lexikalische, phraseologische, grammatische, phonetische und orthografische Kenntnisse, die soweit interiorisiert werden, daß sie in unterschiedlichen Situationen verwendet werden können. Sie werden in **Sprachstoffkomplexen**, die aus den o.g. Sprachmittelarten bestehen, **funktional**, d.h. in sprachlicher Tätigkeit angeeignet. Hauptkriterien dafür sind der situativ-thematische Rahmen von Sprachhandlungen sowie die jeweilige potentielle Kommunikationsintention der Lerner.

4. Auch die didaktisch-methodischen Schritte des Lehrers sind grundsätzlich **funktional** anzulegen. Die vorgesehenen Lerner-

handlungen dienen immer der Kommunikationsbefähigung, unabhängig davon, ob es sich um Ziel- oder Mittlertätigkeiten handelt.

5. Fremdsprachenunterricht ist prinzipiell **tätigkeitsorientiert**. Zieltätigkeiten sind kommunikative Tätigkeiten (Hörverstehen, Sprechen, Leseverstehen, Schreiben). Mittlertätigkeiten beinhalten im wesentlichen sprachsystemorientierte Verfahren, also das Vermitteln bzw. Aneignen und Einüben von Sprachmitteln, das Festigen sprachlicher Kenntnisse, Wörterbucharbeit etc.

6. Kommunikative und systemorientierte Tätigkeiten sind als **Einheit** zu betrachten; sie dienen dem gleichen Ziel und sind für die Kommunikationsbefähigung unabdingbar. Die Zieltätigkeiten haben jedoch Priorität; sie haben kommunikativen Charakter und sind damit den Zielstellungen des Fremdsprachenunterrichts näher. Andererseits sind sie zumeist nur möglich, wenn vorher die notwendigen Sprachmittel im Rahmen von Mittlertätigkeiten eingeübt worden sind. Sprachmittel sind also Voraussetzung und Grundlage kommunikativer Tätigkeit. Sie werden in kommunikativen und systemorientierten Handlungen erlernt.

Basale Faktoren des Ansatzes

Der wesentliche Gehalt von Begriffen, wie sie sich im kommunikativ-funktionalen Ansatz widerspiegeln, soll im folgenden kurz dargestellt werden.

- **Kommunikation** ist sprachliche Verständigung zwischen Menschen, Informationsaustausch, der auf Bedürfnissen einerseits sowie Wissen, Können und Erfahrungen andererseits beruht. Die Verständigung erfolgt in der Fremdsprache auf der Basis eines zum Zeitpunkt von Kommunikationsereignissen vorhandenen Könnensniveaus (Interimssprache), wobei individuell-subjektive kognitive Bewußtseinsinhalte versprachlicht werden. Jeder Äußerung liegt ein Kommunikationsziel zugrunde (Informieren, Werten, Überzeugen, zu

Handlungen veranlassen etc.), das mit Hilfe von Sprachhandlungstypen (Sprechakten, language functions) erreicht werden
soll.

- Eine **Situation** besteht aus Kommunikationspartnern, die in
  bestimmten sozialen Relationen zueinander stehen, über einen
  gemeinsamen Sprachcode verfügen und sich zu einem
  Sachverhalt verständigen wollen. Dabei spielen Ort und Zeit der
  Kommunikation eine wesentliche Rolle, ferner potentielle
  nichtsprachliche Handlungen.

- **Thematiken** als weitere Bestandteile von Situationen kennzeichnen globale Inhalte der Verständigung. In Rahmenricht-
  linien/Lehrplänen bezeichnen sie Gegenstände, zu denen
  Kommunikationsereignisse möglich sind. Sie selbst sind jedoch
  noch nicht unmittelbar kommunikationsstimulierend (Berufe,
  Medien, Kleidung, Mahlzeiten z.B.).

- Dagegen ist ein **Thema**, das zu einer Thematik gehört, geeignet,
  kommunikative Motivation zu wecken. Themen werden als
  Kern- und Leitgedanken von Texten charakterisiert. Im Rahmen
  einer Thematik enthält ein Thema Probleme, Widersprüche,
  Fragestellungen, die so interessant bzw. attraktiv sind, daß
  potentielle Kommunikationspartner sich darüber verständigen
  wollen. Im Rahmen der Thematik 'Medien' könnte z.B. die
  Frage/das Problem auftauchen "Does television disturb the
  conversation of a family?" oder "Is TV killing the cinema?" oder
  "Watching a feature film on TV or in the cinema?". Das Thema
  gehört zu den zwei Hauptsäulen des kommunikativ-funktionalen
  Ansatzes; es fordert unmittelbar zur Kommunikation heraus.

- Die zweite Hauptsäule des Ansatzes ist die **Kommunikations-
  intention.** Sie ist insofern mit dem Thema verbunden als dessen
  Problematik zur unmittelbaren sprachlichen Tätigkeit führt.
  Produktive sprachliche Handlungen (Äußerungen) werden
  rezipiert in Form des Hör- oder Leseverstehens und lösen
  weitere sprachliche Handlungen aus. Kommunikationsintentionen werden durch kommunikative Aufgaben erzeugt, die

sowohl von "außen" als auch von "innen" gestellt werden können.

Von außen kommen sie im Englischunterricht zumeist vom Lehrer oder vom Lehrmaterial (Lehrbuch). In der natürlichen Kommunikation jedoch kommen .Kommunikationsaufgaben häufig von innen, oftmals als rasche Reaktion auf Äußerungen des Partners oder aus dem inneren Antrieb, sich zu einem Thema äußern zu wollen. Kommunikationsintentionen basieren auf authentischen Gedankengängen, in der Regel Erfahrungen; kognitiv entstandene Bewußtseinsinhalte werden mit dem Thema in Verbindung gebracht, woraus ein Motiv für eine (fremd-)sprachliche Äußerung entsteht.

- Beim Erwerb einer Fremdsprache sind nach unserer Auffassung zwei Strategien allgemeiner Art besonders relevant: das **Lernen** und das **Aneignen**. Unter Lernen verstehen wir den bewußten, einsichtigen Erwerb fremdsprachiger Sprachstoffe (Lexik, Grammatik, Phonetik, Orthographie u.a.) auf funktionaler Basis, d.h. mit dem Ziel ihrer Anwendung in der Kommunikation. Lernen bedeutet Herausbildung neuer oder/und Korrektur bereits vorhandener Bewußtseinsinhalte. Dazu gehören neben Sprachkenntnissen auch sprachstoffliche (Landeskunde und andere Sachverhalte) sowie Verfahrenskenntnisse (Wörterbuch-arbeit, Anlage von Wortschatzsammlungen, Anfertigen von Wortgeländern z.B.). Nach unserer Erfahrung kommt Aneignung durch bewußte Prozesse, aber auch durch intuitive Handlungen zustande. Die rasche Produktion mündlicher Texte auf der Grundlage bewußt interiorisierter Sprachmittel z.B. hat stark intuitiven Charakter, soweit sie nicht auf inneren Übersetzungen beruht. Noch deutlicher wird dies bei der notwendigen schnellen Rezeption mündlich vorgetragener Texte oder der raschen Reaktion im Gespräch.

Der kommunikativ-funktionale Ansatz wird u.a. geprägt von der Einheit von Tätigkeits- und Systemaspekt beim Erwerb einer Fremdsprache. Sprachsystemkenntnisse werden hauptsächlich durch Lernen erworben, die Fähigkeit zu Sprachtätigkeiten dagegen durch Aneignung in kommunikativer Tätigkeit.

Spracherwerb erfolgt also in der Einheit von Bewußtheit und Intuition.

- Beim Aneignen englischsprachigen Könnens ist **Motivation** von besonderer Bedeutung. Wir unterscheiden habituelle von aktueller Motivation. Von habitueller Motivation ist die Rede, wenn ein Lerner generell am Erlernen der englischen Sprache interessiert ist. Aktuelle Motivation liegt vor, wenn beispielsweise ein Lerner an der Lösung eines themagebundenen Problems durch englischsprachige Handlungen teilhaben will. Je häufiger beim Lerner aktuelle Motivation geweckt wird, desto mehr stabilisiert sich seine habituelle Motivation, seine "Lust auf Sprachen".

- Ein **Kommunikationsbedürfnis** liegt vor, wenn ein Lerner - stimuliert durch ein Thema und motiviert durch sein Interesse an der Lösung eines darin enthaltenen Problems - sich gern an einem entsprechenden Kommunikationsereignis beteiligen möchte. Es kann jedoch passieren, daß aufgrund unzureichender Beherrschung sprachlicher Mittel dieses Bedürfnis nicht befriedigt werden kann. Darüber hinaus können auch Hemmungen vorhanden sein, sich zu äußern, möglicherweise aus Angst vor Fehlern und deren einseitiger Bewertung durch den Lehrer. Um sein Kommunikationsbedürfnis zu realisieren, fehlt dem Lerner die so wichtige Überzeugung, dies auch zu können.

- Von einer **Kommunikationsabsicht** reden wir, wenn diese Überzeugung vorhanden ist, wenn der Lerner an Kommunikation teilnehmen möchte und sich sicher ist, daß er dies auch kann. Die Kommunikationsabsicht führt unmittelbar zu einer kommunikativen Handlung (dem Produzieren oder Rezipieren eines Textes).

Im Gegensatz zur Muttersprache, bei der das Bedürfnis unmittelbar zur Absicht werden kann, kommt es beim Erwerb einer Fremdsprache nicht immer zur Entwicklung einer Kommunikationsabsicht. Mangelnde Kenntnisse oder andere Frusterscheinungen können dies verhindern. Handelt es sich dabei um ungenügende Sprachkenntnisse, so sollten entsprechend notwendige Sprachmittel vermittelt oder wiederholt werden. Dies kann nach dem Wecken eines Kommunikationsbedürfnisses erfolgen.

- Um eine Kommunikationsabsicht realisieren zu können, benötigt man lexikalische, phraseologische, grammatische, phonetische oder/und orthographische Sprachmittel, die gebündelt werden zu einem **Sprachstoffkomplex.** Sprachstoffkomplexe werden funktional determiniert durch das Thema und die Kommunikationsintention. Ein solcher Komplex kann bei der Kommunikation zum Thema "My future career" und der Kommunikationsintention, sich zu seinem Berufswunsch zu äußern, bestehen aus

Berufsbezeichnungen (engineer, teacher, lorry driver),

Tätigkeiten im Beruf (to construct, to teach, to drive a lorry),

kommunikativen Wendungen (Sprachhandlungsformeln) zu Wertungen: I'd like to become an engineer. oder: I'd prefer to study chemistry to physics. oder: I don't like the job of a gardener.

grammatischen Mitteln wie Will future, Going -to future, If clauses, Infinitive clauses.

Wie bereits gesagt, sind 'Thema' und 'Intentionalität' zwei entscheidende Voraussetzungen des kommunikativ-funktionalen Ansatzes der Fremdsprachendidaktik. Ohne diese beiden Faktoren ist sprachliche Kommunikation nicht möglich. Was das Thema betrifft, so kann man davon ausgehen, daß es zu allen Zeiten, in denen das kommunikative Element zugleich Ziel und Mittel des Sprachunterrichts war, eine Rolle spielte.

Anders dagegen verhält es sich mit der zweiten Säule unseres Ansatzes, der Kommunikationsintention. Natürliche Kommunikation, etwa im Alltagsleben erscheint nur möglich, wenn - ausgehend vom jeweiligen Thema - der innere Antrieb vorhanden ist, sich dazu zu äußern. In diesem Zusammenhang erscheint die entsprechende

Aufgabenstellung besonders wichtig. In jeder Art Unterricht werden dem Lernenden Aufgaben gestellt. Im kommunikativ orientierten Fremdsprachenunterricht kommen sie in der Regel vom Lehrer oder vom Lehrmaterial (Lehrbuch, Tonträger, Video, Workbook etc.). Darin werden Lerner aufgefordert, ihre Erfahrungen, Wertungen, Meinungen zu Aspekten des Themas in der Fremdsprache einzubringen, Gedanken kommentierend zusammenzufassen, Berichte oder Beschreibungen vorzunehmen u.a.m. Nicht in jedem Fall gehen diese Aufgabenstellungen "von außen" konform mit den allgemeinen individuellen Intentionen der Lerner, sich überhaupt dazu äußern zu wollen. In einer Klasse von 25 - 30 Schülern kann ein Lehrer nicht voraussetzen, daß alle Lerner gleichermaßen daran interessiert sind, die von ihm kommenden Aufgaben zu lösen. Es kann möglich sein, bei dieser Art Aufgabenstellung einen Schüler zu "erwischen", der die Aufgabe nicht sonderlich attraktiv findet und sie von sich aus nicht in Angriff genommen hätte. Muß er diese Aufgabe nach Aufforderung von außen dennoch lösen, so erscheint es möglich, daß darunter die Qualität der Äußerung leidet, es an Konzentration mangelt, sich Fehler einschleichen. Der Wert der geforderten Aussage ist also gemindert, was sich natürgemäß auch auf ihre Bewertung niederschlägt. Eine derartige Unterrichtssituation - ohne die auch kommunikativ orientierter Fremdsprachenunterricht häufig nicht auskommt - entspricht aber oft nicht normaler Kommunikation, zu der die Lerner befähigt werden sollen.

Wir gehen daher in unserem Ansatz davon aus, daß kommunikative Aufgabenstellungen zur Lösung von Problemen in einem Thema so interessant, ja spannend sein sollten, daß sie möglichst viele Schüler motivieren, am Meinungsaustausch, an Diskussionen, also an Kommunikationsereignissen teilzunehmen; sie sollten "Lust" darauf verspüren. Dies wurde kürzlich mit dem Thema "Animal Experimentation - Yes or No?" in einer 10. Klasse erreicht. Die Lehrerin wählte ein Thema, das Sechzehnjährige stark beschäftigt, emotional berührt. Bereits beim Lesen eines "Einführungstextes" konnte man an der Mimik der Schüler erkennen, daß sie sich angesprochen fühlten, daß ihnen das Thema "unter die Haut ging". Nach dem Lesen dieses Textes wandte sich die Lehrerin allein mit der Bemerkung an die Klasse: "I think, you've read a moving text, haven't you." Und ohne unmittelbar aufgefordert zu sein, meldete sich eine stattliche Anzahl Schüler zu Wort. "Indeed, I hate experiments on animals.", "Horrible what people do with these poor animals!", "Animal experiments should be forbidden." - so lauteten die ersten Reaktionen. Sie erfolgten allein aus innerem Antrieb. Dann schaltete sich die Lehrerin wieder ein: "But if you ask me, I feel that special experiments for medical purposes are necessary." Sie wurde von einigen Schülern unterstützt: "Yes, experiments in the field of cancer research and other dangerous illnesses must be done." Und wieder erfolgten ungesteuerte Reaktionen anderer Lerner: "Okay, but rats, mice, guinea pigs and other animals mustn't be tortured so painfully." bis hin zu Äußerungen wie "Sorry madam, I can't agree with you. A few weeks ago I watched a film on TV and saw in what a terrible way these animals had to die." Gegen Ende der Stunde veranstaltete die Lehrerin ein 'voting', wobei trotz verschiedener Einsichten in die Notwendigkeit dieser Forschungen die übergroße Mehrheit der Klasse sich generell gegen Tierversuche aussprach. Dieses Kommunikationsereignis verlief fast ausschließlich auf der Grundlage von Äußerungen aus innerem Antrieb. Wir sprechen von kommunikativen Aufgabenstellungen "von innen". Sie setzen jedoch altersmäßig passende, mitreißende Themen voraus.

In einer 7. Klasse wurde ein ähnlicher Effekt erreicht mit dem Vorlesen eines Lehrbuchtextes: "The Connors usually go to the supermarket every week. Before they leave the house, Mrs Connor always makes a list and writes down what they need.

This week they need some eggs.
They need some butter and fruit.
They don't need any bread.
They don't need any salt. ...

They've still got some bread,
but they haven't got any butter.
They've still got some coffee,
but they haven't got any tea. ...

When the Connors went to the supermarket, they took everything with them: enough money, three bags, a basket, the car and all the children. But something was at home on the kitchen table - the list!

Danach die Lehrerin: "What a pity! They forgot the list. So what could they do? Hm, can you help Mrs Connor?"

Sofort meldeten sich verschiedene Schüler, und es kam zu Reaktionen wie "Yes, I can. They need some butter and eggs.", "Yes, and they need some fruit." Darauf die Lehrerin: "I think, they need some coffee.", worauf ein Schüler antwortete: "No, they don't need any coffee. But they need some tea."

Auch dies waren hauptsächlich kommunikative Aufgabenstellungen von innen. Die Schüler waren von sich aus sofort bereit zu helfen. Eine direktere konkrete Aufgabe seitens der Lehrerin wurde nicht gestellt.

Hier noch eine Episode aus dem Englischunterricht einer 5. Klasse. Das entsprechende Thema lautete: "Do you like Anne's flat?" In einem vom Lehrer erstellten Text wurde die Wohnung der Familie Henderson vorgestellt, zu der auch Anne (10) gehörte. Diese Wohnung bestand aus living-room, bedroom, study, bathroom, kitchen und balcony. Die Unterrichtseinheit endete damit, daß ein Schüler zusammenfassend die Wohnung der Hendersons beschrieb und abschließend sagte: "I like this flat.", womit er die Frage im Thema beantwortete. Nach der Stunde ging eine andere Schülerin auf die Lehrerin zu und sagte: "Schade, ich hätte gern mal meine Wohnung beschrieben." Die Lehrerin darauf: "Na, vielleicht nächstes Mal." Sie hatte - bereits bei der Planung der Stunde - verabsäumt, diesen eigentlichen kommunikativen Aspekt zu berücksichtigen und damit den Schülern nicht die Gelegenheit gegeben, in englischer Sprache ihre Wohnung zu beschreiben und zu werten, wie es die Schülerin wollte. Bei ihr wäre es sicher zu dieser Aufgabenstellung von innen gekommen.

Aus diesen drei Unterrichtsbeispielen läßt sich folgendes Fazit ziehen: Natürliche Kommunikation besteht zumeist aus Beiträgen, die auf innerem Antrieb basieren. Dabei handelt es sich um authentische Bewußtseinsinhalte, die spontan mit Hilfe von Sprache entäußert werden. Diese Regel gilt uneingeschränkt auch für den Prozeß des Fremdsprachenunterrichts und sollte dort in allen Könnensstadien angewandt werden. Voraussetzung dafür ist in jedem Fall ein altersgerecht gewähltes, attraktives Thema, das zur Auseinandersetzung motiviert und kommunikative Äußerungen der Lerner stimuliert. Darüber hinaus müssen sie die für ihre Äußerungen erforderlichen Sprachmittel beherrschen, für deren Vermittlung bzw. Wiederholung die Lehrer zu sorgen haben. Neben lexikalischen und grammatischen Mitteln sind in diesem Zusammenhang auch **Sprachhandlungsformeln** zu nennen, die besonders geeignet erscheinen, individuell-subjektive, authentische Bewußtseinsinhalte zu widerspiegeln. Sprachhandlungsformeln sind Redemittel, mit deren Hilfe Sprechakte (Language functions) oder - wie wir sie nennen - **Sprachhandlungstypen** realisiert werden können. Diese Formeln bestehen aus einem Formelkern, einer festgefügten Wortfolge oder Wortkombination und sprachlich austauschbaren Inhalten, die unterschiedlichen situativ-thematischen Bedingungen entsprechen.

Beispiel: Bitten/Auffordern:
Would you please open the window?
Would you please tell me the way to Mme Tussaud's?
Would you please go to the blackboard?

In diesen Sprachhandlungsformeln ist 'Would you please' der Formelkern und der Rest der Sätze der sprachlich austauschbare Inhalt. Sprachhandlungsformeln reflektieren Sprachhandlungstypen: geistig-sprachliche Handlungen, die auf einen Effekt beim Kommunikationspartner abzielen: ihn zu überzeugen, ihn zu informieren, ihn zu Handlungen zu veranlassen usw. Erinnern wir uns an das Beispiel aus der 7. Klasse, so erkennen wir darin die Sprachhandlungsformeln They (we, I) need some butter, eggs, tea., They don't need any bread, salt, coffee., They've still got some coffee, bread, salt., They haven't got any butter, eggs, fruit. Sie reflektieren die Sprachhandlungstypen Brauchen/Benötigen, Nicht brauchen/Nicht benötigen, Haben/Besitzen, Nicht haben/Nicht besitzen.

Zum Zwecke der Vermittlung an Lerner ziehen wir die Sprachhandlungsformeln aus den Kontexten heraus und bieten sie den Lernern etwa wie folgt an:

How to express what you need/don't need:

We need some eggs. I think, we must have some tea. We should buy some butter. Let's buy some fruit.
We don't need any bread. We needn't buy any salt. We still have some sugar.

Sprachhandlungsformeln sollten nach unserer Auffassung als Ganzheiten vermittelt/angeeignet werden. Dazu eignen sich vorwiegend imitativ orientierte (gewohnheitsbildende) methodische Verfahren. Vor einem Zerlegen der Formeln in ihre lexikalischen und grammatischen Bestandteile möchten wir warnen, weil damit die Konzentration auf das Formelhafte verloren geht, ebenso die Einsicht in die Funktionalität dieses Redemittels.

Zusammenfassend läßt sich feststellen, daß die Auswahl von Sprachhandlungsformeln hauptsächlich von der Kommunikations-intention eines Menschen abhängig ist. Sie hat engste Beziehungen zum Sprachhandlungstyp, mit dem der Kommunikationsteilnehmer sein Kommunikationsziel zu erreichen trachtet. Sprachhandlungstyp und Sprachhandlungsformel als Bestandteile der Kommunikations-intention gehören zu den Besonderheiten des kommunikativ-funktio-nalen Ansatzes. Das explizite Einüben und Anwenden von Sprach-handlungsformeln (neben dem üblichen Erarbeiten lexikalischer und grammatischer Kenntnisse) spielt in diesem Konzept eine bedeutende Rolle.

Abschließend kommen wir zu der Erkenntnis, daß dem intentionalen Aspekt der Kommunikation im Fremdsprachenunterricht mehr Aufmerksamkeit gewidmet werden sollte als allgemein üblich, u.a. weil dies den Lernern die Überzeugung vermittelt, das sagen zu können, was sie sagen wollen und nicht unbedingt das, was Lehrer hören wollen, und weil dies die LUST AUF SPRACHEN weckt.

Ingrid Mummert
Lust auf Sprechen mit den anderen

Schülerinnen und Schüler erarbeiten selbständig ein landeskundliches Projekt im Französischunterricht

I. Theoretische Begründung

In der Landeskunde-Didaktik stehen endlich die Lernenden im Mittelpunkt des Interesses. Experten entscheiden nicht mehr allein darüber, was und wieviel Wissen über ein anderes Land an Schüler zu vermitteln sei. Die theoretische Diskussion orientiert sich bei der Suche nach landeskundlichen Stoffen an den Lernenden.

Orientierung an den Lernenden heißt

- ihre individuellen und sozialen Bedingungen kennen und berücksichtigen

- ihre Interessen am Erlernen gerade dieser Sprache einbeziehen (u.U. berufl.Ziele u.a.m.)

- ihre Weltkenntnis, ihre Lebenserfahrungen und Lernerfahrungen für den Lernprozeß aktivieren

- ihr Vorwissen über das Land der Zielsprache erkunden

- ihre damit verbundenen positiven wie negativen Vorurteile bewußt machen

- die darin wirkenden Affekte, überhaupt die Emotionen der Lernenden in den Unterricht integrieren

- und das heißt letztlich, sie ganzheitlich, mit ihrer gesamten Persönlichkeit lernen lassen.

Weder Lehrer noch Schüler können diese Forderungen alle erfüllen, bevor sie den Unterricht beginnen. Sie haben weder von sich selbst noch voneinander so viele Kenntnisse, noch zu Beginn ihrer Arbeit das für solche persönlichen Aussagen notwendige Vertrauen. Und Vorurteile sind darüberhinaus oft unbewußt.

Wenn Lehrende sich also an den Lernenden orientieren wollen, dann müssen sie sich mit ihnen auf die Suche machen. Im Unterricht selbst können sie gemeinsam erfahren, was sie an landeskundlichen Themen, Stoffen und Methoden brauchen und erarbeiten wollen.

Das verlangt Risikobereitschaft von den Lehrenden: Wir sind weniger perfekt vorbereitet, werden dafür mehr Partner im Experimentieren. Nicht Vermittlung von vorbestimmtem Wissen durch einen an viele ist die Aufgabe. Es geht jetzt darum, daß wir uns einlassen auf Tätigkeiten wie Vorschlagen, Erproben, Reflektieren, Modifizieren, Erweitern, Abbrechen, Umdenken, Ergänzen. Dies geschieht in gemeinsamer Unterrichtsreflexion mit den Lernenden.

Das verlangt von allen Beteiligten, daß sie sich an Offenheit, Unsicherheit und Prozeßdenken gewöhnen. Jeder darf und soll persönliche Wünsche entdecken und äußern, irritiert sein, unwissend nachfragen, sich Zeit zum Kombinieren nehmen, eigene Kenntnisse dafür aktivieren, Emotionen ausdrücken, Initiativen ergreifen, ungewöhnliche Lösungen vorschlagen etc.

Durch dieses Handeln kann sich eine selbstbewußte Einstellung zum Erlernen der Sprache entwickeln, eine Suchhaltung, wie ich es nenne. Statt Angst vor dem Versagen, Nichtverstehen und Falschsprechen entsteht eine positive Einstellung zum Noch-nicht-Wissen. Und diese Haltung macht die noch Lernenden in der realen Kommunikations-situation zu selbstbewußten Fremden, die auch ohne perfekte Fremd-sprachenkenntnisse, ohne vollkommene Vorbereitung auf alle möglichen Kommunikationssituationen das allgemeine Lernziel bereits erreicht haben: als Partner in der Sprache des fremden Landes kommunizieren zu können.

Im Unterrichtprozeß selbst bedeutet die Orientierung an den Lernenden, daß sie nicht hauptsächlich Wissen aufnehmen, sondern - indem sie ihre gesamte Persönlichkeit einbringen- sich mit dem landeskundlichen Stoff kognitiv und affektiv auseinandersetzen und so auch sich selbst reflektieren. Das ist ein erzieherisches Ziel, das über Vermittlung von Wissen weit hinausgeht und entsprechend der Vorurteilsforschung Voraussetzungen zum Relativieren von Vor-urteilen schafft.

Solch ein Landeskunde-Unterricht ist noch keine echte Begegnung mit Menschen. Das ist auch gut so. Landeskunde - so realisiert - ist Probehandeln in der Fiktion, so kann man es nennen, und zwar Probehandeln für den glücklichen Ernstfall. Und gerade weil es um Probehandeln geht, besteht eine größere Bereitschaft zur Veränderung als bei einer eventuellen Konfrontation mit der befremdenden Realität.

Daß dabei Empathie für die Fremden geweckt wird und Sympathie für sie entstehen kann, das will ich am folgenden Unterrichtsbeispiel zeigen.

II. Erfahrungsbericht

1.   Vorbemerkungen zur Orientierung an den Schülern:

Es geht um 12 Schülerinnen und Schüler im 1.Semester, die einen Leistungskurs Französisch belegt, also 5 Stunden in der Woche bei mir Unterricht haben.

Einige Schüler kenne ich schon seit der Mittelstufe (7.Klasse), sie sind mir viel vertrauter als die `neuen`.

Die meisten kennen ein wenig Paris und Marseille, sowie die Mittelmeer- und Atlantikküste, nicht aber die französische Provinz. Poitiers ist ihnen ein Begriff aus dem ersten Band des Lehrbuchs - mit negativ besetzten Vorstellungen von den ("langweiligen, biederen") Jugendlichen aus den Dialogen. Marseille hingegen (wie auch Paris) mögen sie gern, sie kennen es von Orchesterfahrten mit dem Schul-Jugendorchester.

2.   Die Themensuche

Das Thema: Landeskunde - Poitou-Charentes - habe ich ganz allgemein vorgegeben und begründet, mein Konzept (s.o.) und den experimentellen Ansatz dieser Unterrichtseinheit vermittelt,meine Ziele genannt, die Lernenden selbständig ein Thema erarbeiten, eine komplexe Vorstellung von einer Gegend erwerben und möglichst Sympathie für einige Belange entwickeln zu lassen.Ich gab ihnen eine Liste mit allgemein formulierten Themen, die sie eine Stunde lang diskutierten.sie fragten natürlich nach und suchten nach konkreteren Vorstellungen, ich gab Auskunft, äußerte auch meine Vorlieben (nicht unbedingt mit Erfolg, s.u.) Die Schüler sollten sich allein oder zu zweit für je ein Thema entscheiden.

Hier das Ergebnis der Diskussion in einer Gegenüberstellung mit meinen allgemeinen Themenvorschlägen:

meine Vorschläge	Themenliste der Schüler/innen
histoire	Jeanne d`Arc/ la Guerre de Cent Ans, la Deuxieme Guerre Mondiale, la Resistance
	Aliénor d`Aquitaine

monuments préhistoriques
   antiques
   romans	

architecture paysanne moderne	
les chateaux	les chateaux
les abbayes	
le pays paysage l`agriculture l`économie	le Poitou-Charentes le Marais Poitevin
le tourisme	hôtels, gîtes
les jeunes les Verts l'environnement les centrales nucleaires	
la littérature	la fée Mélusine George Sand

le folklore   les danses, costumes
                                             chants, fêtes d`antan

la cuisine   les recettes
                                             faire la cuisine

Was läßt sich daraus ablesen - im Hinblick auf die Suche nach den individuellen Schülerinteressen?

• das Thema Architektur wurde mir großzügig zugeschoben

• für mich überraschend war die Entscheidung für Jeanne d`Arc und den 100jährigen Krieg

• die daraus sich ergebende Nachfrage " nach anderen Frauen" im Poitou

• die deutliche Hinwendung zum Vergangenen

3.   Die Stoff-Suche

Die Schüler benutzten eine Vielfalt von Material als Quellen für ihre Themen, das sie z.T. selbst fanden bzw. von mir mitgebracht bekamen:

• Bildbände mit französischen Texten

• Texte s.u.

• Video-Filme. Mitschnitte aus TV5 (von mir erstellt)

• Hörkassetten

• deutschsprachige Fachliteratur aus der Bibliothek/aus Büchereien

• Informationen auf Anfrage von französischen Kollegen, Schülern und vom Tourismuszentrum Poitiers

• Poster

- Informationen, Material (deutschsprachig) vom Fachlehrer für Geschichte

- französische Lebensmittel aus Hamburger Geschäften

Die Auswahl aus der Stoffmenge trafen die Schüler z.T. allein, z.T. mit meiner Hilfe. So erarbeiteten sie, verteilt, im Laufe des Semesters folgende Textsorten:

- Sachtexte: histor.biogr.kulturell,touristisch

- literarische Texte: Legenden, Romanauszug,Lieder

- Manuel-Texte: historisch,literaturhistorisch

- Kinderliteratur, Comics

- Briefe

- Kochbücher, Rezepte

- Prospekte

- Zeitschriften

- Tabellen

4.   Die Themenverknüpfungen

Die Schüler brauchten unterschiedlich viel Zeit für die Beschaffung des Materials, die Auswahl, Übersetzungen, Kürzungen, Umsetzungen, so daß ein Themenaufbau nicht in Frage kam.

Das Projekt hat ein ganzes Semester gedauert,mit den bekannten Unterbrechungen durch Klausuren, Reisen, Ferien etc.. Nebenbei lief auch ein Grammatik-Wiederholprogramm, auf das ich hier nicht eingehen kann. In der Reihenfolge haben wir uns nach den Gegebenheiten gerichtet. So ergab sich, abgesehen vom Einstiegsthema, das ich angeboten habe, eine scheinbar beliebige Folge von Vorträgen.

Ich habe dazu beigetragen, daß Verknüpfungen vorgenommen wurden, sich ergaben bzw. den Schülern deutlich wurden: Diese

Verknüpfungen sind z.T. historisch, thematisch, assoziativ -witzig, sinnlich, sie verbinden Phantasie mit Realität, Literatur mit Geschichte etc:

Jeanne d`Arc führte zum Thema "Frauen im Poitou"; fünfziger Jahre zur historischen Situation der Nachkriegszeit in Frankreich; die legendären Schlösser der Melusine zu den realen aus der Zeit nach dem 100jährigen Krieg; die wiederum zur Architektur der Renaissance, diese wiederum zu Heinrich dem Vierten; der zum Fernsehfilm (in TV5) über Richelieu (an dem wir wegen Länge und Schwierigkeiten aller Art gescheitert sind); alte Rezepte aus dem Poitou verwiesen auf die Landwirtschaft, zu den Bauern, dem Leben früher und das wieder zur Folklore und zu "La petite Fadette" von George Sand. Und das ist nicht alles, was sich an Verbindungen aufzeigen, entdecken ließ.

Der glückliche Zufall ließ eine neue Verfilmung "Jeanne la Pucelle" gerade zu der Zeit Premiere haben, und im Fernsehen leitete B. Pivot eine ganze Sendung "Bouillon de Culture" über dieses Ereignis, wobei er Auszüge aller historischen Verfilmungen zeigte und den Schülern einen nachhaltigen Eindruck in historisch und kulturell bedingte Interpretation von Geschichte und Figuren vermittelte.

Wozu das alles? Nicht nur um das Langzeitgedächtnis zu stützen,aber auch das.

Vor allem, um die von den verschiedenen Schülern vertretenen und erarbeiteten Themen mit den anderen zu verbinden, durch Zuordnen,Einordnen das von mir angestrebte Ziel des komplexen Bildes entstehen zu lassen, zumal die Schüler ja immer nur ein Thema relativ gründlich kannten. Und schließlich um einen sinnvollen Zusammenhang herzustellen zwischen den nicht chronologischen und scheinbar aus so verschiedenen Bereichen stammenden Themen. In der Vorstellung der Schüler, aber nicht nur da, denn das gemeinsam vor- und zubereitete Menü mit dem Wein aus Chinon sollten selbstverständlich dem Ziel ganzheitlichen Lernens noch näherkommen helfen.

5. Arbeitsweisen

Die Schüler haben ihre Themen zu zweit oder allein erarbeitet.

Anders als von mir erwartet, entschieden sie sich, fast alles außerhalb des Unterrichts vorzubereiten.

So habe ich in den ersten Wochen mit dem Thema "Legenden" im Plenum begonnen und anhand dieser Texte Lesetechniken geübt, die ihnen bei der Erarbeitung ihrer oft schwierigen Vorlagen Hilfen geben sollten.später kam dann aus der Erfahrung mit den Vorträgen noch hinzu, daß Registerwechsel geübt werden mußte, d.h. die Umsetzung schriftlicher Formulierungen in mündliches Französisch für die verständliche und wirksame Vermittlung der Ergebnisse an die anderen Schüler.

Die Arbeitsschritte der Schüler:

• Stoffbeschaffung

• Durchsicht

• Auswahl nach globaler Lektüre

• Ergänzung mit Hilfe anderer Texte

• Erarbeitung des Themas

• Umsetzung in eine schriftliche Fassung

• eine Vokabelliste für die anderen Schüler

• mündliche Vermittlung an die anderen mit Fotos etc.

• Diskussion (unter meiner Leitung)

• weitere Planung

6. Mein Verhalten

Ich habe nicht nur zugehört und auf Anfrage geholfen. Da es mir darum ging, Empathie, Affekte, persönliche Anliegen und Interessen der Schüler einzubeziehen, die diese infolge ihrer Lernbiographie auf der Oberstufe aus dem Unterricht weitgehend heraushalten, habe ich meine Aufgabe darin gesehen, diese Bereiche immer wieder versuchsweise anzusprechen.

Mit Appellen: Imaginez-vous...
               Mettez-vous à sa place s.v.p.

Mit Fragen: Qu`est-ce qui vous surprend/ choque/ plaît?
               Qu`est-ce que vous remarquez/trouvez bizarre?
               Qu`est-ce que vous trouvez sympathique,aimable? etc.

Auf der Suche nach Antworten kamen die Schüler gemäß ihrem
Sprechbedürfnis zu einer Fremdsprachenerweiterung mit einer ganz
persönlichen, affektiven Verbindung.

Ich gab auch immer wieder Aufgaben zum Bilden von Hypothesen,
zum Weiterschreiben, Umschreiben und regte sie an, freie Texte zu
den jeweiligen Themen zu verfassen.

Über die Möglichkeiten, gerade den affektiven Anteil am Lernen mehr
in den landeskundlichen Unterricht zu integrieren, lassen sich sicher
viele weitere methodische Anregungen finden.

7.   Die Schülerwerke

Die Arbeiten der Schüler sind in jeder Hinsicht unterschiedlich
ausgefallen. Es war für mich erstaunlich, wie gut ich mich mit der
Fertigstellung auf sie verlassen konnte. Ich korrigierte die schriftlichen
Fassungen, die Schüler schrieben sie noch einmal zum Vervielfältigen
lesbar ab und ästhetisierten sie oft.

Sie haben die Ergebnisse am Tag der offenen Tür in der Schule
ausgestellt. Das haben sie selbstbewußt und selbstironisch getan. Das
gemeinsame Projekt-Produkt wurde sichtbar und überschaubar. Es
sind folgende Textsorten verfaßt worden:

- résumés

- Tabellen

- Vokabellisten

- Beschreibungen

- Impressionen

- Übersetzungen

- literarische Textteile
- Rezepte - Gerichte
- kritische subjektive Stellungnahmen
- Briefe
- freie Texte

Das Endergebnis ist ein Dossier mit allen Texten und Fotos.

8. Reflexion

Kurz vor Abschluß des Projekts habe ich die Schülerinnen und Schüler gebeten, spontan aufzuschreiben, was ihnen zu ihrer Arbeit und dem Thema einfiel:

- C`est la premiere fois que j`ai fait la connaissance d` une région de la France qui est la province
- La France est belle!
- On n`a pas seulement travaillé sur un point, mais sur beaucoup de choses: culture, histoire, cuisine
- On est bien préparé pour un voyage, nous pourrons reconnâitre les choses.
- J`ai envie de voir Le Marais
- J`ai envie de manger beaucoup, de boire du vin
- J`ai envie de visiter des maisons /de faire des promenades
- de faire la connaissance de garçons typiques
- de fêter avec les jeunes / de faire une promenade au clair de lune
- de voir les vieux métiers en réalité

Das sind einzelne subjektive Urteile, die deutlich machen, was sich verändert hat und daß neue Motivationen entstanden sind.

Es sind auch Defizite deutlich geworden bei der Reflexion: Sie wissen als Stadtbewohner nur wenig über das frühere Leben in deutschen Landen.

Das Wichtigste aber ist sicher, daß sie den Wunsch haben, Gleichaltrige kennenzulernen. Wir planen eine Reise im Oktober ins Poitou und haben dafür u.a. Kontakt mit einem lycée in Poitiers aufgenommen - es heißt "Aliénor d`Aquitaine"...

Zum Abschluß ein kleiner freier Text einer bis dahin eher reproduktiv guten Schülerin, der stellvertretend und in literarisierender Form besser als eine weitere Analyse zeigen mag, was dieses Projekt vermittelt hat:

"Dans le grand château sombre de la belle Mélusine
Charles VII fait des gâteaux avec de la farine,

Il pense à Aliénor et à sa beauté
il a oublié Jeanne et s`imagine une fée.

Alors, Henri IV est jaloux
pendant que George l`aime beaucoup."

Ce texte a été écrit par une jeune fille
de 17 ans qu`on a brûlée sur le bûcher
parce qu`elle n`avait dit que des bêtises.

P.S.: Für Interessenten an dem Material zum Projekt:
      Ingrid Mummert,
      Gymnasium Bramfeld,
      Höhnkoppelort 24,
      22179 Hamburg

Literatur

Buttjes, Dieter: Landeskunde - *Didaktik und landeskundliches Curriculum. Handbuch Fremdsprachenunterricht,* Tübingen 2.Auflage 1991, S. 112-118.

Hermanns, Fritz: Schreiben als Lernen. Argumente für das Schreiben im Unterricht Deutsch als Fremdsprache. in: Heid, Manfred (ed.): *Die Rolle des Schreibens im Unterricht Deutsch als Fremdsprache.* München, Judicium, 1989, S. 28-50.

Krusche, Dietrich: Die Kategorie der Fremde. Eine Problemskizze. in: Wierlacher, Alois (ed.): *Fremdsprache Deutsch* 1. München, UTB 1980, S. 47-57.

Mog, Paul (ed.): *Die Deutschen in ihrer Welt. Tübinger Modell einer integrativen Landeskunde.* Langenscheidt, Berlin und München 1992.

Westhoff, Gerard, J.: *Didaktik des Leseverstehens. Strategien des voraussagenden Lesens mit Übungsprogrammen.* Max Hueber, München 1987.

Valentina Oxen
Zur Frage der kulturellen "Einheitlichkeit" der deutschstämmigen Aussiedlerinnen und Aussiedler aus der ehemaligen Sowjetunion

1. Einleitung

Das politische Erdbeben, das in die Geschichte Europas unter dem Namen "Perestrojka" eingegangen ist und unter anderem den Zusammenbruch der ehemaligen Sowjetunion einleitete, hat nicht nur die weltpolitische Landschaft verändert, sondern auch eine Vielzahl von neuen Perspektiven eröffnet. Der Politik von Öffnung und Umgestaltung, Gorbatschows "Revolution von oben" folgte bald die "Revolution von unten", die sich vor allem im Aufbegehren zahlreicher Nationalitäten des Vielvölkerstaates äußerte. Die Unzufriedenheit der Betroffenen wies neben nationalen Ursachen auch politische, wirtschaftliche, religiöse und historische auf und brachte letzten Endes die jahrzehntelang künstlich erhaltene Illusion eines "einheitlichen Sowjetvolkes" zum Sturz.

Die anschließende Gründung souveräner Staaten im Rahmen des Unionsverbands hatte, bezogen auf die im Mittelpunkt des Beitrags stehende Zielgruppe deutschstämmiger Aussiedlungswilligen, eine positive Auswirkung zur Folge. Die bereits in der Perestrojka-Zeit erzielte Erleichterung der Ausreisebestimmungen für die BürgerInnen deutscher Herkunft wurde durch weitere Lockerung der Ausreisebestimmungen unterstützt und führte zum Anstieg der Aussiedlerzahlen aus den Nachfolgestaaten der Sowjetunion. Inzwischen stellt die Zuwanderung von Aussiedlerinnen und Aussiedlern einen festen Bestandteil der zu beobachtenden Ost-West-Migration. Trotzdem mangelt es vor allem den breiten Bevölkerungsschichten an entsprechenden Kenntnissen über diese Migrantgruppe, was nicht selten in Mißverständnissen und Fehlurteilen resultiert. Sogar die zahlreichen Betreuungs-, Beratungs- und Lehrkräfte des Deutschsprachkurses, die unmittelbar im Kontakt mit den AussiedlerInnen stehen, verfügen zuweilen über kaum ausreichendes Hintergrundwissen.

Als ungenügend erweist sich die Auseinandersetzung mit den zum Ausreisezeitpunkt gegebenen Rahmenbedingungen sowohl in der Herkunfts- als auch in der Aufnahmegesellschaft, die sich bedeutend von denen der siebziger bzw. achtziger Jahre unterscheiden und sich auf eines der Hauptmerkmale dieser Gruppe, nämlich deren Heterogenität auswirken können. Neben der zunehmenden Akzentuierung in der einschlägigen Literatur des Heterogenitätsphänomens im Kontext der Zielgruppe (Hilkes, 1993, S. 14) bleibt die Zahl derjenigen ForscherInnen immer noch hoch, die ihre Überlegungen auf der Priorität der Unifizierung der Gesamtgruppe der AussiedlerInnen aus der ehemaligen Sowjetunion gegenüber der Differenzierung basieren (vgl. Boll, 1992, S. 195). Dies betrifft vor allem den Bereich der Kultur und kulturellen Identität der zugezogenen Deutschen. Obwohl meistens darauf hingewiesen wird, daß erwachsene AussiedlerInnen einen sich von den einheimischen Deutschen unterscheidenden Kulturbegriff mitbringen (Dembon, Hoffmeister & Ingenhorst, 1994, S. 81; Dietz & Hilkes, 1994, S. 25), erweist sich die Evaluierung über die kulturellen Differenzen innerhalb der Zielgruppe m.E. als ungenügend, was den Eindruck entstehen läßt: die "spezifische" Kultur der AussiedlerInnen aus der ehemaligen Sowjetunion kann als ein einheitliches kulturelles Gebilde betrachtet werden. Dies erfordert die Beschäftigung mit der Frage der kulturellen "Einheitlichkeit" der Zielgruppe im Hinblick auf die Herkunfts- und Aufnahmegesellschaft sowie das Eingehen auf die Begriffe "Kultur" und "Identität" aus der Perspektive des gegenwärtigen Standes der Migrantenforschung.

2. Kultur und Identität innerhalb der Kulturschocktheorie und ihre Revision vor dem Hintergrund heutiger Wanderbewegungen in Europa

2.1. Kurzer historischer Exkurs

Die gewaltigen Bevölkerungsverschiebungen, die besonders die zweite Hälfte unseres Jahrhunderts kennzeichnen und ihm den Ruf einbrachten, das "Jahrhundert der Massenausweisung" zu sein (vgl. Tolksdorf, 1990, S. 106), stellten eine Reihe von unterschiedlichen Wissenschaften wie z.B. Soziologie, Medizin, Psychologie und nicht

zuletzt Theologie, Nationalökonomie, Politik-, Sprach-, Kultur-
wissenschaft und Migrantenforschung vor die Notwendigkeit, ihren
Teil bei der Beobachtung der Entwicklung des Weltflüchtlings-
problems und der Suche nach optimalen Eingliederungsmodellen für
Hunderttausende von Betroffenen beizusteuern.

Die Frage der Effizienz der Eingliederungsmodelle wurde dabei im
engen Zusammenhang mit der Problematik der Migrationsphasen-
unterteilung betrachtet, und die Lösung von Schwerpunktaufgaben
konzentrierte sich unter anderem auf den Bereich der Kultur und
Identität. Vor dem Hintergrund solcher Gegebenheiten läßt sich die
Popularität der sogenannten Kulturschock-Theorie besser nachvoll-
ziehen, die mehrere Jahrzehnte lang den wissenschaftlichen Gedanken
bestimmte sowie praktische Entscheidungen bei der Arbeit mit
Migrantinnen und Migranten mitbeeinflußte. Wie bekannt, gingen die
AnhängerInnen der Kulturschocktheorie von der Unvermeidlichkeit
eines Zusammenstoßes der Kulturen aus, der dadurch bedingt war, daß
"eingeschliffene Verhaltenserwartungen sich in der neuen Umgebung
als nicht mehr stimmig erweisen und der Apparat der kulturellen
Regeln, der sonst das eigene Verhalten steuerte und das den
Mitmenschen hinreichend erwartbar und interpretierbar machte, seine
Gültigkeit verliert" (Göhring, 1976, S. 88). Eine solche Betrachtungs-
weise läßt die Zugezogenen von vornherein und ohne Ausnahme als
Opfer der Willkür des angeblich schmerzvollen und schwierigen
Prozesses der Eingliederung erscheinen.

Zwar verfügte die Kulturschock-Hypothese in ihren Ursprüngen über
eine gewisse Innovation: sie trieb seinerzeit die Forschungsarbeiten
über geographische Mobilität und Urbanisierung voran (vgl.
Castelnuovo, 1990, S. 302) und wies auf soziokulturelle Ambiva-
lenzen des Einwanderungsprozesses hin, von denen die Trennung von
der Heimat (in der Regel als traumatisch empfunden) auf der einen
Seite und die Hoffnung auf eine bessere Zukunft auf der anderen
wahrscheinlich die wichtigsten darstellen.

Zwischen 1951, als die ersten Arbeiten der Gründungsväter der
Kulturschock-Theorie veröffentlicht wurden, und dem letzten
Jahrzehnt des scheidenden zwanzigsten Jahrhunderts liegt die Zeit des
Umbruchs und einer bereits erwähnten erhöhten Wanderungsbe-

wegung zahlreicher Menschengruppen, Minderheiten und Schichten. Die Einwanderung und Auswanderung von Hunderttausenden entwickelte sich im Europa von heute zu einem Vorgang, der auf ethnische Spannungen, aber auch auf die infolge des Zusammenbruchs des sozialistischen Systems entstandene politische und wirtschaftliche Instabilität zurückzuführen ist.

Der den Charakter eines Massenexodus annehmende Prozeß bietet gleichzeitig die Möglichkeit, die Haltbarkeit der Kulturschock-Theorie an unterschiedlichen Adressatengruppen zu überprüfen. Wird dazu die Tatsache berücksichtigt, daß auch das Forschungsinstrumentarium in den vergangenen Jahren wesentlich verfeinert wurde und es durchaus erlaubt, die Konstruktion der Konstellation des Kulturschocks zu überprüfen, ist das Bestreben besser zu verstehen, viele konventionelle "Weisheiten" in Frage zu stellen bzw. zu revidieren. Dies betrifft vor allem die Begriffe "Kultur" und "Identität" im Rahmen der Kultur-konflikt-Theorie.

2. 2. Zum Begriff der "Kultur"

Das der Kulturkonflikt-Theorie zugrundeliegende Verständnis der Kulturen von Mehrheit und Minderheiten als feststehender Einheiten, deren Distanz zu einander die eventuell vorhandene Nähe wesentlich überragt, machte aus Zugezogenen zwangsläufig defizitäre und hilfsbedürftige Wesen, deren Handicap in der Zugehörigkeit zu einer anderen Kultur bestand und deren einzige Chance, sich in der neuen Umwelt heimisch zu fühlen, eine einseitige bedingungslose Anpassung zu sein schien.

Unter dem Einfluß von de facto Multikulturalität in Deutschland (die sich als Ergebnis internationaler Wanderungsbewegungen entwickelt hat, bis heute aber offiziell nicht zugegeben wird) gewann allmählich eine andere Kulturperspektive Oberhand. Sie stützt sich auf die Feststellung, daß Kultur in den Produktionsverhältnissen, sozialen und politischen Verhältnissen (Traditionen, Normen, Werte, Institutionen, Gesetze, Parteien usw.) und in den geistigen Äußerungen (Sprache, Wissenschaft, Literatur, Religion etc.) zum Ausdruck kommt (vgl. Schneider-Wohlfart, Pfänder, Pfänder & Schmidt, 1990, S. 22). Da für jede von diesen kulturellen Ausdrucksformen ständige Weiterentwicklung, Dynamik und Umwandlung bestimmend sind, kann von Kultur nur im Kontext eines nie endenden Flusses gesprochen werden. Bezogen auf das Verhältnis der Kulturen der Mehrheit und Minderheit untereinander geht sie davon aus, daß es zwischen ihnen Überlappungen und Übereinstimmungen in deren zentralen Elementen geben sollte, die eine tagtägliche Segmentierung der Wirklichkeit in kulturelle Welten des Herkunfts- und Aufnahmelandes nicht zulassen (vgl. Hamburger, 1990, S. 316). Dies bedeutet, daß Kulturräume keinesfalls als monolitische Blöcke anzusehen sind, "sondern als Gebilde, die aus einer bestimmten Anzahl von untereinander verbundenen, aber dennoch voneinander abgegrenzten kulturellen Einheiten bestehen" (Einhoff, 1995/2, S. 86). Das Kulturelle wird dabei vielmehr als Grenzbereich zwischen dem Eigenen und dem Fremden betrachtet, wo das Neue infolge der Aneignung des Fremden durch das Eigene entsteht, ein Prozeß von Diskontinuitäten und Veränderungen, in den wir alle hineingezogen sind (vgl. Erdheim, 1994, S. 463). Gesehen aus dem Blickwinkel der Migrantenforschung heraus definiert solch eine Betrachtungsweise den Integrationsprozeß als eine gemeinsame Aufgabe von Neuankömmlingen und Alteingesessenen und beinhaltet die Forderung nach juristischer und kultureller Gleichstellung der Fremden, sowie nach Toleranz und beiderseitiger Bereitschaft zur Veränderung eigener Einstellungen.

(a). Die Situation in Deutschland

Die alltägliche Realität in Deutschland scheint aber von solchen (Wunsch)Vorstellungen immer noch weit entfernt zu sein. Wie man weiß, erfolgte die erste Welle der Zuwanderung in den fünfziger Jahren und "insbesondere nach dem Bau der Berliner Mauer (13. August 1961) durch Anwerbeverträge für ausländische Arbeitnehmer, und zwar mit aktiver staatlicher Hilfe. Man hat 'Arbeitnehmer gerufen, Menschen kamen' - und mit oder nach ihnen deren Familienangehörige" (Apel, 1992, S. 19). Heute leben in der Bundesrepublik Deutschland über 6,8 (genauer 6 878 100) Millionen EinwohnerInnen ohne deutsche Staatsangehörigkeit (Statistiken des Bundesministeriums für Arbeit und Sozialordnung, 1994/4, S. 2). In Hamburg sind es 266 237 (Statistische Berichte, 1994/8, S. 1).

Trotz der gewissen Erfolge der These, daß die Eingliederung von Zuwanderern in die Gesellschaft der deutschen Städte, Länder und in die Bundesrepublik insgesamt mitentscheidend für den gesellschaftlichen Frieden, für die Behauptung und Fortentwicklung der Bundesrepublik als demokratischem, freiheitlichem und sozialem Rechtsstaat ist (vgl. ebd.), wurden im Jahre 1992 etwa 2285 Gewalttaten mit 17 Toten aus dem rechten politischen Spektrum verübt und mittlerweile sollen es an die 4000 Ausschreitungen sein (Oomen-Welke, 1994, S. 9). Die Medien bringen nach wie vor Mitteilungen über Anschläge auf Asylantenheime neben Protestbekundungen von vielen alteingesessenen Deutschen, die solchen Greueltaten mit Abscheu und Entsetzen gegenüberstehen. Die Zahl der vermutlichen Sympathisanten aus der rechten Szene bleibt im Dunkeln.

An solcher Entwicklung der Ereignisse sind die deutschen Gesetzgeber nicht ganz unschuldig. Das offizielle Deutschland weigert sich hartnäckig, die grundrechtlichen Unterschiede zwischen den Alteingesessenen und den Zugezogenen aufzuheben oder zu vermindern, obwohl gerade ungleiches Recht Konflikte schafft und die Konfliktfähigkeit wesentlich schwächt. Unter allen Angehörigen der Migrantenbewegung in Deutschland sind heutzutage Aussiedler-Innen deutscher Abstammung die einzigen, die in den Genuß der Privilegien kommen dürfen, welche sich durch die juristische Gleichstellung mit den alteingesessenen Deutschen ergeben. Im kulturellen Bereich werden dagegen auch sie unter einen enormen Assimilationsdruck gesetzt und müssen die Glaubwürdigkeit des eigenen Deutschseins tagtäglich beweisen.

Daß es sich bei der heutzutage offiziell befolgten Minderheitenpolitik Deutschlands im kulturellen Bereich um keine Erfindung der letzten Jahre handelt, sondern eher um die Fortsetzung der Hauptprinzipien der Gründungszeit des deutschen Reiches und der Weimarer Republik, wird deutlich, wendet man sich der kulturellen Situation jener Ethnien zu, die in Deutschland seit Jahrzehnten zu Hause sind. Gemeint sind die im Land Schleswig-Holstein lebenden Dänen (0,08% der Gesamtbevölkerung Deutschlands), Friesen in Niedersachsen mit 0,01% und Sorben aus Sachsen und Brandenburg mit 0,1% (D'jačkov, 1993, S. 32). Entsprechend der Auffassung von Experten befolgt die

Bundesrepublik vor dem Hintergrund einer offiziell verkündeten und entsprechend festgelegten Politik der Toleranz gegenüber dem kulturellen Erbe dieser Ethnien eine verdeckte Bevorzugung der Sprache der Mehrheit mit gleichzeitiger Unterstützung der Assimilierungsvorgänge im Bereich der Minoritätensprachen und deren Kultur (ebd. S. 36-37).

In einem noch größeren Umfang trifft das auf diejenigen zahlreichen Angehörigen der ethnischen Minderheiten in Deutschland zu, denen die Mündigkeit eines Bürgers auch nach einem zehn- bis zwanzigjährigen rechtmäßigen Aufenthalt im Land abgesprochen wird, und deren kulturelles Erbe bevorzugt und lediglich in Form von folkloristischen Darbietungen willkommen ist.

(b). Die Situation in Rußland: Zwangsmigranten

An dieser Stelle möchte ich mich (bedingt dadurch, daß der Auseinandersetzung mit dem sogenannten Nationalitätenproblem im Rahmen der ehemaligen Sowjetunion Kapitel drei des vorliegenden Beitrags gewidmet wird) auf die Situation der Flüchtlinge und Zwangsmigranten beschränken, mit denen Rußland nach dem Zerfall der UdSSR und der Bildung der Gemeinschaft der Unabhängigen Staaten konfrontiert ist.

Eine beträchtliche Zahl von Russen (insgesamt ca. 25 Millionen Menschen oder 17,4 % aller Russen im Jahre 1984) haben zur Zeit im benachbarten Ausland ihren ständigen Wohnsitz (Messina, 1994/4, S. 13). Zwei bis etwa drei Millionen werden schätzungsweise innerhalb der nächsten zwei Jahre noch zurückkehren (vgl. Cienski, 1995/4, S. 12). Die in der Regel wesentliche Verschlechterung der einst privilegierten sozialen und kulturellen Position der Russen ist in erster Linie in den zentralasiatischen Republiken zu beobachten, wo "der Unterschied im Sozialstatus zwischen der einheimischen Bevölkerung und den Slawen am deutlichsten war" (Messina, 1995/4, S. 14). Auch im Baltikum fühlen sich die Betroffenen in jeder Hinsicht zunehmend unsicher, da die Regierungen dieser Staaten bemüht sind, einen gesicherten rechtlichen Status für Russen zu verzögern oder sogar zu behindern. In beiden Staaten werden immer mehr russische Schulen und kulturelle Einrichtungen geschlossen.

Das am 29. April 1995 in Kasachstan durchgeführte Referendum machte die Hoffnung vieler russischsprechender BürgerInnen zunichte, die russische Sprache würde neben kasachischer den Status einer Staatssprache zurückerlangen (vgl. Razumov, 1995/18, S. 2). Wird dabei die Tatsache beachtet, daß nur ein geringer Teil der Nicht-Kasachen die Sprache der Titularnation beherrschen ("nach dem Zensus von 1979 konnten nur 0,6% der in Kasachstan lebenden Russen und 0,5% der Deutschen Kasachisch": vgl. Karklins, 1987, S. 138), sind die Konsequenzen für Nicht-Eingeborene durchaus abzusehen. Wichtig scheint in diesem Zusammenhang auch der Hinweis darauf, daß die negative Einstellung der Eingeborenen die gesamte Perestrojka-Zeit in Kasachstan kennzeichnete und neben Russen auch andere Ethnien einschloß. So wurden z.B. auch Ukrainer, Juden, Weißrussen und sogar Deutsche als "fremde 'weiße' Eindringlinge klassifiziert" (ebd. S. 137). In diesem Kontext wundert es keinen, daß die Reaktion der Kasachen auf die Idee der Bildung eines deutschen autonomen Gebietes in Kasachstan sehr negativ ausfiel. Solche Interessengegensätze prägen jetzt das gesamte Leben in Kasachstan, so daß die Ausreise nach Rußland oder z.B. für Deutschstämmige die Aussiedlung nach Deutschland oft die einzige Lösungsmöglichkeit darstellt. Die Zahl derjenigen, die zum heutigen Zeitpunkt Kasachstan bereits verlassen haben, nähert sich einer halben Million Menschen (Spiridonov, 1995/17, S.3).

Die russische Regierung, die durch Hunderttausende von Zwangsmigranten sich mit den schwierigen, vor allem wirtschaft-lichen, Problemen konfrontiert sieht, ist bemüht, de facto die Russen von einer Rückkehr abzuhalten, während sie de juro nach wie vor die Bereitschaft verkündet, im äußersten Notfall nicht einmal vor der Gewaltanwendung zurückzuschrecken, sollte diese für den Schutz der eigenen Landsleute im benachbarten Ausland notwendig werden (vgl. Zeludkov, 1995/72, S. 1).

Die jeden Lebens- und Existenzbereich in Rußland kennzeichnende Krise ist dafür mitverantwortlich, daß die offiziell bestehende Gleichstellung der zugezogenen Russen mit den Einheimischen praktisch kaum verwirklicht werden kann. Die Kassen der Kommunen sind leer, und die Zugezogenen konkurrieren mit den Einheimischen um die ohnehin knappen Arbeitsplätze (vgl. Cienski, 1995/4, S. 11).

Es geht oft buchstäblich ums blanke Überleben. Doch auch bei dem großen Ausmaß der materiellen Entbehrungen sprechen die zurückkehrenden Russen dieselbe Sprache wie die Einheimischen und sind die Bürger des Landes. Um wieviel schwieriger gestaltet sich aber der Aufenthalt der Asylsuchenden aus Nicht-GUS-Staaten.

(c). Die Situation in Rußland: Asylsuchende aus Nicht-GUS-Staaten

Das Flüchtlingsproblem präsentiert sich jetzt in Rußland in seiner ganzen Vielfalt und Komplexität. "Das Land hat sich der Außenwelt geöffnet, und die Außenwelt ist nach Rußland gekommen" (Cienski, 1994/4, S. 10). War es früher üblich, ausschließlich den MitgliederInnen der kommunistischen Parteien auf der Flucht Asyl zu gewähren, kommen heutzutage Zehntausende aus Somalia, dem Irak, Afghanistan oder Sri Lanka. Ihre Hoffnung besteht darin, Asyl zu bekommen. Viele rechnen damit, Rußland als Zwischenstation auf dem Weg in den Westen benutzen zu können. Diese Flüchtlinge aus Nicht-GUS-Staaten (in der Regel ohne Arbeit und gültige Papiere) werden häufig "Ziel von Übergriffen der Polizei, die sie verhaftet, schikaniert und Geld von ihnen erpresst" (ebd. S. 12). Die Fremdenfeindlichkeit scheint auch vor dem Land nicht haltzumachen, das für seine sprichwörtliche Gastfreundschaft bekannt ist. Laut Ergebnissen einer Umfrage würde es jeder vierte Hochschuldozent durchaus begrüßen, sollte der neue russische Personalausweis die Eintragung über die Nationalität haben (vgl. Sebukov, 1995/13, S. 12). Diese müßte bei der Immatrikulation der Studenten berücksichtigt werden, um die Priorität der Einheimischen zu sichern. Denkt man daran, daß die durchaus hohen Studiengebühren bereits heute das fragwürdige Privileg von ausschließlich Studenten nicht russischer Abstammung sind, so wundert man sich kaum mehr über die Mietanzeigen, wo ausdrücklich darauf hingewiesen wird, daß z.B. "Personen kaukasischer Herkunft nicht erwünscht sind" (ebd.). Die extreme Situation in Rußland von heute kommt auch in den Worten des bekannten russischen Schriftstellers Viktor Jerofejew zum Vorschein (1991/103, S. 123):

"Der Kommunismus ist beendet. Begonnen hat etwas Undefinierbares. Sich im Westen eine Vorstellung von dem zu machen, was in Rußland vor sich geht, ist praktisch unmöglich, auch wenn man in den gescheitesten amerikanischen oder französischen oder deutschen Korrespondenten liest. Das Ereignis ist verschwommen, amorph und nicht faktographisch, das heißt, es entbehrt klarer Konturen".

Der Umfang und die Neuheit der Probleme für Rußland erklärt (mindestens zum Teil) die enorme Hilflosigkeit und Trägheit, mit der Rußlands Regierende darauf reagieren. Die seit Jahrzehnten erprobten Mittel wie die Flut von Anordnungen und immer neuen Paragraphen, aber auch die Vertröstung der Betroffenen auf eine spätere bessere Zukunft erweisen sich heute als kaum mehr ausreichend - das russische Volk hat einiges dazugelernt. Konstruktive Lösungen sind längst "an der Tagesordnung", und diese ist die russische Regierung ihren Flüchtlingen russischer und nicht-russischer Abstammung seit langem schuldig.

2.3.   Zum Verständnis des Begriffs "Identität"

Wird der Begriff "Kultur" wie in den obigen Ausführungen verstanden, "prozeßhaft und nicht als ein für alle Gruppen der Gesellschaft das Leben verbindlich regelndes System, dann kann man Identitätsbildung auch als einen lebenslangen Prozeß auffassen; unterschiedliche soziale Gruppen bzw. Individuen setzen sich miteinander auseinander, definieren sich selbst und andere immer wieder neu, erarbeiten sich auf diese Weise ihre Identität, indem sie ihre 'Landkarten der Bedeutung' (welche die Dinge für ihre Mitglieder verstehbar machen) und das mitgebrachte kulturelle Material den aktuellen Lebensbedingungen entsprechend transformieren" (Kalpaka & Räthzel, 1986, S. 63). So gesehen bezeichnet also der Begriff Identität keinesfalls etwas, was "an den Individuen 'klebt' und sie mit dem Wechsel der Lebensbedingungen unweigerlich in Konflikte und Schwierigkeiten treibt. In derartigen Vorstellungen wird den Individuen die Lernfähigkeit abgesprochen, gelten sie exlusiv für Migranten, kommt dies einer Diskriminierung gleich" (Czock, 1988/1, S. 78). Und wenn Identität weder Sache noch Gegenstand ist, kann sie unmöglich "erworben" oder "gesucht" werden bzw. "verlorengehen". Es handelt sich hier um ein

Vorstellungsmodell, ein hypothetisches Konstrukt, der zur Erklärung der Komplexität unseres Daseins beiträgt (vgl. Schneider-Wohlfart et al. 1990, S.30).

"Diese Überforderung durch Komplexität ist keine neue Erfahrung für die Menschheit, darunter leidet sie seit Jahrzehnten" (Doerry & Meißner, 1995, S. 89). Vieles ändert sich in der Welt. Die Entfernungen spielen keine Rolle mehr. Auf der Suche nach Wohlstand verlassen die Menschen ihre Heimat. Nicht selten muß der Bürger eine Vielzahl von Identitäten haben, wenn er z.b. für einen Konzern arbeitet, dessen Zentrale in einem von seiner Heimat weit entfernten Land liegt und der Arbeitnehmer selbst an unterschiedlichen Orten der Welt tätig ist (vgl., ebd.). Immer öfter schlüpfen wir als Geschäftsreisende, Touristen oder Arbeitnehmer in die Identität des Ausländers. Die Mehrschichtigkeit der Identität kommt auch am Beispiel der Angehörigen unterschiedlicher Ethnien ein und desselben Staates zum Vorschein. Je nach Voraussetzungen und Umständen, aber auch bedingt durch die "Folie des Vergleichs" (Rosenberg & Weydt, 1992, S. 221) rückt der eine oder andere Identitätsanteil des Individuums in den Vordergrund. Also ist "Identität" keinesfalls Privileg bzw. Mißgeschick ausschließlich von Aus-ländern, sondern auch In-länder stehen diesem Phänomen ihr Leben lang gegenüber, weil es um eine "diffuse Bezeichnung für Orientierungsschwierigkeiten uns aller geht, und der Begriff 'Identität' wahrscheinlich ein Symptom für das zentrale Problem der modernen Gesellschaft darstellt" (Schneider-Wohlfart et al., 1990, S. 31).

Von der Aktualität einer solchen Fragestellung und deren gesellschaftlicher Relevanz zeugt m.E. die große Aufmerksamkeit seitens vieler Wissenschaftszweigen und zahlreicher Medien diesen Problemen gegenüber. Die sich heutzutage in unterschiedlichen Bereichen der menschlichen Existenz entwickelnden Prozesse der Veränderung werden erforscht; Theorien über das Selbst in der Postmoderne aufgestellt (Gergen, 1994/10, S. 34-38) und über das "Ich der Zukunft" wird spekuliert (Ernst 1991/12, S. 20-26). Der gemeinsame Nenner der meisten theoretischen Auslegungen besteht dabei im Verzicht auf die sogenannte Basis- oder Kernidentität, die das Individuum als stabiles bzw. starres unbewegliches Etwas sein Leben lang mit sich trägt. Die wissenschaftlichen Geister streiten sich darüber, ob das postmoderne Selbst ausgelöscht, "dekonstruiert" oder auch die Form eines Beziehungs-Selbst angenommen hat, d.h. von Beziehungen zwischen Individuen getragen wird und "niemals vom fundamentaleren Zustand des Bezogenseins getrennt ist" (Gergen, 1994/10, S.34).

Doch eines ist bereits evident: die im Rahmen der Kulturkonflikt-Theorie enthaltene Behauptung des zwangsläufigen Identitätsverlustes bzw. Identitätszerfalls, der auftritt, wenn der "Fremde" es nicht fertigbringt, eine im Herkunftsland bereits "gefundene" Identität auch in der Aufnahmegesellschaft "aufzubewahren" oder eine "Kontrastidentität" aufzubauen (Slawatycka, 1991, S. 101 und 107) läßt sich kaum aufrechterhalten.

2.4. Kurzresümee zum Hauptgegenstand des Kapitels

Das Nichtvorhandensein des von Befürwortern der Kulturschock-Theorie deklarierten "clash of culture" auf der einen Seite und der nach Auffassung der Widersacher der Theorie dynamische, prozeßhafte Charakter der Kultur und Identität auf der anderen sprengen das Fundament der Kulturschock-Theorie und machen die Fragwürdigkeit der Kulturkonflikt-These offenbar.

Die von der Kulturschock-Hypothese vorgenommene pauschale Verallgemeinerung der Migrantenmasse ist insoweit nicht akzeptabel, als sie ein differenziertes Vorgehen bezogen auf unterschiedliche Zielgruppen von Neuankömmlingen (und einzelne Menschenschicksale darunter) von vornherein ausschließt.

Durch Statik und Unverrückbarkeit ihrer zwingenden, aber unbeweisbaren Annahmen macht sie Tausende von psychisch gesunden Menschen quasi zu potentiellen Krankheitsfällen. Denn in Wirklichkeit handelt es sich hier lediglich "um die Auseinandersetzung zwischen verschiedenen kulturellen Standards und Konfigurationen, die meist nur in Teilbereichen ausgetragen wird, während in anderen Übereinstimmung besteht oder die Unterschiede als unproblematisch gelten" (Bausinger, 1991, S. 28). Dabei werden politische, soziale und gesellschaftliche Faktoren des Herkunfts- und in einem noch größeren Maße Aufnahmelandes, die den Migrations-

verlauf stark beeinflußen und in bestimmten ungünstigen
Konstellationen in Einzelfällen zur Überforderung jeglicher Art oder
zum psychischen Diskomfort (welche auch im Rahmen der eigenen
Gesellschaft nicht auszuschließen sind) führen können, meist
übergangen oder ausgegrenzt, wie dies z.b. bei der Frage der
kulturellen "Einheitlichkeit" nicht selten passiert.

3. Gibt es eine "einheitliche" Kultur der Deutschstämmigen in der Herkunftsgesellschaft?

3.1. Die Herkunfts- und Aufnahmegesellschaft der deutschstämmigen AussiedlerInnen aus der Perspektive der kulturellen "Einheitlichkeit"

Entsprechend dem oben angeführten Verständnis der Kultur und
Identität scheint das Bestreben, eine einheitliche bzw. national
einheitliche Kultur zu ermitteln, von vornherein sinnlos. Inmitten jeder
Kultur, wie einheitlich sie auch erscheinen mag, finden sich regionale
oder soziale Sonderformen, Sub- und Teilkulturen. "Selbst die
gemeinsame Sprache weist in Begriffsbildung und Lexik, in
grammatischen Strukturen, in der Art der Vertextung und Aussprache
sowohl regionale als auch schichtspezifische Unterschiede auf"
(Schneider-Wohlfart et al., 1990, S. 24). Das Bestreben und die
Proklamation ethnischer, sprachlicher und kultureller Homogenität,
"stets offizielle Lesart der seit Ende des 18. Jahrhunderts sich
bildenden Nationalstaaten in Europa" (Gogolin, Krüger-Potratz &
Neumann, 1991, S. 7) war nach innen und nach außen im Grunde
genommen eine vorgetäuschte "Fiktion der Einheitlichkeit", eine Art
politisch bedingtes Wunschdenken. Die Behauptung der Unhaltbarkeit
des Begriffs "nationale kulturelle Einheit" bezieht sich sowohl auf
Deutschland als Aufnahmeland der AussiedlerInnen als auch auf deren
Herkunftsland, die ehemalige Sowjetunion.

So kann die deutsche Kultur als Pluralität zahlreicher geistiger
Strömungen bezeichnet werden, und das in den Schulen gelehrte
Hochdeutsch überbrückt wesentliche Unterschiede der
landschaftlichen Ausformungen und der deutschen Mundarten. Auch
das Vorhandensein der "deutschen Identität" könnte nur mit Vorbehalt
bejaht werden, und zwar im Sinne einer für die BewohnerInnen der

Bundesrepublik gemeinsamen Geschichte, einer gemeinsamen deutschen Sprache und einer Lebensweise, durch welche die Deutschen sich von anderen ethnischen Gruppen in der BRD und über deren Grenzen unterscheiden (vgl. Kalpaka & Räthzel, 1986, S. 48). Dieses gemeinsame kulturelle Gut ist mit einem Reservoir zu vergleichen, aus dem sich jedes Individuum entsprechend seiner konkreten Lebensumständen und den ihm zur Verfügung stehenden Möglichkeiten "bedient", so daß das Ergebnis auch bei gleicher ethnischer Zugehörigkeit unterschiedlich ausfällt. Gleichzeitig aber ist die Existenz der "deutschen Identität" zu verneinen, denkt man an zahlreiche "Klassengegensätze, Geschlechtergegensätze, Gegensätze zwischen Alten und Jungen usw." (ebd.).

Auch der Vielvölkerstaat "Ehemalige Sowjetunion" und die Staaten der GUS als sein politischer Nachfolger stellen kulturell keinesfalls ein monolithisches Gebilde dar, sondern beherbergen Angehörige unterschiedlicher Kulturkreise. Von einer "russischen Identität" oder genauer gesagt "ostslavischen Identität" läßt sich aus der Sicht der Betonung gemeinsamer historischer Wurzeln, gleicher oder ähnlicher religiöser und kultureller Traditionen, teilweise gemeinsamer Sitten und Bräuche sowie untereinander verwandter Sprachen vorsichtig und bedingt ausschließlich in bezug auf Russen, Ukrainer und Weißrussen sprechen. Angebrachter wäre auch hier die Behauptung der kulturellen Nähe, welche auch Unterschiede und Gegensätze beinhaltet.

Allerdings hat sich diese kulturelle Nähe zu keinem Zeitpunkt in der Geschichte des zaristischen Rußlands und später der Sowjetunion als vorteilhaft für das Ukrainische oder Weißrussische erwiesen. Vor der Revolution 1917 galt das Ukrainische z.B. offiziell als "der kleinrussische Dialekt". In der Sowjet-Ära wurde beiden Sprachen zwar das Recht der sprachlichen Selbständigkeit zugesprochen, aber die Beziehung zwischen dem Russischen als der Sprache der Mehrheit und den Sprachen anderer Völker im Rahmen der ehemaligen UdSSR sollte entsprechend der stalinistischen Nationalitätenpolitik unter dem Motto der Unifizierung und Konsolidierung der gesamten Gesellschafft auf der Basis des Russischen gestaltet werden.

Diese kulturelle Politik der Optimierung von Funktionen der dominanten Sprache auf Kosten der Sprachen anderer Völker birgt etliche Gefahren in sich. In erster Linie sei hier auf den Verlust der Schriftsprache bzw. der Möglichkeit, diese zu entwickeln sowie auf die Beeinträchtigung innerer Struktureigenschaften der Sprache (Reduzierung des Wortschatzes und der funktionalen Stile usw.) hingewiesen (vgl. D'jačkov, 1993, S. 24). Diese Gefahren des offenen und verdeckten Sprachverbots wurden in der ehemaligen Sowjetunion auch dann verschleiert und verschwiegen, wenn bereits verheerende Folgen für Sprachen einiger nationalen Minderheiten nachgewiesen worden waren. Der Russifizierungsdruck im sprachlichen und kulturellen Bereich führte vor allem dazu, daß Sprachen einiger nationalen Minderheiten ihre Funktion als Kommunikationsträger ganz oder teilweise verloren haben (vgl. ebd.). Dies ist des weiteren am Beispiel der deutschen Minderheit in der ehemaligen Sowjetunion deutlich zu beobachten.

3.2. Zur Frage der Kulturvermischung am Beispiel der Deutschstämmigen in der ehemaligen Sowjetunion

Als wichtigstes Merkmal der kulturellen Situation der deutschen SiedlerInnen kann von Anfang an die Berührung von unterschiedlichen Kulturen und darüberhinaus eine sogenannte Kulturvermischung bezeichnet werden. Die Intensität und das Ausmaß dieses Prozesses variierten stark je nach historischem Zeitpunkt und den Bedingungen, unter denen sie zustande kamen. So zeichnete sich bereits die Ausgangssituation bei der Auswanderung durch eine große Heterogenität aus.

Die vor über hundert bis zweihundert Jahren nach Rußland gezogenen Vorfahren der heutigen Deutschen gehörten verschiedenen Einwanderergruppen an, die "auf der Flucht vor wirtschaftlicher Not und religiöser Verfolgung" (Dietz & Hilkes, 1994, S. 18) aus geographisch und administrativ unterschiedlichen Teilen des späteren Deutschlands kamen. An der kulturellen Heterogenität der SiedlerInnen hat sich auch danach nicht viel geändert. Der Phase einer relativ großen Abgeschlossenheit deutscher Siedlungen im 19. Jahrhundert mit zum Teil recht erfolgreichen Bemühungen um Aufrechterhaltung religiöser, familiärer und sprachlicher Strukturen der deutschen Herkunftsgebiete folgten in unregelmäßigen Abständen Jahre der zahlreichen Widrigkeiten. Hierbei zu nennen sind Verfolgung, Rechtlosigkeit, Zwangsdeportationen sowie Verbannungen nach Sibirien, in den Hohen Norden und nach Kasachstan.

Sowohl in der Periode einer gewissen Abgeschlossenheit der Deutschen als auch in den Phasen der Turbulenzen (wo die Zwangsumsiedlung oder gar Verbannung das Erreichte gewaltsam und jäh zerstörte und das Gewohnte unterband) fand der mehr oder weniger intensive kulturelle Kontakt und Austausch mit Angehörigen benachbarter Völker statt. Dabei mußten bereits existierende materielle und soziale Verbindungen, aber auch geistige Äußerungen, in denen die Kultur ihren Ausdruck fand, entsprechend den neuen Bedingungen transformiert bzw. geformt werden. Das Ineinander-übergehen der Kulturen äußerte sich in der bewußten, zuweilen auch unbewußten Verinnerlichung der Werte, Normen und Verhaltens-muster, in den Umdeutungen und Veränderungen in fast jedem Lebensbereich.

Als ein (wenn auch einfaches) Beispiel kann das von den Aussiedlerinnen in Westfalen entwickelte und zusammengestellte Rezeptbuch dienen, das neben den heimischen Speisen auch Beschreibungen der eigenen Traditionen und Sitten sowie die Kurzerinnerungen an den Alltag im Herkunftsland enthält (1993). Weisen bereits die dort erwähnten deutschen Traditionen viel Gemeinsames bei den Feierlichkeiten mit der Kultur der russischen Bevölkerung auf: wie z.B. beim Erntedankfest (S. 46), dem achten März als internationalen Frauentag (S. 27) und zum Teil sogar bei Ostern (S. 16), unterscheiden sich die Beschreibungen der Alltagspflichten der Betroffenen: z.B. eines Waschtages (S. 21), des Arbeitstages einer Melkerin (S. 40), der Herstellung von Hefen oder Seife (S. 52 und 66) kaum von eventuellen entsprechenden Beispielen der Frauen russischer Herkunft.

Aussagekräftig präsentiert sich im Kontext der Kulturvermischung auch die Auswahl der von den deutschstämmigen Aussiedlerinnen bevorzugten heimischen Speisen. Russische Spezialitäten wie Rassolnik (S. 10), Okroschka (S. 15) Beljaschi (S. 25) und viele andere werden zusammen mit den deutschen Gerichten Kartoffel-Champignon-Suppe (S. 12), Krautsalat (S. 19), Schweinebraten mit Anis (S. 35) sowie zahlreichen ukrainischen, usbekischen, kasachischen oder den Gerichten aus dem Kaukasus angeführt, beschrieben und empfohlen. Am meisten sind dabei russische Speisen und Nationalgerichte vertreten.

Es ist davon auszugehen, daß der kulturelle Einfluß der russischen Mehrheit auf Deutschstämmige infolge spezifischer Existenz- und Entwicklungsbedingungen der deutschen Minderheit als besonders groß zu bezeichnen ist. Mehrere Umstände sind dabei von Bedeutung, allen voran die Tatsache, daß die Deutschen, im Unterschied zu vielen anderen Völkern des Vielvölkerstaates "Sowjetunion", nur für kurze Dauer über eigene territoriale Einheit verfügten und sonst über das ganze Land verstreut waren.

3.3. Territorialitätsprinzip als Einflußfaktor bei der (Nicht)-Gewährung nationaler Rechte in der ehemaligen Sowjetunion

Da bei der Gliederung der Sowjetunion unter anderem der nationale Aspekt eine wichtige Rolle spielte, war es der Wunsch aller Völker, eine eigene territoriale bzw. eine eigene staatliche Formation zu besitzen, den Status einer Republik im Bestand der Sowjetunion zu haben (vgl. Melamedow, 1993/5, S. 30). Der Status einer Republik bedeutete eine gewisse Garantie vor allem für den Schutz der Muttersprache und gewährleistete relativ sichere ökonomische und sogar politische Entwicklungsmöglichkeiten. Als Beispiel sei sowohl die Ukrainische als auch die Weißrussische (Belorussische) Republik erwähnt. Diese beiden nationalen Formationen hatten neben der Russischen Republik offizielle Vertretungen in der UNO und in einer Reihe anderer internationaler Organisationen. Sie besaßen bestimmte ökonomische Rechte im Rahmen der Sowjetunion, die anderen Völkern verwehrt wurden.

Auch in den Autonomen Republiken durfte die eigene Sprache als erste Amts- und Behördensprache (neben der Sprache der Titularnation und dem Russischen als Staatssprache) benutzt werden. Offizielle Bezeichnungen in zwei bzw. drei amtierenden Sprachen sowie die in diesen Sprachen zur Verfügung stehenden Medien gehörten dort zum kulturellen Alltag. Zwar war der Umfang dieser Freiräume auch in den besten Zeiten relativ klein und schrumpfte beträchtlich in der Periode des politischen und kulturellen Terrors der

Stalin-Ära, aber immerhin wurden den Titularnationen der Sowjetrepubliken und im geringeren Maße allen Nationalitäten mit eigenem Territorium bestimmte Rechte auf Schutz gegenüber den Dominanzansprüchen der russischen Sprache eingeräumt und dadurch die Pflege der Muttersprache ermöglicht (vgl.Rosenberg & Weydt, 1992, S.220). Davon waren die Deutschen, deren Siedlungen sich in unterschiedlichen Teilen des riesigen Landes befanden, ausgeschlossen und in diesem Sinne auch entrechtet.

3.4. Die Tragik des deutschen Schicksals in der ehemaligen Sowjetunion

Außer der Verstreutheit der Wohngebiete spielte ein weiterer Umstand eine geradezu verhängnisvolle und tragische Rolle in der Geschichte der Deutschen. Wie bekannt, war das Deutsche Reich zweimal im Laufe unseres Jahrhunderts für Kriege gegen den russischen Staat verantwortlich. Für die deutsche Minderheit in Rußland hatten diese Verbrechen katastrophale Folgen. Den grundlosen Kollaborations- und Spionagebeschuldigungen an die Adresse der deutschen Bevölkerung in der Sowjetunion folgten zahlreiche Strafmaßnahmen. Die Zwangsarbeit in der "Arbeitsarmee" im Norden des Landes oder unter den härtesten Bedingungen in Gruben teilten die Deutschen nicht selten mit Angehörigen anderer Völker, wie z.B. mit den Krimtataren, die genauso wegen angeblicher Kollaboration mit den Nazis zu Opfern stalinistischer Repressalien geworden waren (Deines, 1994/6, S. 21; Helton, 1995/4, S. 16-17). Mit dem destruktiven Haß des Mannes auf der Straße, der, von Schmerz und Verlust geblendet, nicht selten kaum imstande war, zu differenzieren und ein gerechtes Urteil zu fällen, mußten sie zumeist alleine fertig werden.

Allerdings soll gleichzeitig darauf hingewiesen werden, daß sich auch in dieser schlimmen Zeit der Entbehrungen und Verleumdungen (die besonders seitens der offiziellen Propaganda verbreitet wurden, um Konflikte und Haß zu schüren) unter nichtdeutschstämmigen Nachbarn Mutige fanden, die schuldlos Geächteten ihre Unterstützung und Hilfe gewährten:

"Auf meine russischen Nachbarn lasse ich nichts kommen. Im schweren Krieg wären wir ja fast verhungert. Aber die Russen haben uns nicht verhungern lassen. Sie haben den letzten Eimer Kartoffeln

mit uns geteilt. Und keiner hat gesagt, du bist doch ein Faschist. Das gab es nicht"(Info-Dienst, 1994/62, S. 18).

Ein weiteres Beispiel: *"Unsere Nachbarn, Kasachen, sind einer nach dem anderen in unser kleines Zimmer gekommen und jeder brachte etwas mit - einen Apfel, zwei Kartoffeln, einen Teller Mehl, eine Tasse Milch"* (Dongauser, 1993, S. 27).

Um wieviel hoffnungsloser wäre der schwierige Alltag, gäbe es damals keine "Fremden", auf die man sich verlassen konnte: *"In Leninabad waren die Häuser aus Lehm. Dort lebten Russen, Tataren, Tadschiken, Usbeken, Kirgisen, Kasachen, Deutsche, und sie haben sich alle vertragen" (*Wenz, 1994, S. 97*)*.

Die erlebte Menschlichkeit half über vieles hinweg. Doch die besondere Härte der Kollaborationsvorwürfe gegen die Deutsch-stämmigen bestand wahrscheinlich darin, daß sie ausgesprochen stark den Bereich ihrer Muttersprache trafen. Der muttersprachliche Deutschunterricht in den Schulen, der bereits in der Vorkriegszeit eher als Ausnahme und nur vereinzelt stattfand, wurde überall durch andere Fremdsprachen oder durch Deutsch-als-Fremdsprache-Unterricht ersetzt. Schon 1938 verschwanden die wenigen deutschen Zeitungen bzw. auf deutsch verfaßten Kolumnen in den russischen Medien. Und obwohl das Sprachverbot eher verdeckten Charakter trug (es wurde offiziell nie verhängt), sahen sich Deutschstämmige durch die Umstände dazu gezwungen, auf den Gebrauch der Muttersprache zum größten Teil zu verzichten. Die Angst, sich durch die deutsche Sprache in der Öffentlichkeit als Deutsche zu erkennen geben und dadurch Ablehnungsreaktionen unter bestimmten Bevölkerungsteilen auszulösen, führte zum "freiwilligen" Sprachverzicht im Bereich des Berufs und der gesellschaftlichen Aktivitäten, die ja ohnehin russifiziert waren.

Während für ältere und mittlere deutsche Generationen die (Mehrgenerationen)-Familie als der einzige Ort blieb, wo muttersprachliche Traditionen weitergepflegt wurden, schloß man die jüngsten in der Regel auch davon aus. Die Befürchtung der Eltern, durch das eventuelle unvorsichtige "Verplappern" des Nachwuchses Schwierigkeiten z.B. mit der Schule der Kinder zu bekommen, hielt sie davon zurück, in Anwesenheit der Kinder bzw. mit ihnen Deutsch zu reden. Die Folgen ließen nicht lange auf sich warten: eine Generation wuchs heran, deren erste funktionelle Sprache in den meisten Fällen Russisch war und deren Kenntnisse in einem der Dialekte der deutschen Minderheit entweder einen rezeptiven Charakter trugen oder gänzlich fehlten. Diese erste Nachkriegsgeneration vererbte ihre überwiegend auf die russische Sprache orientierte Zielrichtung weiter.

"Es sind zwei Generationen von Deutschen in den Siedlungsgebieten aufgewachsen und haben die Traditionen der nationalen Kultur und das nationale Selbstbewußtsein verloren (Pestruchina, 1993/5, S. 34). Daran konnten auch die siebziger Jahre, welche die Rehabilitation der Deutschen in der Sowjetunion mit sich brachten, nicht viel ändern. Die Periode der Entspannung ging mit einem weiteren Anstieg des Einflusses des Russischen einher. Die von offizieller Seite favorisierte Tendenz des verdeckten Sprachverbots bedeutete für die Deutschen in der Sowjetunion neben fortschreitender Reduzierung des muttersprachlichen Gebrauchs des Schriftlichen auch einen rasanten Anstieg von Entlehnungen aus dem Russischen. Die Sprache der Betroffenen stellte in der Regel ein für Außenseiter kaum zu entzifferndes Gemisch aus russischen und deutschen Vokabeln, zumeist stark dialektal gefärbt und oft nach Regeln der Orthographie und des Satzbaus der russischen Sprache aufgebaut.

Somit wurde die Zahl von Erwachsenen immer größer, deren ethnische Merkmale im kulturellen Bereich sich hauptsächlich auf das Vorhandensein gewisser erhaltengebliebener Sitten, Bräuche und religiöser Traditionen beschränkten, sich aber selten bzw. gar nicht im Deutschen als Muttersprache manifestieren konnten. Die Deutschen waren dabei, ein Volk ohne eigene Sprache zu werden - ein tragisches, bemitleidenswertes Schicksal.

In diesem Kontext ist auf den kausalen Zusammenhang mit der Tatsache hinzuweisen, daß viele von denjenigen Deutschstämmigen, die schikaniert, gefoltert, vertrieben wurden oder in den zahlreichen Konzentrationslagern des sibirischen "Archipels GULAG" ums Leben gekommen sind, dem Holocaust hätten entrinnen können. Dies wäre möglich gewesen, wenn es die Nazipolitik der Expansion und

Vernichtung mit den verhängnisvollen Daten - 1.September 1939 und 22. Juni 1941 in der Geschichte Europas nicht gegeben hätte (vgl. Jacobsen, 1995/20, S. 13).

Erst das Jahrzehnt der Perestrojka und Post-Perestrojka brachte eine gewisse positive Wende mit sich, denn heutzutage werden in Rußland Maßnahmen getroffen, um dem Anspruch jeder Nation gerecht zu werden, ihre Entwicklung selbst zu wählen, über ihr Schicksal und ihre menschlichen und natürlichen Resourcen allein zu bestimmen. Die Beziehung zwischen dem Russischen und den Sprachen anderer Völker im Rahmen des russischen Staates sollte gemäß dem vor kurzem verabschiedeten "Gesetz über die Sprachen in Rußland" auf der Grundlage der gleichberechtigten Zwei- bzw. Mehrsprachigkeit aufgebaut werden (vgl. D'jačkov, 1993, S.74 und S. 80). Eine wichtige Bedeutung wird in diesem Rahmen der Widerherstellung des Deutschen als Muttersprache in den Siedlungsgebieten der deutschen Minderheit beigemessen.

Mit aktiver Unterstützung der Bundesrepublik laufen zur Zeit mehrere Projekte im Bereich der Aus- und Weiterbildung der Lehrkräfte für deutsche Schulen in Rußland (Pestruchina, 1993/5, S. 27). Positive Änderungsansätze werden, konsequent und langfristig betrieben, in Zukunft mit Sicherheit ihre Wirkung nicht verfehlen.

Doch eine "einheitliche" Kultur und "einheitliche" kulturelle Identität der deutschen Minderheit in der ehemaligen Sowjetunion wird es trotzdem nicht geben können, statt dessen aber eine große Anzahl von Kulturen, wo Deutsche neben Angehörigen anderer Völker in den sich ständig verändernden unterschiedlichen sozialen, politischen, administrativen und konfessionellen Gruppen, in verschiedene Schichten eingebunden sind; mit- und untereinander kooperieren, sich gegenseitig beeinflussen, berühren und abgrenzen.

4.   Deutschstämmige Aussiedlerinnen und Aussiedler der neunziger Jahre in der Aufnahmegesellschaft

Die heute nach Deutschland einreisenden Angehörigen der deutschen Minderheit sind ähnlich anderen Einwohnern in den Staaten der GUS in gesellschaftliche, soziale und politische Veränderungen involviert, welche ihre sich im Umbruch befindenden Herkunftsländer betreffen. Rußland und die meisten anderen souveränen Staaten des Verbands sind jetzt in einer außerordentlich schwierigen Phase, wobei sich drei Krisen abzeichnen: die erste bedeutete den Übergang von einer gesellschaftlichen Ordnung zur anderen, die zweite entstand durch den finanziellen Zusammenbruch der Regierung und durch den daraus resultierenden hohen Inflationsstand. Der als "Hyperinflation" bezeichnete Prozeß wies Ende 1994 z.b. den Anstieg um 15-17% statt prognostizierter 5-7% auf, und der Lebensstandard sank weiter (Pološevec, 1995/1, S. 7). Die dritte Phase wurde durch die Strukturkrise verursacht. Diese Vorgänge umfassen alle Gesellschaftsschichten und Lebensbereiche. Vieles, was früher als selbstverständlich erschien, wird angezweifelt und umgewertet.

"Die Faszination des Eigentums, die Gefahren des Besitzes ergreifen die Gesellschaft, deren soziale Wärme sich an den neuen Objekten entzündet"(Margolina, 1994/43, S. 98). "Es beginnt sich auch die Struktur unseres 'Ich' zu ändern. Dabei geht es um den Prozeß einer nicht einfachen Suche nach neuer Bewertung der Kategorien 'Erfolg' und 'Glück', nach Umwertung der Rolle des Kollektivs und des Individuums" (Minaev, 1994/44, S.5). Die ersten Ergebnisse davon sind wahrscheinlich "die neuen Russen", eine in den letzten Jahren zum Begriff gewordene Bezeichnung für Menschen unterschiedlicher Nationalitäten in Rußland, deren Tun durch Merkmale wie hochentwickeltes Verantwortungsgefühl, Entscheidungsfreiheit und -flexibilität sowie Zivilcourage gekennzeichnet ist. Allerdings werden dieser Kategorie auch jene zugerechnet, bei denen die oben genannten Eigenschaften von Kapitalanhäufungsbestreben überragt werden, wobei der Bereicherungsprozeß nicht selten mit rapidem Intelligenzverfall und Verlust aller früher geltenden ideellen Werte und Normen einhergeht. Dementsprechend unterschiedlich ist das Verhalten der Umwelt zu diesen "neuen" Mitbürgern. Während die ersten mit einer gewissen Bewunderung und zuweilen sogar etwas sozialem Neid angesehen werden, schlägt den zweiten gegenüber in der Regel Verachtung und Ablehnung entgegen.

Das Sich-Bewußt-Machen dieser Vorgänge im Herkunftsland ist für einen erfolgreichen Integrationsverlauf bei erwachsenen Aussiedler-innen und Aussiedlern genauso wichtig wie die Kenntnis dieser

Vorgänge für ihre BetreuerInnen und Lehrkräfte, denn besonders in der unmittelbaren Phase nach der Aussiedlung werden die Gewohnheiten und Traditionen des Herkunftslandes beibehalten.

Nach Beobachtung vieler ForscherInnen verbindet der größte Teil der Deutschstämmigen in der Ausgangsgesellschaft den Begriff "Kultur" vor allem mit Theater, Kino, Museen, Kunst, Büchern und Zeitungen (Dembon et al., 1994, S. 81; Dietz & Hilkes, 1994, S. 25). Eine solche Einstellung spiegelt vermutlich das in der ehemaligen Sowjetunion jahrzehntelang offiziell geltende und in der ideologischen Aufklärungsarbeit favorisierte Verständnis der kulturellen Richtung des "sozialistischen Realismus" wider. Die im Jahre 1932 durch den Beschluß der kommunistischen Partei festgelegte und vom "ersten Weltdichter des Arbeitertums" Gorki (vor allem in der Literatur und Kunst) befürwortete Bewegung bezweckte die Darstellung des positiven Wirkens der "neuen" sozialistischen Wirklichkeit auf den einfachen Menschen (Pongs, 1981, S. 755-756). Die Folgen dieses das künstlerische Schaffen in der ehemaligen Sowjetunion fast fünfzig Jahre lang beherrschenden Einflusses sind auch heute noch nicht selten in Form der Glorifizierung einer starken Persönlichkeit (früher des positiven Helden) anzutreffen.

Allerdings soll hier das Positive an dem seinerzeit dem Volk der ehemaligen Sowjetunion aufgezwungenen Kulturverständnis nicht verschwiegen werden. Es äußerte sich in der durch die zahlreichen staatlichen Subventionen bedingten absoluten Zugänglichkeit der kulturellen Einrichtungen für jeden Bürger des Landes. Besonders bevorzugt wurden in dieser Hinsicht die Kinder, deren kulturelle Entwicklung fast ausnahmslos vom Staat finanziert wurde. Die vielen Bücherhallen, Bibliotheken und Kulturhäuser mit ihren abwechslungsreichen Veranstaltungen und Hobbykursen förderten die Entwicklung der kleinen Mitglieder der Gesellschaft, auch wenn sie gleichzeitig als Ort der Propagierung der "sozialistischen Errungenschaften" dienten.

Die Einführung der freien Marktwirtschaft in Rußland und anderen Staaten der ehemaligen Sowjetunion mit der in diesem Kontext erfolgten wesentlichen Reduzierung von staatlichen Zuwendungen im kulturellen Bereich hatten eine deutliche Verschlechterung des

Zugänglichkeitsfaktors zur Folge. Die seit Jahrzehnten vertrauten Attribute eines kultivierten Menschen wie die Lektüre zahlreicher Bücher und Zeitschriften, Museums-, Theater-, Ausstellungs- oder Kinobesuche usw. wurden zum Privileg einer relativ kleinen Gruppe von betuchten MitbürgerInnen.

Mit ähnlicher Situation finden sich die AussiedlerInnen auch in Deutschland konfrontiert. Vor allem der große Geldaufwand, welcher für die Freizeitgestaltung (sei es eine Ausstellung von Kunstsammlungen oder ein Bummel über den Rummelplatz) einer vier- bis sechsköpfigen Familie in der Regel erforderlich ist, macht das Vorhaben von vornherein zunichte. Die Kostspieligkeit solcher Freizeitaktivitäten in der Lebensphase der Betroffenen, wo als das wichtigste Ziel der Aufbau einer neuen Existenz definiert wird, kann sich kaum jemand leisten.

Auch die Sprachbarriere ist (besonders in der unmittelbaren Nach-Aussiedlungsphase) mitentscheidend für die von den MitgliederInnen der Zielgruppe praktizierte Fixierung bei den Freizeitaktivitäten auf den häuslichen Bereich - Spaziergänge bzw. Spazierfahrten mit dem eigenen Auto, Verwandten- und Freundesbesuche oder Unterhaltungssendungen im Fernsehen (vgl. Dembon et al., 1994, S. 65). Nach Aussagen der Betroffenen der Verfasserin gegenüber leiden darunter besonders diejenigen von ihnen, welche die Lektüre von Büchern (eine in den Herkunftsländern vor allem unter den Frauen verbreitete Freizeitaktivität bzw. Lieblingsbeschäftigung) vermissen müssen. Für die Fixierung auf den eigenen Familienkreis könnte bezogen auf die von den AussiedlerInnen favorisierten kulturellen Beschäftigungen auch das (leider berechtigte) Angstgefühl sein, von den Alteingesessenen nicht bzw. nicht als Deutsche akzeptiert zu werden. Nicht auszuschließen sind in diesem Zusammenhang auch die sich im Herkunftsland herausgebildeten (individuellen) Lebensgewohnheiten. Desweiteren spielen dabei vermutlich kulturelle Gepflogenheiten eine nicht zu unterschätzende Rolle. So wird z.B. in den meisten Herkunftskulturkreisen der AussiedlerInnen das in Deutschland durchaus beliebte Essen im Restaurant mit der Familie, Verwandten oder Freunden als ein teures, unübliches und im Grunde genommen überflüssiges (zu Hause schmeckt ja alles viel besser und ist preiswerter) Vergnügen angesehen. Entsprechend diesem mitgebrachten Verhaltensmuster wird die Gaststätte bzw. das Restaurant auch in Deutschland gar nicht oder äußerst selten besucht.

Die Tatsache, daß das von den meisten Aussiedlerinnen und Aussiedlern aus der ehemaligen Sowjetunion mitgebrachte Verständnis der Kultur in Form von bestimmten hier erwähnten kulturellen Bereichen im Lebensalltag der Betroffenen in Deutschland zum größten Teil keine oder lediglich eine geringe Rolle spielen, ist insoweit von Nachteil, weil das dadurch entstandene gewisse "kulturelle Vakuum" die angestrebte kulturelle Integration erschweren könnte.

5. Ausblick

Betrachtet man die durch die drastischen Sparmaßnahmen und Mittelreduzierungen gekennzeichnete gegenwärtige Politik der Bundesregierung, die sich im Bereich der Fortbildung und Umschulung von AussiedlerInnen in erster Linie in der Kürzung des Deutschlehrgangs äußerte, stimmen diese nachdenklich, da sie das bedeutendste Ziel der unmittelbaren Nach-Aussiedlungsphase angreifen und zwar den gesteuerten Spracherwerb.

Auf dem relativ langen und nicht einfachen Weg des faktischen "Aufgenommenwerdens" in die Gesellschaft der neuen Heimat werden AussiedlerInnen vor allem von ihren LehrerInnen, BetreuerInnen und BeraterInnen aktiv begleitet. Die hohen Anforderungen an alle Beteiligten machen die Forderung der Neubewertung der Funktionalität des Deutschlehrgangs aktuell wie nie zuvor.

Neben der Vermittlung des "reinen" sprachlichen Wissens ist in dieser Verbindung auch an eine im bestimmten Umfang anzustrebende Entwicklung der kulturellen Kompetenz, definiert als Wissen über die jeweilige Kultur, von den AussiedlerInnen bzw. den mit ihnen zusammen oft lernenden Asylberechtigten oder Kontingentflüchtlingen zu denken. Möglich wäre das erst unter der Voraussetzung der Sensibilisierung aller Unterrichtspartner, d.h. KursteilnehmerInnen aus unterschiedlichen Kulturkreisen und den, meist deutschen, Lehrkräften für die entsprechenden damit verbundenen Fragen.

Die kulturelle Kompetenz ist sowohl durch den Vergleich der unterschiedliche Kulturen verbindenden Gemeinsamkeiten als auch durch die diese Kulturen trennenden Unterschiede zu erreichen (vgl. Einhoff, 1995/1, S. 86). Dieses kulturelle Wissen gepaart mit der Empathiefähigkeit, der Toleranz und dem Respekt jedes einzelnen dem Andersartigen gegenüber, stellt eine bedeutende menschliche Bereicherung dar. Gleichzeitig erleichtert es den Zugang zum Fremden und Eigenen und steigert somit die Bewertung der jeweiligen kulturellen Identität des Individuums, was sich letzten Endes positiv auf das Verständnis der eigenen und fremden Kultur auswirkt.

Literatur

Apel, Günter. (1992). *Thesen zum gesellschaftlichen Frieden. Beitrag zu einem politischen Konzept für das Zusammenleben mit Zuwanderern aus der Sicht des Ausländerbeauftragten.* Hamburg: Bernhard & Plaut Verlag

Bausinger, Hermann. (1991). Deutsche, Fremde, fremde Deutsche. Aussiedler und Ausländer: ein verbotener Vergleich? In Baumeister, Hans-Peter (Hrsg.), *Integration von Aussiedlern. Eine Herausforderung für die Weiterbildung* (S. 21-34). Weinheim: Deutscher Studienverlag

Beljaschi, Borschtsch und Bischbarmak. *Neue Koch- und Backideen aus Osteuropa, mitgebracht und entwickelt von Aussiedlerinnen.* (1993). Volkshochschule Beckum-Wadersloh.

Boll, Klaus. (1992). Kultur und Lebensweise der Deutschen in und aus der Sowjetunion: Erinnerung, Akkulturationsprozesse, Zukunft. In Meissner, Boris; Neubauer, Helmut & Eisfeld, Alfred (Hrsg.), *Die Rußlanddeutschen Gestern und heute.* (S. 183-207). Köln: Markus Verlag.

Castelnuovo, Delia Frigessi. (1990). Das Konzept Kulturkonflikt - Vom biologischen Denken zum Kulturdeterminismus. In Dittrich, Eckhard J. & Radtke, Frank-Olaf (Hrsg.) *Ethnizität.* (S. 299-309). Opladen: Westdeutscher Verlag.

Cienski, Jan.(1995). Frostiger Empfang für Flüchtlinge in Rußland. In *Flüchtlinge* 4, 10-12.

Czock, Heidrun. (1988). Eignen sich die Kategorien "Kultur" und "Identität" zur Beschreibung der Migrationssituation? Bemerkungen zu den Folgen der Kulturkonflikt-These. In *Informationsdienst zur Ausländerarbeit* 1, 76-80.

Deines, Natalie. (1994). Bleiben oder ausreisen? In *Die Brücke, Forum für antifaschistische Politik und Kultur* 6/1994, S. 21.

Dembon, Gerold; Hoffmeister, Dieter & Ingenhorst, Heinz. (1994). *Fremde Deutsche in deutscher Fremde. Integrationsprobleme von Aussiedlern im kommunalen Raum. Theorie und Forschung*, Bd. 302,. Soziologie Bd. 21. Regensburg, Roderer.

Dietz, Barbara & Hilkes, Peter. (1994). *Integriert oder isoliert? Zur Situation rußlanddeutscher Aussiedler in der Bundesrepublik Deutschland*. Augsburg: Olzog Verlag.

D'jačkov, Mark V. (1993). *Socialnaja rol' jazykow w mnogoetnič eskich obščestwuch. (Soziale Rolle der Sprachen in den multiethnischen Gesellschaften)*. Moskva: Institut nacionalnich jazykow.

Doerry, Martin & Meißner, Gerd. (1995). Spiegel-Gespräch mit Jean-Marie Guehenno "Sprengt die Ketten". In *Spiegel* 2 v. 9.1.1995, 88-90.

Dongauser, Elisabeth. (1993). Das Wiedersehen mit meinem Vater. In Volkshochschule Beckum-Wadersloh (Hrsg.). *Zu Hause in der Fremde*. S. 27. Beckum.

Einhoff, Jürgen. (1995). Fremdverstehen im fremdsprachen-didaktischen Feld - Einige sozialwissenschaftliche und fremd-sprachengeschichtliche Gesichtspunkte. In *Neusprachliche Mitteilungen aus Wissenschaft und Praxis*,(2), 86-92.

Erdheim, Mario. (1994). Ethnische und universalistische Identität. In Benner, Dietrich & Lenzen, Dieter (Hrsg.). (1994). Beiträge zum 14.

Kongreß der Deutschen Gesellschaft für Erziehungswissenschaft in Dortmund. *Zeitschrift für Pädagogik* 32, Suppl., 461-464.

Ernst, Heiko. (1991). Das Ich der Zukunft. In *Psychologie heute* 12, 20-26.

Gergen, Kenneth. (1994). Sinn ist nur als Ergebnis von Beziehungen denkbar. In *Psychologie heute* 10, 34-38.

Gogolin, I. ;Krüger-Potratz, M. & Neumann, U. (1991). Kultur- und Sprachenvielfalt in Europa - Bilder von gestern, Visionen von morgen? In Gogolin, Ingrid Kroon, Sjaak Krüger-Potratz, Marianne Neumann, Ursula & Vallen, Tor (Hrsg.). (1991): *Kultur- und Sprachenvielfalt in Europa* (S. 1-19). Münster/New York: Waxman.

Göhring, Heinz. (1976). Kontrastive Kulturanalyse und Deutsch als Fremdsprache. In *Jahrbuch Deutsch als Fremdsprache*. Bd.1. (S. 80-92). Heidelberg.

Hamburger, Franz. (1990). Der Kulturkonflikt und seine pädagogische Kompensation. In Dittrich, Eckhard J. & Radtke, Frank-Olaf (Hrsg.). *Ethnizität* (S. 311-325). Opladen: Westdeutscher Verlag.

Helton, Arthur C.(1995). Schwierige Rückkehr eines deportierten Volkes. In *Flüchtlinge* 4, 16-17.

Hilkes, Peter. (1993). *Die Schulsituation der Rußlanddeutschen in der ehemaligen Sowjetunion. Arbeitsbericht* 10. Osteuropa-Institut. München.

Info-Dienst Deutsche Aussiedler 62/1994. *Gehen oder Bleiben? Neue Perspektiven für Rußlanddeutsche in Westsibirien*. S.11-23.

Jacobsen, Hans-Adolf. (1995). Priveržennost' pravde. (Die Wahrheitstreue). In *Literaturnaja Gazeta* 20, v.17.05.95. S. 13.

Jerofejew, Viktor. (1991). "Rußland lieb' ich, doch diese Lieb' ist seltsam". In *Kursbuch 103*, 123-126, Berlin: Rowohlt.

Kalpaka, Anita & Räthzel, Nora. (Hrsg.). (1986). *Die Schwierigkeit, nicht rassistisch zu sein*. Berlin: Express-Edition.

Karklins, Rasma. (1987). Deutsche, Kasachen, Russen: Nationale Distanz und Nähe in Kasachstan. In Kappeler, Andreas, Meissner, Boris & Simon, Gerhard (Hrsg.). *Die Deutschen im Russischen Reich und im Sowjetstaat.* (S. 137-150), Köln: Markus.

Margolina, Sonja. (1994). Die mörderische Oktanrevolution. Aus alltäglichen Beobachtungen im Moskauer Straßenverkehr fügt sich ein Bild der Destruktivität. In *Die Zeit* Nr.43 v. 21.10.1994, S. 98.

Melamedow, Grigori. (1993). Die russische Regierungspolitik. Zwei Schritte vorwärts, einer zurück. In *Wostok* 5, 30-31.

Messina, Claire. (1995). Geiseln des Sowjetreiches. In *Flüchtlinge* 4, 13-15.

Minaev, Boris. (1994). Fakty, sobytija i ljudi (Fakten, Ereignisse und Menschen). In *Ogonek* Nr. 44-45, November 1994, S. 2-5.

Oomen-Welke, Ingelore. (1994). Zur Entstehung dieses Buches. Eine Antwort und eine Frage. In Oomen-Welke (Hrsg.). *Brückenschlag.* (1994), (S. 9-10). Stuttgart, Düsseldorf, Berlin, Leipzig: Klett Schulbuchverlag.

Pestruchina, Jelena. (1993). In der ehemaligen Heimat. An der Wolga. In *Wostok* 5, 32-35.

Pestruchina, Jelena. (1993). Die Organisationen der Rußlanddeutschen. Von der Einheit zur Spaltung. In *Wostok* 5, 24-29.

Pološevec, Galina. (1995). Otrezat' ili ne otrezat'? Ljudi perenesut ešč e odin šok, esli oni doverjajut pravitelstvu. (Abschneiden oder nicht abschneiden? Die Menschen verkraften noch einen Schock, wenn sie der Regierung vertrauen). In *Wek* Nr.1 v. 1-6 Januar 1995, S. 7.

Pongs, Hermann. (1981). *Lexikon der Weltliteratur.* Wiesbaden: R.Löwit.

Razumov, Jaroslav. (1995). "Den' pravdoiskanija" v Kazachstane. (Der "Wahrheitstag" in Kasachstan). In *Vek* 18, v. 5-11 Mai, S.2.

Rosenberg, Peter & Weydt, Harald. (1992). Sprache und Identität. Neues zur Sprachentwicklung. In Meissner, Boris; Neubauer, Helmut

& Eisfeld, Alfred. (Hrsg.). *Die Rußlanddeutschen. Gestern und heute* (S. 217-238). Köln: Markus.

Schneider-Wohlfart, Ursula Pfänder, Birgit Pfänder, Petra & Schmidt, Bernd. (1990). *Fremdheit überwinden. Theorie und Praxis interkulturellen Lernens in der Erwachsenenbildung.* Opladen: Leske-Budrich.

Sebukov, Ruslan. (1995). Russkij rassizm? (Der russische Rassismus?) In *Argumenty i fakty*, 13, S. 12.

Slawatycka, Felicja Maria. (1991). Aussiedlung im Kontext der Entwicklung von Kindern und Jugendlichen. In Baumeister, Hans-Peter (Hrsg.). *Integration von Aussiedlern. Eine Herausforderung für die Weiterbildung* (S. 94-108). Weinheim: Deutscher Studienverlag.

Spiridonov, Igor'. (1995). Rossija i Kazachstan chotjat vernut' "družbu navek". (Rußland und Kasachstan möchten die "ewige Freundschaft" wiederherstellen). In *Segodnja* Nr. 17 v. 28.01.1995, S. 3.

Statistiken des Bundesministeriums für Arbeit und Sozialordnung. (1994). Stand 31. 12. 1994. Ausgabe 4. Bonn.

Statistische Berichte. (1994). Stand 27.03.1993. Ausgabe 8. Hamburg.

Tolksdorf, Ulrich. (1990). Phasen der kulturellen Integration bei Flüchtlingen und Aussiedlern. In Bade, Klaus J. (Hrsg.). *Neue Heimat im Westen. Vertriebene, Flüchtlinge, Aussiedler* (S. 106-127). Münster: Westfälischer Heimatbund.

Wenz, Bioda. (1994). Ewiger Wanderzigeuner. In Harfst, Gisela & Harfst, Arnold (Hrsg.). *Unglaublich Unbegreiflich Ungeheuerlich. Überlebende Rußlanddeutsche berichten und erzählen.* (S. 95-97). Delmenhorst.

Zeludkov, Arkadij. (1995). Bedstvie Rossii - bež+enzy. Bedstvie bež encev - nišceta. (Rußlands Tragödie sind Flüchtlinge; Tragödie der Flüchtlinge ist die Armut.). In *Izvestija* 72, v.19.April 1995, S. 1.

Axel Polleti
Lust auf Fremdsprachen - Frust im Fremdsprachenunterricht?

1. Vorbemerkungen

1. Die folgenden Gedanken beruhen auf eigener Unterrichtspraxis während mehrjähriger Tätigkeit als Gymnasiallehrer, auf Unterrichtsbeobachtungen und Praktika, auf Schülerbefragungen (Polleti 1993), und nicht zuletzt auf vielen Gesprächen mit Lehrkräften und Schülern. Gewisse subjektive Einflüsse bei der Wahl meiner Punkte sind nicht zu leugnen, ich versuche aber nach Kräften, sie objektiven Kriterien zu unterwerfen.

2. Manches an meiner Kritik an den Verhältnissen wird den Lesern überzogen vorkommen. Mir sind gerade die positiven Bemühungen vieler Kolleginnen und Kollegen gut bekannt, und sie machen Hoffnung für die Zukunft. Niemand kann aber leugnen, daß es vor Ort noch vieles zu beanstanden gibt, und genau das ist hier mein Thema. Ich weiß auch, daß bestimmte institutionelle Zwänge manche dringend nötige Veränderung blockieren. Das darf aber kein wohlfeiles Alibi für Unbeweglichkeit sein.

3. Mein Hauptinteresse gilt der Lehrbuchphase, denn hier werden, so meine These, nicht selten negative Weichenstellungen für später vorgenommen. Das Abwahlverhalten der Schüler gegenüber dem Fach Französisch gibt jedenfalls Anlaß zu großer Sorge.

4. Ich beziehe mich vorrangig auf den Französischunterricht, viele Aussagen sind aber auf andere Fremdsprachen übertragbar.

2. Lust auf Fremdsprachen!

Jeder weiß, daß unsere Schülerinnen und Schüler bei der Erstbegegnung mit einer Fremdsprache ihre große Lust auf das neue Fach kaum zügeln können. Das liegt wohl im wesentlichen an drei Gründen.

1. Die Lust gilt einem Fach, das ja noch keinerlei Entsprechung hatte (zumindest gilt das für die erste Fremdsprache); die Kinder sind dementsprechend gespannt darauf. Auch wenn das für die zweite Fremdsprache nicht mehr gilt, so zehrt auch sie zunächst noch vom Bonus eines von negativen Erfahrungen unbelasteten Faches.

2. Mit diesem Fach verbindet sich die Lust, zu verstehen, was in dieser vielleicht mit der Aura des Exotischen behafteten fremden Sprache gesagt und geschrieben wird, sowie die Lust darauf, sich bald mit Angehörigen dieser Sprachgemeinschaft verständigen zu können.

3. Nicht zu vergessen ist schließlich die Lust auf das Rollenspiel, auf die Erschließung neuer Facetten der eigenen Identität, ja auf den Identitätswechsel, den die Fremdsprache eröffnet. Welche Frustrationsfaktoren sind demgegenüber auszumachen?

3.   Frust im Fremdsprachenunterricht?

- Es ist kaum zu leugnen, daß die allermeisten Lehrbücher, leider auch neuere und neueste, kaum motivierende Texte bieten. Welchem Schüler würde es einfallen, seinen Lehrbuchtext rein aus Interesse noch einmal nachzulesen?

- Schüler empfinden Übungen als monoton, das hat die zitierte Schülerbefragung klar ergeben. Leider ist jedoch überhaupt Monotonie im Unterricht keine Seltenheit. Das hängt zweifellos mit bestimmten Unterrichtsroutinen zusammen.

- Große Frustration lösen gewisse schriftliche Hausaufgaben aus, darunter zuvorderst das Abschreiben von Vokabeln. Daß der Erfolg solch mechanischer Exerzitien eher bescheiden ausfällt, nimmt offenbar niemand gern zur Kenntnis, denn das Vokabelabschreiben als tägliches Pensum ist immer noch weit verbreitet.

- Auch gute Schüler empfinden Angst vor Leistungsmessung. Natürlich lösen schlechte Noten Frustration aus. Die stellt sich aber auch dann ein, wenn trotz guter Noten bei der ersten Begegnung mit Muttersprachlern Probleme auftreten; die aber sind durch manche Unterrichts- und Prüfungsroutinen beinahe schon vorprogrammiert.

- Schließlich fragt man sich, warum der Unterricht angesichts seiner Dauer so ineffizient ist (Finkenstaedt, Schröder 1992: 35). Schülergemäß formuliert: so viel wurde gelernt, und so wenig davon fällt einem ein. Das muß doch frustrierend sein, übrigens doch wohl auch für die Lehrkräfte!

Welche Ursachen sind dafür im einzelnen ausschlaggebend? Ich möchte mich auf fünf Problemkreise beschränken:

3.1 Das Problem der Lehrbuchtexte

- Die meisten Französischlehrbücher enthalten zu wenige gute Texte[1]. Lehrbuchtexte sind, an "normalen" Textkriterien gemessen, oft unerträglich: inhaltlich uninteressant, mit Vokabeln und Grammatik überfrachtet, enden sie nicht selten in fragwürdigen Gags[2]. Daher werden sie kaum anders als unter Zwang gelesen. Konsequenz: Zu wenig Sprache wird lesend aufgenommen - ich spreche hier von **potentiellem Input**. Damit können die natürlichen Spracherwerbsmechanismen nicht ausreichend entfaltet werden.

- Gerade seit den Arbeiten der Rezeptionsästhetik ist hinreichend bekannt, wie literarische Texte mit Hilfe ihrer Appellstruktur den Leser aktivieren: sie machen ihn durch vielfältige Unbestimmtheit zu einem Mitgestalter (Iser 1975: 228-252). Selbst wenn wir es natürlich meist nicht mit literarischen Texten zu tun haben, aktivieren sollten sie unsere Lerner doch allemal. Lehrbuchtexte sind aber auch hier defizitär: Unbestimmtheitsstellen gibt es so gut wie nie (sie wären wohl auch ein pädagogisches Skandalon).

---

1   Für Englischbücher gilt das nicht im gleichen Maß. Vielleicht hat man dort eher erkannt, daß Texte nicht nur dazu da sind, um Vokabeln und Grammatik neu einzuführen.

2   Eine etwas detailliertere Darstellung der Merkmale von Lehrbuchtexten findet sich bei Wernsing und Polleti (jeweils 1993).

Mancher Text teilt uns nicht wesentlich mehr mit, als daß eine Tomate eine Tomate sei. Müssen wir uns angesichts dieser *vérité profonde*, wie Ionesco sie nennen würde, wundern, daß das niemanden zum Lesen verführt?

3.2 Das Problem der Langzeitspeicherung

Durch Texte und Übungen, deren inhaltliche Komponente trotz aller situativen Einbettung notwendigerweise *quantité négligeable* bleibt (Polleti 1989: 290), wird mitteilungsbezogene Kommunikation verweigert. Wenn wir aber der formalen Seite der Sprache zu sehr verhaftet bleiben, bevorzugen wir einen Lernertyp, den ich den "kurzfristigen Strukturenlerner" nenne. Dieser Typus erbringt durchaus passable bis gute Leistungen in Diktat, Einsetz-/Umformungsübung und (Grammatik-)Übersetzung, versagt aber nicht selten bei freierer Texterstellung und bei mündlicher Kommunikation. Schlimmer noch: es ist erwiesen, daß Langzeitspeicherung ohne ausreichende semantische Stütze unmöglich ist (Rohrer 1984: 106 passim). Die aber bleibt außen vor. Damit haben wir eines der Hauptprobleme des Fremdsprachenunterrichts, nämlich *die mangelnde langfristige Verfügbarkeit der gelernten Wörter und Strukturen.*

3.3 Das Problem der Leistungsmessung

Die Leistungsbeurteilung unterschlägt wesentliche Grundfertigkeiten. Sie stellt, wider besseres Wissen, immer noch die Schreibfertigkeit in den Vordergrund. Wo bleiben eigentlich die rezeptiven Fertigkeiten im Leistungsprofil? Auch schwächere Schüler sind doch nicht unfähig, Texte zu verstehen. Auch das ist eine Kompetenz, und keine ganz geringe. *Gerade im Rahmen einer stärker berufsbezogenen Orientierung von Fremdsprachenunterricht muß ein Ausgleich zwischen den Verstehensfertigkeiten und den produktiven Fertigkeiten her.*

3.4. Das Problem der Vokabeln

Kommunikation mit Muttersprachlern scheitert nie an fehlerhaften Strukturen, nur selten an falscher Morphologie, fast immer dagegen an fehlenden Vokabeln und Redewendungen. *Vokabelarbeit kommt gegenüber der Grammatik im Unterricht viel zu kurz!* Welche Lehrbücher bieten hier mehr als nur ein Alibiprogramm? Auch ist mehr *sinnvolle* Vokabelarbeit gefragt, die über das erwähnte Abschreiben des Lektionsvokabulars hinausgeht.

3.5. Das Problem der Progression

Obwohl alle Arbeiten zur menschlichen Informations- und Sprachverarbeitung nachweisen, daß der Mensch nicht linear denkt und lernt, folgen sowohl Unterricht als auch Leistungsmessung (und sie erst recht) dem Prinzip der Linearität. *Es bleibt zu wenig Raum für nicht-lineare Lehr-, Lern- und Prüfungsverfahren.* Allzu leicht macht man hierfür allein institutionelle Zwänge verantwortlich. Auch im gegebenen Rahmen bleibt noch Freiraum, man muß ihn nur nutzen.

Was läßt sich gegen diese Probleme tun?

4.   Gegen den Frust im Fremdsprachenunterricht

4.1. Lehrbuchtexte

Wenn auf Lehrbücher schon nicht überhaupt verzichtet werden soll (auch darüber wird man in Zukunft wohl vermehrt nachdenken), dann muß dringend an ihrer Qualität gearbeitet werden. Ein buntes Layout allein reicht nicht. Die Texte sollten insbesondere folgenden Kriterien genügen:

- Inhaltlich müssen sie mehr als nur Banalitäten bieten. Alltag muß in ihnen so aufbereitet werden, daß für den Leser Möglichkeit zur engagierten Teilnahme besteht. Daß man in Frankreich Baguette ißt, und wo man sie mit welchen Floskeln kauft, reicht allenfalls für die rudimentärste Stufe. Transfer und damit Integration in die Wissens- und Fertigkeitsbestände der Schüler sind so allein keineswegs gewährleistet.

- Wir müssen den Primat induktiver Grammatikerarbeitung und seine Auswirkung auf die Lehrbuchtexte überdenken. Es ist nicht nur überflüssig, sondern geradezu schädlich, wenn alle oder fast alle Teilphänomene neuer Grammatikstrukturen geballt in einem

Text auftauchen. Die daraus resultierende Unnatürlichkeit spüren Schüler sehr wohl, auch wenn sie sie nicht analytisch durchdringen.

- Texte müssen Unbestimmtheit als Strukturelement beinhalten. Texte, die über ein (banales) Thema "alles" Wesentliche sagen, taugen nichts.

- Sie müssen in ihre pädagogischen Botschaften Negativität integrieren. Engagierte Auseinandersetzung schafft man nicht mit ausschließlich positiven Angeboten. Redemittel zum Ausdruck von Kritik, Unbehagen, Frust sind unabdingbar. Ein *«mince alors»* freilich kann nicht das Maß aller Dinge sein.

- Je kürzer die Texte, desto höher der Anteil des neuen Vokabulars. Das dient natürlich nicht der Textverständlichkeit. Wenn Texte insgesamt für Schüler erschließbar sein sollen, dann dürfen sie nicht zu kurz sein, auch wenn manchen Lehrkräften kurze Texte aus Gründen der sakrosankten intensiven Einführung lieber sind. Übrigens vermindern kurze Texte den ohnehin schon geringen *input* noch mehr.

Sind all diese Forderungen denn realistisch? Ich denke schon. Hierzu einige Beispiele, die ich im Rahmen dieser Publikation nur aufzählen kann:

1. Schon ab dem ersten Lernjahr sollte der Anteil authentischer Texte deutlich steigen, auch wenn deren Sprachmaterial nicht in gleicher Weise verfügbar gemacht werden kann, wie das konstruierter Texte. Hier sind die Methodiker gefordert, über bestehende Ansätze hinaus (z.B. Schmitt 1993) Modelle vorzulegen, die auch in die Seminarausbildung einfließen müssen.

2. Seit kurzem gibt es eine Lehrbuch"familie", die bereits viele der genannten Kriterien berücksichtigt. Es ist die bei Cornelsen erschienene *ETAPES*-Reihe[3]. Viele der Texte in diesen Büchern

---

3 <u>ETAPES</u> und <u>ETAPES MÉTHODE INTENSIVE</u>, erschienen im Cornelsen Verlag, Berlin, 1990-1994.

sind überdurchschnittlich lang, weisen vielfältige Unbestimmt-
heiten auf, die sich unterrichtlich bestens nutzen lassen, und sie
wirken, wie ich anläßlich eines Tests mit Studentinnen und
Studenten der Universität Tours feststellen konnte, auch auf
Muttersprachler idiomatisch korrekt und in Ton und Ablauf
natürlich. Bereits früh sind positive ˙ wie negative Affektiva
vorhanden. Auch Unterrichtsvorschläge zur schüleraktivierenden
Erarbeitung solcher Texte liegen inzwischen vor. Genannt sei hier
nur der *guide de lecture* (Wernsing 1993: 176-177). Natürlich
lassen sich solche Texte nicht immer mit den altbekannten
Methoden einführen. Schon bei der Erarbeitung ist Offenheit und
Schüleraktivierung nötig. Aber dazu geben die begleitenden
Lehrerhandbücher mehr als nur Alibihinweise. Und zusätzlich
bietet der Verlag eine periodisch erscheinende Begleitbroschüre
mit Unterrichtsvorschlägen, die an alle Lehrkräfte verschickt wird
(*par ETAPES*, vgl. Auswahlbibliographie).

3. Aber auch unabhängig davon lassen sich vielfältige Aktivitäten
finden, mit denen schwachen Texten "beizukommen" ist. An erster
Stelle ist hier zu fragen, ob die übliche intensive Semantisierung
neuen Vokabulars nicht eher deaktivierend wirkt. Als Gegenmodell
ließe sich folgende, hier nur summarisch skizzierte Linie
entwickeln: 1. Soweit irgend möglich, wird neues Vokabular
lehrbuchunabhängig bei geschlossenen Büchern eingeführt. Der
Text steht als Lesetext am Ende dieser Phase[4]. 2. Transparentes,
also aus dem Deutschen, dem Englischen, dem Lateinischen, etc.
erschließbares Vokabular wird nur eingeführt, wenn es im
Unterrichtsgespräch verwendet werden soll oder unverzichtbar für
das Themenvokabular ist; auch auf kontextuell leicht
erschließbares Vokabular kann bei der Semantisierung verzichtet
werden. Meist verbleibt damit zur Einführung nur noch ein
geringer Restbestand, und auch längere Texte sind so in einer
Unterrichtsstunde zu bewältigen. 3. Neues Vokabular sollte nicht
in Listen, sondern in Form von graphisch einprägsameren

---

4 Ausgenommen natürlich die Texte, die sich eher zum Training des
   Leseverstehens eignen.

Vokabelnetzen angeschrieben werden (Holtwisch 1990)[5]. Diese - nicht etwa das gesamte Lektionsvokabular - werden von den Schülern abgeschrieben und in ein thematisch geordnetes Ringbuch geheftet. Solche Cluster lassen sich übrigens sehr gut von den Schülern selbst erarbeiten. 4. Die inhaltliche Erarbeitung bezieht Schülervorstellungen nach dem Muster des erwähnten *guide de lecture* mit ein.

4. Man kann Texte umschreiben, kritisieren, rezensieren, in vielfacher Weise verändern lassen (bereits im ersten Lernjahr: Héloury 1992). Schüler sind hier sehr phantasiebegabt. So etwas ist freilich zeitaufwendig, macht aber durch die starke sprachverarbeitende Komponente manche Grammatikübung überflüssig. Generell muß wieder einmal gesagt werden, daß ein etwas souveränerer Umgang mit dem Lehrbuch durchaus keine meßbaren Nachteile bringt. Unlängst brachte es eine engagierte Lehrerin auf den Punkt, als sie erklärte, sie lasse langweilige Texte und viele Übungen einfach weg. Wer meint, die Schüler müßten dann doch bald schwerwiegende Defizite aufweisen, der überlege sich, ob sie das bei der Durchnahme all dessen, was zwischen die beiden Buchdeckel gepaßt hat, etwa nicht tun. Wäre es anders, müßten unsere Schüler doch alle viel bessere Noten haben! Von den nicht wenigen Schulwechslern, die von heute auf morgen mit ganz anderen Büchern und Pensen zurechtkommen müssen, ganz zu schweigen.

4.2. Übungen

Eine Umorientierung in diesem Bereich müßte folgende Kriterien berücksichtigen:

- Übungen dürfen sich nicht einseitig auf die Morphosyntax beziehen. Ohnehin ist dieser Weg wenig erfolgversprechend[6].

---

5 Vgl. auch z.B. Vorwort et passim in: **ETAPES méthode intensive 1**, Lehrerhandbuch. Berlin: Cornelsen, 1994.

6 Jeder kennt den Stoßseufzer, der da lautet: "Jetzt haben wir schon so viele Übungen gemacht, und sie können den Stoff immer noch nicht!" Noch mehr

Wäre er das, so müßten angesichts der vorliegenden Fülle von Grammatikübungen ja all unsere Schülerinnen und Schüler ihren Grammatikstoff glänzend beherrschen. Gefragt sind viel mehr Übungen zur Festigung und Vernetzung von Wortschatz und Redemitteln.

- Die Übungsprogression muß besser durchdacht werden. Es hat keinen Sinn, Übungen, die inhaltlich nichts miteinander zu tun haben und die leider nicht ganz selten Schwereres vor Leichterem präsentieren, additiv zu reihen. Sie sollten inhaltlich mit dem aktuellen Stoff zu tun haben, sie müssen im Schwierigkeitsgrad aufeinander aufbauen, und sie dürfen nicht auf der Ebene der Reproduktion stehen bleiben. *Vor Transferübungen, die diesen Namen auch verdienen, scheuen aber noch zu viele Lehrbücher zurück.* Freilich bedeutet sprachlicher Transfer immer auch einen Verlust an Kontrolle: Bei einer Transferübung riskieren wir, daß unsere Schüler die soeben mühevoll eingeübten Strukturen gerade vermeiden. Aber das sagt vielleicht einiges über die kommunikative Notwendigkeit mancher Grammatikstruktur aus.

- Dominant sind noch immer "geschlossene" Übungen, die dem binären Muster von "falsch/richtig" folgen. Das kommt natürlich den Unterrichtenden in ihrem legitimen Kontrollbedürfnis entgegen. Damit wird aber suggeriert, daß die formal korrekte Sprache alles sei, der Inhalt dagegen nichts, und so wird mitteilungsbezogene Kommunikation tendenziell blockiert. Offenere Übungstypen sind demgegenüber unbequemer, weil sie mehrere Lösungen zulassen, sie sind aber effizienter (Rohrer 1984: 103-104, 106).

Auch diese Forderungen erscheinen mir durchaus realisierbar:

1. Denkbar wäre es zum Beispiel, den geschlossenen Übungstyp in das Übungsheft zu verlegen. Damit wäre das Schülerbuch selbst der Ort für den offeneren Übungstyp, der mehr Zeit braucht und

---

Übungen zur Morphosyntax, wie unlängst auf einer FMF-Tagung in Ingolstadt gefordert, helfen da überhaupt nicht weiter. Vgl. dazu insbesondere auch Butzkamm 1989.

nach sozialintegrativen Arbeitsformen verlangt. Diesem Muster folgt in etwa *ETAPES*. Auch der Forderung nach einer wohlkalkulierten Progression, die nicht schon vor Erreichen der Transferstufe abbricht, wird dieses Buch gerecht.

2. Bei der Korrektur des Verhältnisses zwischen morpho-syntaktischen und wortschatzbezogenen Übungen gehen viele inzwischen, wenn auch sicher noch längst nicht in ausreichendem Maß, neue Wege.

3. Auch hier muß beileibe nicht alles "abgehakt" werden, was das Buch bietet. Statt verkrampft kontextualisierende, dennoch unverhohlen dem *pattern-drill* verpflichtete Übungen abzuarbeiten, lieber bei Bedarf Konjugationsmuster und Strukturdrills einschieben, dann aber rasch wieder zurück zu Rollenspiel, Simulation, Diskussionsrunden, kreativer Textarbeit und was es an lebendigen Arbeitsformen sonst noch gibt! Fehler korrigieren, Grammatik bewußt machen und erklären, das kann man auch zwischendurch. Und wenn bei schwierigen Stoffen denn intensiver geübt werden muß, dann ist eine operatorische Übung (Zimmermann 1985: 32-33) vielleicht ohnehin der bessere Weg.

Schon mehrfach wurde bisher eine Möglichkeit angesprochen, der ich langfristig große Chancen einräume: die Lösung vom Lehrbuch als alles beherrschendem Medium. Das Lehrbuch kann sehr effizient die Progression steuern und praktische Handreichungen geben, wenn es entsprechend konzipiert ist. Es kann aber nicht den Dialog zwischen Lernenden und Lehrenden ersetzen, der auch bei noch so tatkräftiger Unterstützung durch andere Medien, etwa die elektronischen, letztendlich für den sprachlichen Erfolg ausschlaggebend bleiben wird. Und in punkto Aktualität und Schülermotivation ist es authentischen Materialien allemal unterlegen.

Bleibt noch zu fragen, welche lehrbuchunabhängigen Verfahren dem Schülerfrust Vorschub leisten, und welche ihn abbauen helfen.

4.3. Lehrbuchunabhängige Verfahren

1. Bei der Texterarbeitung stößt man immer wieder auf eine typische Lehrerfrage. Sie lautet etwa: «*Quels sont les mots inconnus?*» Schon stürzen sich alle, mit Textmarker bewaffnet, auf die unbekannten Vokabeln und übersehen darüber, daß sie den Text an sich längst verstanden hätten. Offenbar übersehen das auch die Lehrkräfte. Sie übersehen vor allem, daß hier statt einer Kompetenz eine Nicht-Kompetenz trainiert wird. Ein einfacher Versuch hat gezeigt, daß die gegenteilige Frage sehr viel wirkungsvoller ist. Einer Schülergruppe (Leistungskurs, 12 Schüler, mittelmäßiges Niveau) wurden drei mittelschwere Texte zur *francophonie* (je ca. 450 Wörter) vorgelegt. Sie waren mit Hilfe von wenigen Leitfragen in arbeitsteiligen Gruppen zu erschließen, wobei Fragen zum Wortschatz nicht zugelassen waren. Nach etwa 20 Minuten referierte jede Gruppe den Inhalt ihres Textabschnitts. Das gemeinsame Gespräch ergab: Alle Schüler (auch die schwächeren) hatten das Wesentliche erfaßt, sie begannen rasch, selbst Hypothesen über unklare Textpassagen zu formulieren, und in ihren Ratestrategien bezogen sie unaufgefordert Wortumgebungssignale, allgemeines Weltwissen und Situationswissen mit ein. Viele *Wörter* blieben unbekannt, aber die *Texte* waren nach einer einzigen Unterrichtsstunde erfaßt. Solche Verfahren sind nicht nur motivierend, sie helfen auch, unwichtiges von wichtigem Vokabular zu trennen. Gerade die unbekannten Vokabeln liegen ja eher jenseits des Grund- oder sogar Aufbauwortschatzes. Ihre Erarbeitung ist dementsprechend unproduktiv.

2. Bei der Leistungsmessung sollte, wie bereits gesagt, stärker Rücksicht auf die rezeptiven Fertigkeiten genommen werden. In der Anlage füge ich ein Sprachzeugnis bei, das zur Zulassung von Studienbewerbern an ausländischen Hochschulen verwendet wird. Es unterscheidet klar nach den vier Fertigkeitsbereichen. Würden wir in der Schule auch so vorgehen, dann kämen gerade die sprachproduktiv schwächeren Schüler zu ihren motivatorisch so nötigen Erfolgserlebnissen, insofern könnte dieses

Zeugnisformular im Unterricht als Verstärker wirken[7]. Fremdsprachliche Äußerungen zu verstehen, das ist beileibe nicht wenig. In Praktikerkreisen sollte darüber nachgedacht werden, ob es nicht ausreichend für ein "ausreichend" sein könnte. Meines Erachtens ist eine breite Fachdiskussion darüber überfällig. Sie würde eine Neubesinnung auf angemessenere Prüfungsverfahren insgesamt nach sich ziehen[8].

3. Ich vertrete mit Daniel Pennac (Pennac 1992)[9] die These, daß es nichts schadet, Texte, Passagen, oder einzelne besonders gelungene Sätze auswendig lernen zu lassen. Textproduktion profitiert von den sprachlichen Mustern, die wir gespeichert haben, sie sind unsere "Sicherheitsinseln". Wer wenig memoriert, verfügt über wenige Sicherheitsinseln und muß sich infolgedessen beim Formulieren oft in unsichere Gewässer vorwagen. Bereits im Unterricht selbst läßt sich folgende einfache Aufgabe stellen: *«Choisissez dans votre texte une phrase ou un passage que vous trouvez intéressant, puis apprenez-le/-la par coeur.»* Anschließend begründen die Schüler ihre Wahl - eine gute Möglichkeit zur mitteilungsbezogenen Kommunikation und zur gleichzeitigen Einübung häufig benötigter Redemittel.

---

7   Es versteht sich von selbst, daß die Rubriken des *certificat* nicht absolut gelten, sondern im Hinblick auf die jeweilige Stufenkompetenz gesehen werden müssen.

8   Der Kongresskontext liefert ein weiteres Argument für diesen Vorschlag: Im internationalen Rahmen läuft Kommunikation nicht ganz selten in der Muttersprache der Teilnehmer ab, wobei die Gesprächspartner diese verstehen, aber in ihrer eigenen Sprache - oder einer gut beherrschten anderen Fremdsprache - reagieren. Man nennt das rezeptive Mehrsprachigkeit. Diese in der Schule zu trainieren, ist kein allzu bescheidenes Ziel. Seine Funktion als Selektionsfach würde das Französische dabei freilich weitgehend verlieren. Ob das allen behagt, sei dahingestellt.

9   Pennac ist Französischlehrer, und gleichzeitig schreibt er erfolgreich Kriminalromane und ist Autor des zitierten, sehr empfehlenswerten Buches über das Lesen in der Schule.

4. Auswendig lernen bedeutet, Textmodelle zu speichern. Etwas anderes ist es, Bedeutung in eigenen Worten wiederzugeben. Es gibt einen Zwischenbereich, in dem beides potentiell ineinanderfließt: die Nacherzählung. Ich gehöre beileibe nicht zu denen, die eine Wiederbelebung dieses Übungstyps als Prüfungsform propagieren. Aber das konzentrierte Anhören langsam vorgetragener, kurzer und möglichst interessanter Texte, das gleichzeitige *bewußte Subvokalisieren* (wozu man die Schüler allerdings ermuntern muß), und die Wiedergabe in nicht nur eigenen Worten, das ist eine hochkomplexe und sicher auch spracherwerblich nützliche Arbeitsform, die nicht nur die Konzentrations- und Memorierfähigkeit trainiert. Wenn am Ende nicht beckmesserische Benotung steht, kann das sogar Spaß machen. Man sollte es wieder einmal damit versuchen, allerdings nicht ohne eine fachdidaktische Diskussion der Möglichkeiten und Grenzen dieser Versuche!

5.   Und die institutionellen Zwänge?

Nach der Lektüre meiner Anmerkungen könnte der Eindruck aufkommen, in Didaktikerkreisen habe man noch nichts von zu großen Klassen, schwierigen Schülerinnen und Schülern, abnehmender Konzentrationsfähigkeit und dergleichen gehört. Das ist natürlich nicht der Fall. Diese Faktoren zu ändern ist in der Tat eine der dringlichsten Aufgaben unserer Kultusbürokratien. Solange sie es nicht fertigbringen, für kleinere Klassen, gut ausgestattete Fachräume (so etwas haben doch die Biologen, Chemiker und Physiker auch?) und - vor allem! - weniger einengende Korrektur- und Bewertungsvorschriften zu sorgen, so lange wird man sich auch mit den lebendigsten Unterrichtsvorschlägen immer dem Vorwurf der "Feiertagsdidaktik" (Meyer 1980: 178 ff.) aussetzen. Das weiß ich, aber dagegen wehre ich mich auch, denn: Schülerfrust, das bedeutet zwangsläufig auch Lehrerfrust. Und den sollten wir schon aus Eigeninteresse abbauen. Wenn wir warten, bis die institutionelle Seite ideale Bedingungen geschaffen hat, dann ist es für unser Fach möglicherweise schon zu spät.

· Anhang:

CERTIFICAT DE CONNAISSANCES LINGUISTIQUES

ORAL

ÉCRIT

COMPRÉHENSION

[1] Comprend pratiquement tout quand on lui parle à cadence normale.

[2] Comprend quand on lui parle lentement et distinctement.

[3] A encore beaucoup de difficultés à comprendre et fait répéter ou traduire un grand nombre de mots.

COMPRÉHENSION

[1] Lit couramment et comprend ce qu'il lit.

[2] Lit lentement mais comprend ce qu'il lit.

[3] Lit difficilement et avec l'aide d'un dictionnaire.

[4] Est incapable de comprendre un texte

EXPRESSION

[1] Parle presque couramment et correctement.

[2] Parle lentement mais assez correctement.

[3] Se fait comprendre facilement mais commet encore des erreurs.

[4] Hésite en parlant et commet beaucoup d'erreurs.

EXPRESSION

[1] Ecrit facilement et assez correctement.

[2] Ecrit facilement mais fait encore des fautes.

[3] Ecrit lentement mais assez correctement.

[4] Ecrit difficilement et fait de nombreuses fautes.

PRONOCIATION

[ ] Très bonne   [ ] Bonne   [ ] Satisfaisante   [ ] Peu satisfaisante

Bibliographie

Butzkamm, Wolfgang: *Psycholinguistik des Fremdsprachenunterrichts.* Tübingen: Francke 1989.

par ETAPES. Tips für den Französischunterricht. Hrsg. von der Redaktion Romanische Sprachen. Berlin: Cornelsen.

Finkenstaedt, Thomas, Schröder, Konrad: *Sprachen im Europa von morgen.* Berlin, München: Langenscheidt 1992.

Héloury, Michèle: *"Nicole et les médecins.* Ein Beispiel für kreatives Schreiben."* in: *par ETAPES.* 2/1993, S. 1-2, 4.

Holtwisch, Herbert: "Brainstorming- und Informationsverarbeitungstechniken im Fremdsprachenunterricht. Ein Beitrag zur Integration beider Hirnhemisphären durch Arbeit mit *Clustern"* in: *PRAXIS* 3/1990, S. 244-250.

Iser, Wolfgang: "Die Appellstruktur der Texte", in: Warning, Rainer: *Rezeptionsästhetik.* München: Fink 1975, S. 228-252.

Meyer, Hilbert: *Leitfaden zur Unterrichtsvorbereitung.* Königstein/Taunus: Scriptor 1980.

Pennac, Daniel: *Comme un roman.* Paris: Gallimard 1992.

Polleti, Axel: *"Le gonflement grammatical.* Ein Vorschlag zum Transfer im Grammatikunterricht"* in: *PRAXIS* 3/1989, S. 288 ff.

Polleti, Axel: "Französischlehrbücher im Urteil von Schülern und Lehrern. Bericht über eine Umfrage."* in: *PRAXIS* 2/1993, S. 183-190.

Rohrer, Josef: *Zur Rolle des Gedächtnisses beim Fremdsprachenlernen*, Bochum: Kamp, 2. überarbeitete Aufl. 1984

Schmitt, Heinrich J. F.: "Motivation durch authentische Texte im Französischunterricht"* in: *FU Französisch* 3/93, S. 47-51.

Wernsing, Armin Volkmar: "Von Lehrbuchtexten und dem Umgang mit ihnen. Beispiel: Französischunterricht."* in: *PRAXIS* 2/1993, S. 173-180.

Zimmermann, Günther, Wißner-Kurzawa, Elke: *Grammatik lehren - lernen - selbst lernen.* München: Hueber, 1985, S. 32-33.

Petra Schenke
Die Relevanz bestimmter Interaktionsstrukturen und Kommunikationsformen für den "Erfolg" textbezogener Rezeptionsgespräche im Englischunterricht der Sekundarstufe II

Prof. W. Brusch hatte in den 80iger Jahren mehrmals auf die Bedeutung des Literaturunterrichts für die fremdsprachliche Erziehung hingewiesen.

Schulpraktiker und -theoretiker sind sich heute darüber einig, daß das Gespräch über literarische Originaltexte eine zentrale Komponente des fortgeschrittenen Englischunterrichts bedeutet.

So heißt im Hamburger Lehrplan für das Fach Englisch auf der Sekundarstufe II (1989:89):

"Die Schüler sind ständig aufgefordert, sich mit der Textvorlage, den Reaktionen der Mitschüler und Mitschülerinnen und des Lehrers/der Lehrerin auseinanderzusetzen."

Über den Umgang mit dem Text hinaus geht es im fremdsprachlichen Unterrichtsgespräch also um Kommunikation und Interaktion. Von diesem Austausch unterschiedlicher Schüler- und Lehrerperspektiven lebt das unterrichtliche Gespräch, in dem es nicht nur um Textverstehen, sondern auch um die Bewußtmachung individueller Erfahrungs- und Wahrnehmungshorizonte geht.

Inwieweit eine Lerngruppe ihre Rezeptionsperspektive im Gespräch eröffnen kann, hängt nach Ansicht der Literaturdidaktiker entscheidend davon ab, welchen Stellenwert der Lehrer den Erkenntnisinteressen der Schüler gibt. Demnach ist also die Möglichkeit der Lernenden, ihre Leseeindrücke in das Unterrichtsgespräch einzubringen, entscheidend von der im Klassenzimmer üblichen Form der kommunikativen Interaktion bestimmt.

Doch welche konkreten Hinweise gibt nun die englische Fachdidaktik zur Durchführung eines solchen "schülerorientierten" Rezeptionsgespräches zwischen Schüler und Lehrer - oder sollten wir besser sagen - in der Lerngruppe? Wir hören oft das Schlagwort "Schüler-orientierung": die Schülerperspektive zu berücksichtigen, sei oberstes Ziel der Textbesprechung. Die Schüler seien an der Gesprächsplanung zu beteiligen und die Gesprächslenkung sei möglichst bald der Lerngruppe zu übertragen. Ein Lehrer, der bereit ist, auf die Schülerperspektive einzugehen, muß sich also zunächst mit den Kommunikationserwartungen der Lernenden auseinandersetzen. Sind die Schüler nämlich einen stark lehrerorientierten Unterrichtsstil gewohnt, dürften sie zunächst einmal wenig mit dem plötzlich gewonnenen Freiraum anzufangen wissen und die Meinungsäußerungen ihres Lehrers leicht als Interpretationsrichtlinien mißverstehen.

Selbst wenn Lehrer und Schüler bereit sind, sich gemeinsam auf die Interpretation einzulassen, ist dies allerdings immer noch kein Erfolgsrezept für ein intensives Unterrichtsgespräch. Die Beteiligung des Schülers an dem fremdsprachlichen Unterrichtsgespräch setzt nämlich nicht nur seinen Mitteilungswunsch voraus, sondern auch seine Zuversicht, sich in der Fremdsprache äußern zu können. Bei der Betrachtung "schülerorientierten" Lernens im fremdsprachlichen Literaturunterricht gilt es daher zu berücksichtigen, daß der Grad der "Schülerorientierung" nicht nur in der interpretatorischen Offenheit des Gesprächs zum Ausdruck kommt, sondern sich auch in der begleitenden oder integrierten Spracharbeit zeigt.

Weder im fremdsprachlichen noch im muttersprachlichen Literatur-unterricht hatte es bisher eine empirische Untersuchung gegeben, die textbezogene Rezeption und Kommunikation im Klassenzimmer beschreibt. Bei der Analyse der kommunikativen Interaktion konnte ich mich aber zumindest an den Methoden der angelsächsischen Ethnographie und Interaktionsforschung orientieren. Ich habe die Erfahrung gemacht, daß bestimmte statistische Verfahren den Überblick über unterrichtliche Zusammenhänge erleichtern können, ohne daß dabei die Eigengesetzlichkeit individueller Schüler- und Lehrerreaktionen aus dem Blickfeld geraten muß.

Da zu Beginn der Forschungsarbeit noch keineswegs feststand, inwieweit das Gesprächsinteresse der Schüler durch den Unter-richtstext selbst bestimmt wurde, und inwieweit es sich erst aus der kommunikativen Interaktion im Klassenzimmer ergeben würde, war es erforderlich, sowohl das anfängliche Textinteresse der Schüler als auch die im Klassenzimmer praktizierte Interaktionsform als Ursachenfaktoren für das Diskussionsinteresse der Lerngruppe zu überprüfen.

In einer empirischen Vergleichsstudie zum Rezeptionsverhalten verschiedener Oberstufenkurse müssen die Versuchsgruppen offensichtlich ein vergleichbares Sprachniveau besitzen, da andernfalls keine generalisierbare Aussage über einen eventuellen Wirkungszusammenhang zwischen Lehrerverhalten und Schülerengagement möglich ist. Die Fachdidaktiker sind sich heute darüber einig, daß ein freies Gespräch nur auf der obersten Lernstufe des Fremdsprachenunterrichts geführt werden kann (Brusch 1989:117). Wenn sich diese Untersuchung auf das Leistungskursniveau konzentriert, soll damit allerdings nicht suggeriert werden, daß nicht auch ein Grundkurs oder ein Vorstufenkurs ein Gespräch ohne sprachliche Vorausplanung führen kann.

Das konkrete Forschungsprogramm sah nun folgendermaßen aus:

Im Rahmen ihres normalen Unterrichtsprogramms behandelten zehn Hamburger Englischleistungskurse Dorothy Parkers Kurzgeschichte *You were perfectly fine*. Vor dem Unterrichtsgespräch über die *Short Story* gaben mir die Schüler auf einem Fragebogen bekannt, über welche Textaspekte sie gerne mit ihrem Lehrer sprechen wollten. Das anschließende textdeutende Rezeptionsgespräch wurde mit einem Kassettenrekorder aufgezeichnet und später transkribiert. (Die Tonbandaufzeichnungen sollten darüber Auskunft geben, inwieweit die von den Schülern als interessant eingestuften Themen aus der Lehrer- oder aus der Schülerperspektive entwickelt worden waren.) Im Anschluß an das Interpretationsgespräch erhielten die Schüler einen zweiten Fragebogen, auf dem sie angaben, inwieweit ihre Rezeptionsinteressen in der Unterrichtsdiskussion berücksichtigt worden waren. Außerdem wurden sie gefragt, welche neuen Gesprächsinteressen sie im Unterricht entdeckt hatten.

Die Interdependenz individueller Rezeptionsperspektiven kann offensichtlich nur durch den kommunikativen Bezug der

Sprachäußerungen erkannt werden. Da sich die individuellen und gruppenspezifischen Rezeptionsperspektiven im Unterricht in sprachlicher Form manifestieren, ist der Forscher zu einer systematischen Analyse verbalen Kommunikationsverhaltens aufgefordert. Die Erfassung und Deskription signifikanter Unterrichtsstrukturen verlangt entsprechend ein linguistisch fundiertes Analysesystem.

Die Analyse fremdsprachlicher Rezeptionsgespräche trägt eine zusätzliche Untersuchungsdimension dadurch, daß die Sprachstrukturen nicht nur in Hinblick auf ihre mitteilungsbezogene, sondern auf ihre sprachliche Funktionalität hin untersucht werden müssen. Die Übergänge zwischen sprach- und mitteilungsbezogener Kommunikation sind natürlich fließend. Am eindeutigsten ist die Unterscheidung, wenn die sprachliche Form einer Mitteilung im fremdsprachlichen Rezeptionsgespräch zum Aussageinhalt per se wird, denn im fremdsprachlichen Rezeptionsgespräch müssen sich die Teilnehmer auch über den richtigen sprachlichen Ausdruck ihrer Texteindrücke verständigen.

Um die Intentionalität und Funktionalität schulischer Sprachäußerungen erfassen zu können, wurde ein linguistisches Kategoriensystem notwendig, das die Identifikation und Beschreibung kommunikativer Strukturen oberhalb der Satzebene erlaubt.

Die englischen Soziolinguisten Sinclair und Coulthard setzten (1975) voraus, daß die sogenannte normale schulische Kommunikation grundsätzlich nach dem Gesprächsmuster

Initiation (Lehrer) - *Response* (Schüler) - *Feedback* (Lehrer)

abläuft.

Schulische Kommunikationszüge, in denen Schüleräußerungen durch den Lehrer nicht programmiert und evaluiert werden, sind mit den Sinclair/Coulthard Kategorien aber offenbar gar nicht erst erfaßbar. Ein Unterrichtsforscher, der die Äußerungsfolge *Initiation - Response - Feedback* erwartet, mag die kommunikativen Implikationen ähnlicher Strukturmuster leicht übersehen und geneigt sein, auch eine Schülerantwort, die einen Gesprächsansatz initiiert, als einfache *Response*kategorie des vertrauten Strukturmusters zu kategorisieren.

Keineswegs ist nun aber jede Lehrerantwort, die einer Schülerantwort folgt, automatisch als wertendes Feedback zu verstehen, wie Sinclair und Coulthard offensichtlich voraussetzen.

Wortlaut und Tonfall einer Lehrerreaktion lassen Beobachter offensichtlich nicht immer erkennen, welche Kommunikationsabsicht der Lehrer verfolgt: ich hatte mitunter Mühe festzustellen, inwieweit die von mir beobachteten Lehrer die Äußerungen ihrer Schüler bewerten wollten. Ein ethnographischer Unterrichtsforscher hätte mir in dieser Situation den Rat gegeben, die Unterrichtenden nach ihren Kommunikationsabsichten zu befragen. Um mich ganz in das Unterrichtsgeschehen hineinversetzen zu können, hätte ich dann wohl das Unterrichtsgepräch mehrmals unterbrechen müssen. Ohnehin hätte ich aber die Distanz des (um Objektivität bemühten) Unterrichtsbeobachters nur ungern aufgegeben. Anstatt den Lehrer zu fragen, wie "schülerorientiert" seine Äußerungen denn gemeint wären, beobachtete ich daher stattdessen, wie die Schüler auf die Lehreräußerung reagierten. Meine unmittelbaren (möglicherweise subjektiven) Unterrichtseindrücke wollte ich dann durch eine systematische Analyse der Unterrichtsdiskurse überprüfen und vertiefen.

Methodische Hilfe versprach dabei der Ansatz von Nissen, der den kommunikationstheoretischen Ansatz von Sinclair und Coulthard für die didaktische Analyse des deutschen Fremdsprachenunterrichts nutzbar gemacht hatte. Die drei Funktionskomponenten muttersprachlicher Äußerungsfolgen *Initiation - Response - Feedback* beschreiben seiner Erfahrung nach eine typische Interaktionsstruktur im fortgeschrittenen Englischunterricht. Allerdings betont Nissen zugleich die Notwendigkeit einer vierten Interaktionskategorie, die er als *Recycling Move* bezeichnet. Darin sieht er die Wiederaufnahme der Schüleraussage durch den Lehrer, der linguistisch, kognitiv und didaktisch eine Modifikation, Differenzierung oder Progression der Schüleraussage initiiert. Dieser *Recycling Move* bezeichnet offenbar einen wesentlichen Aspekt "schülerorientierter" Gesprächsführung: Der Lehrer reagiert ohne evaluierendes *Feedback* und kultiviert damit die Möglichkeit eines "echten" Gesprächs zwischen gleichberechtigten Gesprächspartnern.

Nach Ansicht der Fachdidaktiker gibt es in der zur Zeit üblichen Unterrichtspraxis allerdings kaum fremdsprachliche Rezeptionsgespräche ohne ein evaluierendes *Feedback* durch den Lehrer. Die Wiederaufnahme und Verstärkung von Redeimpulsen sei ebenfalls ein Monopol des Lehrenden.

Die empirische Grundkonzeption meiner Unterrichtsbeobachtung basierte auf der Annahme, daß die drei Grundkategorien *Initiation*, *Response* und *Feedback* das schulische Interpretationsgespräch hinreichend beschreiben könnten, sofern sie als Bausteine eines Analysesystems verwandt würden. Bei der empirischen Beobachtung der Unterrichtsdiskurse wurde also entsprechend auch auf Mischkategorien zwischen *Response* und *Initiation* bzw. zwischen *Feedback* und *Initiation* geachtet. Somit war die Sequenz dieser einzelnen Gesprächskomponenten in der empirischen Untersuchungsperspektive noch keineswegs festgelegt.

Unter diesen Voraussetzungen konnte ich in den Versuchsgruppen mehrfach Kommunikationsfolgen mit ausschließlich "schülerorientierten" Interaktionszügen beobachten.

Eine solche Abfolge "schülerorientierter" Kommunikationsschritte sei hier in vertikaler Sequenz dargestellt:

Initiation (durch Schüler)

Response/Initiation (durch Lehrer oder Schüler)

Response/Initiation (durch Lehrer oder Schüler)

Response (durch Lehrer oder Schüler)

Die Charakterisierung eines Interaktionszuges als tendenziell "schüler-" oder "lehrerorientiert" basierte auf zwei entscheidenden erkenntnistheoretischen Prämissen:

1) Die Rezeptionseindrücke der Lernenden müssen die Gesprächsgrundlage bilden, damit die Wahrnehmungs- und Erkenntnisperspektive der Lernenden entsprechend berücksichtigt werden kann.

2) Ein Lehrer fordert die kognitive Selbständigkeit des Schülers entsprechend nur dann, wenn er auf eine eigene Initiation weitgehend verzichtet und stattdessen auf die Schüleräußerungen Bezug nimmt, diese reinitiiert und transferiert.

Bei der Kodierung der Rezeptionsgespräche galt eine Lehrerinitiation entsprechend nur dann als "schülerorientiert", wenn sie unmittelbar an eine zuvor getroffene Schüleräußerung anknüpfte. Die unmittelbare Präsentation des Lehrerstandpunktes oder die Erklärung einer didaktischen Absicht wurde dagegen als tendenziell "lehrerorientiert" eingestuft. Die Kommunikationsschritte, mit denen der Lehrer auf die Schüleräußerungen Bezug nahm, ohne diese zu bewerten, zeigten dagegen eine unmittelbare kognitive/affektive Gesprächsorientierung an der Rezeptionsperspektive des Schülers.

Ein evaluatives Feedback nimmt zwar ebenfalls direkt auf die zuletzt getroffene Schüleräußerung Bezug, validiert aber die Schülerperspektive unmittelbar in Hinblick auf den Lehrerstandpunkt.

In diesem Forschungsprojekt ging es nun weniger darum, zwei grundverschiedene kommunikative Unterrichtsformen miteinander zu vergleichen, als vielmehr darum, bereits Ansätze einer "schülerorientierten" Gesprächsführung in ihrer Bedeutung für das Interpretationsengagement der Schüler zu untersuchen. Entscheidend dabei waren die in der Unterrichtspraxis tatsächlich bestehenden Kommunikationsgewohnheiten, so daß die Klassifizierung der zehn Versuchsgruppen nach den Kategorien "lehrer-" oder "schülerorientiert" nicht an einer hypothetischen Idealvorstellung orientiert werden durfte, sondern konkret aus der empirischen Analyse der Unterrichtsdaten abgeleitet werden mußte.

Es galt nun einerseits, den möglichen Einfluß der "lehrer-" und "schülerorientierten" Interaktionsform auf das Diskussionsinteresse der Schüler zu überprüfen. Andererseits sollte die Möglichkeit eines Wirkungszusammenhangs zwischen dem anfänglichen Textinteresse und dem später existierenden Interesse am Interpretationsgespräch getestet werden.

Das Ergebnis der statistischen Varianzanalyse zeigt, daß das Diskussionsinteresse der Versuchsgruppen sowohl durch das thematische Ausgangsinteresse als auch durch das gruppenspezifische Interaktionsverhalten bestimmt wurde. Die "schülerorientierte" Interaktionsform ergab auf allen drei Stufen der Grundmotivation ein höheres Diskussionsinteresse als die "lehrerorientierte" Form .

Selbst bei einem niedrigen Schülerinteresse an der Thematik des Unterrichtstextes war der Einsatz "lehrerorientierter" Kommunikationsstrategien also keineswegs gerechtfertigt; denn in dem Moment, wo ein Lehrer versuchte, Textäußerungen zu forcieren, zogen sich die Gesprächsteilnehmer noch mehr zurück.

Die Gesprächsteilnehmer aller zehn Versuchsgruppen wußten bereits zu Beginn des Unterrichtsgesprächs, worüber sie sprechen wollten bzw. nicht sprechen wollten. Sie waren also keineswegs auf die zahlreichen Interpretationsimpulse, mit denen die Lehrer ihnen auf die Sprünge helfen wollten, angewiesen.

Aber führt nicht eine sprachliche Überlegenheit des Fremdsprachenlehrers zwangsläufig zu seiner inhaltlichen Dominanz im Interpretationsgespräch?

Meine Forschungsarbeit legt den Schluß nahe, daß die kognitive und affektive Gesprächsemanzipation des Fremdsprachenschülers keineswegs an die Form sprachbezogener Lehrer-Schüler-Interaktion gebunden ist. Allerdings sollte der Fremdsprachenlehrer seinen Schülern vermitteln können, daß ihr Wert als Gesprächspartner nicht an die sprachliche Korrektheit ihrer Mitteilung gebunden ist. Die Schüler müssen bereits in der Verwirklichung einer Kommunikationsabsicht einen Lernerfolg sehen dürfen. Es ist offenbar wichtig, daß sie fremdsprachliche Redemittel im Gespräch erproben können. Damit sei allerdings nicht impliziert, daß der Lehrer keine Sprachkorrekturen während des Interpretationsgesprächs vornehmen dürfte. Das Kommunikationsverhalten der Versuchsteilnehmer zeigte mir, daß sprachbezogene und mitteilungsbezogene Interventionen des Lehrers sehr unterschiedlich bewertet wurden. Während sprachliche Hilfestellungen begrüßt wurden, schien die inhaltliche Gesprächssteuerung und -evaluation einen eher negativen Effekt auf das Interpretationsengagement der Teilnehmer zu haben.

Doch es sind offensichtlich sehr viel umfangreichere Studien notwendig, bevor generalisierbare Aussagen über den Zusammenhang zwischen sprachbezogener und mitteilungsbezogener Interaktion möglich sind.

In der modernen Fremdsprachenerwerbsforschung und Soziolinguistik gilt die aktive Gesprächsbeteiligung zwar als notwendige Voraussetzung für die Differenzierung und Erweiterung fremdsprachlicher Kommunikationsfähigkeiten und -fertigkeiten (van Lier 1988:74). Die Möglichkeiten und Grenzen fremdsprachlicher Entwicklung im partner- und sachorientierten Gespräch sind jedoch bislang noch zu wenig erforscht worden, als daß zu diesem Zeitpunkt verbindliche Aussagen über die linguistische Kompetenzerweiterung im fremdsprachlichen Literaturunterricht möglich wären. Es liegt nahe, daß ein "echtes" textbezogenes Gespräch erst dann möglich wird, wenn die Schüler bereits über ein bestimmtes linguistisches und sprachpragmatisches Wissen verfügen.

Wünschenswert wäre in der nahen Zukunft der Fremdsprachen-forschung eine Untersuchung zur möglichen Interdependenz von Sprachgewinn und interaktionalem Kommunikationsverhalten. Dazu müßte die Sprachentwicklung in mehreren "schüler-" und "lehrerorientierten" Kursen über einen längeren Unterrichtszeitraum hinweg beobachtet und miteinander verglichen werden. Im Rahmen meiner Untersuchung war nun weder eine Langzeitbeobachtung in den Versuchsgruppen noch die Durchführung relevanter Sprachtests vor und nach dem fremdsprachlichen Rezeptionsgespräch möglich.

Am Ende meines empirischen Projekts steht also zunächst einmal eine vorläufige, hypothetische, Konzeption "schülerorientierter" Ge-sprächsführung: darin harmonisiert eine aktive Lehrerpräsenz im sprachlichen Kommunikationsbereich mit der kognitiven und affektiven Emanzipation der Schüler. Die Aufgabe des Lehrers als Gesprächsführer wird darin also keineswegs überflüssig, aber doch so weit differenziert, daß der kommunikativen Eigeninitiative der Lernenden verstärkt Rechnung getragen werden kann.

Bibliographie

Allwright, D.: *Observation in the Language Classroom*. Applied linguistics and language study. London/New York: Longman, 1988.

Behörde für Schule, Jugend und Berufsbildung: *Lehrplan Englisch als weitergeführte Fremdsprache für die gymnasiale Oberstufe*. Hamburg: Drei-Mohren-Verlag, 1989.

Brusch, W.: *Text und Gespräch in der fremdsprachlichen Erziehung*. Hamburg: ELT, 1986.

Brusch, W.: `Zur Verwirklichung von Gesprächen im Fremdsprachenunterricht'. In: W. Brusch, W. Künne, & R. Lehberger (eds.): *Festschrift für Peter W. Kahl*. Berlin: Cornelsen, 1989, p. 115ff.

Edwards, A. & N. Mercer: *Common Knowledge. The development of understanding in the classroom*. London/New York: Methuen, 1987.

Flanders, N.A.: *Analysing Teaching Behaviour*. London: Addison-Wesley, 1970.

Frenzel, G. & D. Hermann(eds.): *Statistik mit SPSS^x. Eine Einführung nach M.J. Norusis*. Stuttgart: Gustav Fischer, 1989.

Hammersley, M. (ed.): *Controversies in Classroom Research*. Milton Keynes/ Philadelphia: Open University Press, 1986.

Hatch, E. : 'Discourse analysis, speech acts and second language acquisition'. In: W.C. Ritchie (ed.): *Second language acquisition research. Issues and implications*. New York/London: Academic Press, p. 137ff.

Krumm, H.-J.: *Analyse der Unterrichtssprache. Ansätze zu einer Diskursanalyse dargestellt am Sprachverhalten englischer Lehrer und Schüler*. Heidelberg, 1977.

van Lier, L.: *The Classroom and the Language Learner*. Applied Linguistics and Language Study. New York: Longman, 1988.

Nissen, R.: *Beyond Sinclair/Coulthard: 'Free didactic conversations' in the German EFL classroom.* Hamburg: unpublished manusript.

Schenke, P.: *Die Rezeptionsperspektive des Schülers als Zugang zu literarischen Texten im Englischunterricht der Sekundarstufe II.* Dissertation: Universität Hamburg, 1992.

Sinclair, J.McH. & R.M. Coulthard: *Towards an Analysis of Discourse. The English used by Teachers and Pupils.* London: Oxford University Press, 1975.

Stubbs, M. & S. Delamont(eds.): *Explorations in Classroom Observation.* London/New York: John Wiley & Sons, 1976.

Wittrock, M. (ed.): *Handbook of Research on Teaching.* Third Edition. A Project of the American Educational Research Association. New York: Macmillan Publishing Company, 1986.

Roland Willemyns
Sprachpolitische Überlegungen zur Situation der sogenannten "kleineren" Sprachen in Europa

Die Sprachenprobleme der Europäischen Union sind allgemein bekannt: zahllose Übersetzungen und ständiges Dolmetschen sind nicht nur ein großer Zeitaufwand, sondern darüber hinaus auch sehr kostspielig. Es ist abzusehen, daß die Lage noch schlimmer wird, wenn bald neue Länder (und deren Sprachen) der E.U. beitreten. Seit einiger Zeit schon wird der Gedanke laut, daß eine Sprachenpolitik dazu beitragen könnte, Zeit und Geld zu ersparen. Allerdings ist zu befürchten, daß eine solche Sprachenpolitik zwangsläufig auf Kosten der sogenannten kleineren Sprachen gehen muß. Artikel und Vorträge zu diesem Thema gehören grundsätzlich zu einer von zwei möglichen Gruppen: entweder man nimmt auf Probleme keinerlei Rücksicht und sagt: "Alle Sprachen sind in jeder Situation gleichberechtigt und müssen dementsprechend behandelt werden" oder aber man meint: "Theoretisch stimmt zwar diese Behauptung, aber sie ist halt nicht realistisch und man muß folglich zu möglichst wirksamen Kompromissen kommen."

1. Die erste Frage lautet, ob die Probleme tatsächlich so riesig und fast unlösbar sind. Im letzten Halbjahr wurden in der EU 474.000 Seiten übersetzt, im EP noch zusätzliche 400.000 Seiten. Im Parlament alleine gibt es 397 Dolmetscher und Übersetzer und eine Reserve von 900 free lance Dolmetschern, die oft herangezogen werden müssen. Für die anderen EG-Institutionen gibt es einen gemeinsamen Dolmetscherdienst von 569 Leuten und eine Reserve von 1.600 Freelancern. Die Gesamtkosten betragen ungefähr 125 Millionen DM im Jahr, d.h. nur ein winziger Bruchteil vom totalen Etat der EU. Im EP wird ein Drittel des Etats für Sprachkosten ausgegeben. Die finanziellen Argumente sind also nicht so schwerwiegend, wie manchmal behauptet wird. Die Miete eines neuen Parlamentsgebäudes in Straßburg alleine wird ca. 80 Millionen DM pro Jahr kosten. Wie ist es aber mit den technischen Problemen und den sich daraus eventuell ergebenden Mehrkosten? Wenn bald, wie schon vorgesehen, noch 3 zusätzliche Sprachen zu den jetzigen 9 kommen, könnten sich Probleme ergeben, die technisch kaum noch zu bewältigen sind. Die

Sitzungsräume der heutigen Generation sind für 9 Sprachen ausgerüstet. Davon hat die Kommission 50 und das Parlament 40 Stück. Wenn jetzt drei Sprachen dazukommen und alle gleichrangig bleiben, müßten die jetztigen Räume völlig abgerissen und wieder neu aufgebaut werden. Die Frage ist aber, ob derartige Probleme aufwiegen gegen die vielen Probleme, die sich zweifellos stellen würden, wenn von der bisher gültigen Grundidee, daß alle Sprachen gleichrangig sind, abgelassen würde.

2. Die erste Frage, die man lösen müßte, lautet: Falls bestimmte Sprachen für bestimmte Funktionen ausgeklammert werden müssen, auf welcher Basis wird man dann entscheiden, in welcher Sprache was gemacht werden kann oder darf? Im Bereich der Schriftsprache ist das Problem weitgehend gelöst: schriftliche Dokumente zu übersetzen und in die Gesetzgebung sämtlicher Mitgliedsstaaten zu integrieren, geschieht ohne große Schwierigkeiten und Einwände. Wo es aber darauf ankommt, ähnliches auch im mündlichen Sprachverkehr zustande zu bringen, mehren sich nicht nur die technischen Probleme, sondern auch die Einwände um ein Vielfaches. In diesem Bereich müßte man also dann entscheiden, welche Sprachen "wichtiger" sind als die anderen.

2.1. Die **Anzahl der Muttersprachensprecher** ist eine elementare und zweifellos gewichtige Komponente der Stellung einer Sprache in einer Gesellschaft, und eine größere Sprecherzahl gehört zu denjenigen Faktoren, welche die internationale Stellung einer Sprache stärken. In der EU sieht die Verteilung grob gerechnet folgendermaßen aus (in Millionen): 1. Deutsch 80   2. Englisch 60 3. Französisch 60 4. Italienisch 57 5. Spanisch 39 6. Niederländisch 21 7. Portugiesisch 10 8. Griechisch 10 9. Dänisch 5 (Ammon 1991, 71)

2.2. Ein zweites Kriterium ist **die Anzahl der Staaten**, in denen eine Sprache Amtssprache ist. Es zeigt an, in welchem Ausmaß man in der betreffenden Sprache auf einer offiziellen Ebene kommunizieren, also politische Kontakte auf staatlicher Ebene pflegen kann. Französisch ist nationale Amtsprache in drei Mitgliedsstaaten, Deutsch, Niederländisch und Englisch jeweils in zwei Staaten, die anderen Sprachen nur in einem Staat.

2.3. Außer der Sprecherzahl ist, so sagt Ammon, die ökonomische Stärke einer Sprache als bedeutsamer Faktor einzubeziehen. Allerdings ist dieser Faktor schwierig zu quantifizieren. Es hat verschiedene Versuche gegeben, von denen ich hier nur den von Ammon beschriebenen übernehme: "Es wurde das Brutto-sozialprodukt pro Einwohner errechnet (...) Diese Zahl wurde dann mit der Sprecherzahl der Sprache im betreffenden Land multipliziert [und] schließlich wurden die Werte für jede Sprache über alle Länder der Erde addiert". Ich führe hier seine Ergebnisse für die EU-Länder an (in 100 Milliarden US $): 1. Deutsch 1073 2. Französisch 750 3. Englisch 603 4. Niederländisch 594 5. Italienisch 564 6. Spanisch 239 7. Dänisch 76 8. Griechisch 40 9. Portugiesisch 28 (Ammon 1991,73).

2.4. Betrachtet man schließlich den Kontaktstatus einer Sprache, d.h. inwieweit Sprachen als asymmetrisch dominant oder als Lingua Franca verwendet werden, dann sieht man, daß eigentlich vor allem Englisch und, mit Abstand, Französisch in Europa in Betracht kommen; Deutsch dagegen in viel geringerem Ausmaß, und die anderen Sprachen überhaupt nicht.

2.5. Zu diesen Versuchen muß aber angemerkt werden, daß :

a) manchmal nicht nur die Stellung der Sprachen innerhalb der EU wichtig ist, sondern vor allem die auf mondialer Ebene. Englisch ist da natürlich das deutlichste Beispiel.

b) manchmal Zahlen überhaupt keine Rolle spielen, sondern vielmehr viel schwerer zu quantifizierende Dinge, wie Attitüden und sonstige psycholinguistische Faktoren. Davon profitiert am meisten das Französische. Umgekehrt scheinen dadurch Spanisch und Portugie-sisch nicht die Rolle zu spielen, die man auf Grund ihrer internationa-len Stellung und Sprecherzahl erwarten könnte.

2.6. Man sieht also, daß je nach Kriterium die einzelnen Sprachen einen unterschiedlichen Status erhalten. Dazu kommt noch, daß es eigentlich kein Kriterium gibt, um den Wert sämtlicher Alternativen gegeneinander abzuwägen, und das Fazit kann nur sein, daß jeder sich für seine Argumentation, fast nach Laune, aussuchen kann, was er benutzen will oder was in sein Konzept paßt. Ein starkes Argument, bestimmte Sprachen hervorzuheben und andere auszuklammern, kann man im Obengenannten, objektiv betrachtet, wohl kaum finden.

3. Lassen wir also weiter die theoretischen Überlegungen aus dem Spiel zugunsten der Frage, wie die Lage momentan wirklich aussieht. Ton Huijssoon, ein niederländischer Mitarbeiter der zentralen Pressestelle des EP, schreibt in De Standaard vom 13.9.93: "Es gibt in der EG zwei offizielle Arbeitssprachen: Französisisch und Englisch. Die erste ist die dominante, weil die französische Kultur wesentlich aggressiver als die britische ist. Briten und Iren bestehen nicht wirklich darauf, daß Englisch genau so oft wie Französisch verwendet wird."

Guido Naets, ein Pressesprecher der EU, erklärte in einem Vortrag in Brüssel am 23. Oktober 1993 aber trotzdem: "In den europäischen Institutionen ist das Niederländische so stark, wie wir es selber wollen! Beunruhigen kann ich mich also nicht. Niederländisch ist innerhalb der EG eine Selbstverständlichkeit", und er zählt einige Argumente auf, die natürlich genausogut für die anderen, sog. kleineren Sprachen zutreffen:

- "Noch nie in der Geschichte wurde so viel und so oft aus dem gesprochenen und geschriebenen Niederländisch in andere Sprachen übersetzt."

- "Noch nie in der Geschichte konnte man Niederländisch auf einer so großen Oberfläche hören wie jetzt. Es klingt aus den Sitzungen direkt oder gedolmetscht bis in die weitesten Ecken Europas."

Trotzdem ist auch Naets der Meinung, daß die belgischen und niederländischen Vertreter sich manchmal "sprachbewußter" verhalten könnten. Andererseits führt er aber auch eine, sicher beachtenswerte, Entschuldigung an: 80% aller Parlamentsdebatten werden auf Video aufgenommen. Das EP-Mitglied, das seine 3 bis 5 Minuten völlig auf Niederländisch spricht, wird bei uns natürlich gelobt, aber kein einziger Auslandsfernsehsender wird einen Satz von ihm senden. Wer Dänisch, Griechisch usw. spricht, dem geht es natürlich genauso.

4. Die Sache ist also offenbar viel komplizierter, als manche denken. Wie schon gesagt, unterscheidet sich das Niederländische von den

sog. kleineren Sprachen schon insofern, daß es in zwei Mitgliedsstaaten die offizielle Sprache ist. Sowohl in Holland als auch in Flandern ist momentan ein großes Interesse an der Sprache festzustellen. Vielleicht ist der größte Unterschied zwischen Niederländern und Flamen vor allem, daß beide sich nicht unbedingt für die gleichen Aspekte der Landessprache interessieren. Im Norden stehen vor allem sog. interne Aspekte im Vordergrund, d.h. wie die Sprache geschrieben, gesprochen, verwendet wird. Im Süden dagegen kümmert man sich offenbar mehr um externe Aspekte, d.h. Funktion, Status und Prestige der Sprache. Diese Aspekte entsprechen dem, was in der soziolinguistischen Fachliteratur als Korpus- und Statusplanung bezeichnet wird. In Belgien, wo die Flamen so lange um die Sprachrechte des Niederländischen haben kämpfen müssen (Willemyns 1981), war lange Zeit das, was mit der Sprache geschah, wichtiger, als wie sie verwendet wurde. Für eine gemeinsame "Sprachenpolitik" sind das allerdings nicht unbedingt gegensätzliche, sondern vielmehr sich ergänzende Anschauungen.

4.1 Sprachplanung definiere ich als einen Versuch, bewußt in die Entwicklung einer oder mehrerer Sprachen einzugreifen, sowohl was die Struktur oder Weiterentwicklung der Sprache selbst als auch was das Verhältnis zu anderen Sprachen und deren Sprecher betrifft. Wie gesagt, kann man zwischen Korpus- und Statusplanung unterscheiden. Im ersten Fall sind z.B. die Grammatik, Aussprache oder Orthographie der Sprache betroffen, im letzteren dagegen vielmehr das Prestige der Sprache, deren Funktionen (z.B. als Unterrichts- oder Amtssprache) oder die internationale Stellung der Sprache. Die bisher zweifellos wichtigste sprachplanerische Maßnahme im niederländischen Sprachgebiet überhaupt und die für unsere Ausführung interessanteste war im Jahre 1980 die Unterzeichnung des Vertrages, der zwischen dem Königreich der Niederlande und dem Königreich Belgien die **Nederlandse Taalunie (NTU)** ins Leben gerufen hat. Im Vertragtext wurden nicht nur konkrete Ziele für die gemeinsame Weiterentwicklung und das Studium des Niederländischen, sondern auch Strategien für deren praktische Verwirklichung festgelegt. Folglich ist die **Taalunie** ein sprachplanerisches Instrument, und es ist ein einmaliges Instrument (Willemyns 1988), weil sonst noch niemals und nirgendwo zwei souveräne Staaten sich geeinigt haben, einen Teil

ihrer unveräußerlichen Prärogative in Sachen Sprach- und Kultur-
politik einem internationalen Gremium abzutreten.

4.2. Die Frage, die hier und heute zur Debatte steht, ist ein sehr
wichtiges sprachplanerisches Problem, und daher ist es interessant zu
sehen, was die NTU in dieser Beziehung vorhat. Im **Actieplan 1994**
der NTU wird besonders die sog. Sprachtechnologie hervorgehoben ,
über die es heißt:

"De NTU zal zich actief beijveren voor een substantiële deelname van
het Nederlands in programma's en projecten voor automatisch
vertalen. Zulke programma's gaan een steeds belangrijker rol spelen in
het professionele taalverkeer in het multilinguale Europa van morgen.
Alleen door een beroep te doen op taaltechnologie kunnen bv. de
Europese instellingen hun actieve meertaligheid handhaven en de
kosten ervan binnen redelijke perken houden".

Die Gefahr, daß die mittelgroßen und kleinen offiziellen
Amtssprachen der EU im sprachtechnologischen Bereich in Rückstand
geraten, ist sehr beträchtlich, und als Beispiel führe ich das
automatisierte Übersetzungsprogramm **Syntran** an. Dieses Programm
wird als internes System der europäischen Kommission direkt in so
gut wie allen europäischen Institutionen und Dienststellen verwendet,
und die Weiterentwicklung dieses Programs wird, was die sog. großen
Sprachen betrifft, völlig von der EU selbst finanziert. Hier liegt eine
Diskriminierung der sonstigen Sprachen vor, die nämlich nur
einsteigen können, wenn sie dazu bereit sind, selbst die hohen Kosten
zu tragen. Da sich in dieser Beziehung bislang nichts geändert hat,
wird die NTU versuchen, das benötigte Geld dafür bereitzustellen.

Weiter gibt es z.B. noch das europäische Forschungsprojekt
Eurolang, ein technologisch weit fortgeschrittenes System für
automatisiertes Übersetzen. Momentan wird nur mit Italienisch,
Französisch, Englisch und Deutsch experimentiert, Russisch und
Spanisch sind für die Zukunft vorgesehen. Von den anderen EU-
Sprachen ist auch hier keine Rede, und deshalb wird die NTU
versuchen, auch hier miteinzusteigen, um die Position des
Niederländischen zu sichern.

Der NTU ist es natürlich bekannt, daß ihre Anstrengungen nur ergänzend wirken können und daß die wichtigsten Entscheidungen auf der politischen Ebene getroffen werden müssen. Dadurch aber, daß sie eine offensive Politik führt, hofft sie zu erreichen, daß der Rückstand bis dann nicht unüberbrückbar wird.

4.3. Zahlenmäßig kann man das Niederländische entweder als die kleinste der großen oder aber als die größte der kleineren EU-Sprachen betrachten. Mit 21 Millionen hat sie fast so viele Sprecher wie Portugiesisch, Griechisch und Dänisch zusammen. Obwohl Zahlen, wie gesagt, nicht alleinentscheidend sein können oder dürfen, weiß man, daß sie eine Rolle spielen und deshalb auch unsere Strategie mitbestimmen müssen. Einerseits müssen wir ständig darauf drängen, im Klub der Größeren mitzuzählen, andererseits aber ist es wichtig, daß wir uns mit den anderen Sprachgemeinschaften gut verstehen und uns darüber im klaren sind, daß unser Schicksal ein gemeinsames ist. So betrachtet es auch die NTU, die den anderen Sprachgruppen vorschlagen wird, 1995 eine gemeinsame Konferenz in Brüssel über die Zukunft der sog. kleineren Sprachen zu veranstalten. Darüber hinaus wird die NTU versuchen, mit Vertretern dieser Gruppen ein Abkommen für eine ständige Zusammenarbeit zu machen.

5. Allerdings hängt die Rolle, die das Niederländische in der EU spielen kann, tatsächlich auch von der internationalen Stellung des Niederländischen überhaupt ab. Die NTU ist für die sogenannte **Neerlandistiek Extra Muros** zuständig und daher direkt betroffen. Welche Rechte man behalten oder erwerben kann, hat viel mit dem zu tun, was ich früher einmal die **Selbstverständlichkeit des Niederländischen** genannt habe. Wie selbstverständlich es ist, dem Niederländischen einen Platz einzuräumen, hängt direkt vom Prestige und vom Bekanntheitsgrad der Sprache ab. Viele von Ihnen, meine Damen und Herren, sind im Berufsleben ständig damit beschäftigt, diese Bekanntheit und somit das Prestige des Niederländischen aufzubauen oder zu vergrößern. Ihnen gebührt dafür der Dank der niederländischen Sprachgemeinschaft. Aber besser als andere wissen auch Sie, daß noch eine Menge getan werden muß. Wenn ich sehe, wie oft einem, auch in Deutschland, Leute begegnen, die keine Ahnung haben, daß in Belgien Niederländisch gesprochen wird oder

die ganz staunend oder sogar mißtrauisch reagieren, wenn sie erfahren, daß in Flandern dieselbe Sprache wie in den Niederlanden die Amtsprache ist und die letzten Endes auch nicht mehr verstehen, was dann "Holländisch" eigentlich ist, dann ist wohl klar, welchen Aufklärungsauftrag wir alle noch haben. Obwohl das Studium des Niederländischen auf Universitäten und zunehmend auch in anderen Unterrichtsstufen in Deutschland einen erfreulichen Aufschwung erlebt hat, wird es auch Ihnen bekannt sein, wie oft es im Ausland noch **nicht** als eine Selbstverständlichkeit betrachtet wird, daß **"Neerlandistiek"** eigentlich im Angebot keiner einzigen sich selbst ernst nehmenden Universität fehlen dürfte. Es freut mich sehr, daß in einer jetzt verabschiedeten Resolution des FMF auch die Universität Hamburg dazu auffordert, diese Konsequenz zu ziehen. Aber auch eine offensivere Förderung der niederländischen Sprache und Kultur seitens der NTU und der beiden Regierungen ist dringend geraten. Die Vorführung von "Flandern und die Niederlande" als Schwerpunkt auf der Frankfurter Buchmesse war ein guter Ausgangspunkt, aber jetzt muß nachgezogen werden, auch noch in Deutschland. In der soziolinguistischen Fachliteratur ist von "Sprachverbreitung" die Rede, wenn gemeint ist, daß Sprachen sich auf neue Indivuduen und/oder auf neue Domänen verbreiten. Wenn jetzt Ammon dazu sagt: "...[Es] scheint geradezu eine allgemeine Gesetzmäßigkeit zu sein, daß Staaten ihre Nationalsprache oder ihre nationale Amtssprache auch extern zu 'fördern' suchen" (Ammon 1992, 562), dann muß man feststellen, daß im Niederländischen Sprachgebiet (allerdings im Norden wesentlich mehr als im Süden) diese "allgemeine Gesetzmäßigkeit" leider nicht immer zutrifft. Das kann man um so mehr bedauern, als niederländische Kulturäußerungen im Ausland im allgemeinen sehr geschätzt werden. Der Bericht eines nieder-ländischen Untersuchungsausschusses (der sog. **Commissie Gevers**) dokumentiert dieses Interesse an Hand von vielen, beeindruckenden Beispielen. Aber diesem Bericht kann man auch entnehmen, daß das ausländische Interesse vor allem den bildenden Künsten, Tanz und Musik gilt, Kulturäußerungen also, die nicht direkt von der Sprache bestimmt werden. Sprachliierte Kunstformen degegen sind viel weniger gefragt, und "gefragt" ist hier wohl das richtige Wort, denn die obenerwähnten Kunstveranstaltungen finden in der Regel auf Initiative der Ausländer selbst statt und werden von ihnen finanziert.

In diesem Bereich ist die "Selbstverständlichkeit" also schon längst erworben. Deshalb ist es für uns wichtig zu erreichen, daß auch hinsichtlich der Sprache und der sprachbezogenen Kulturäußerungen, ähnliche Mechanismen und Attitüden erzeugt werden.

6. Wo jetzt die prinzipielle Entscheidung, daß Schweden, Finnland, Norwegen und Österreich der EU beitreten, getroffen ist, wird bestimmt die Frage neudebattiert werden, ob mit 12 Sprachen die Schmerzgrenze nicht wirklich erreicht oder sogar schon überschritten ist. Und viel wichtiger als eine offizielle Entscheidung in dieser Sache ist die Tatsache, daß es in der Praxis immer häufiger und immer mehr auch offizielle Situationen geben wird, in denen nur noch eine oder nur einige Arbeitssprachen verwendet werden. Wer sich also um die Rechte der anderen Sprachen kümmern will, muß diese Entwicklung nicht nur zur Kenntnis nehmen, sondern realistisch reagieren, d.h. wahrscheinlich seine Ansprüche differenzieren:

6.1. Unbestritten muß bleiben, daß alle Sprachen offizielle Amtssprachen der EU sein bzw. bleiben müssen. Das heißt, daß im offiziellen Schriftverkehr alle Sprachen verwendet werden müssen, nicht nur indem die Texte in jeglicher Sprache zur Verfügung gestellt werden, sondern auch indem jeder sich an jede EU-Behörde und Institution in seiner eigenen Sprache wenden können muß.

6.2. Es kann im EP natürlich keine Rede davon sein, auf die (aktive und passive) Verwendung irgendeiner Sprache zu verzichten. Sprachkenntnisse dürfen kein Hindernis für die Ausübung der demokratischen Rechte sein. Sollte der Preis, der für die Demokratie gezahlt werden muß, Ersparnisse erforderlich machen, dann könnte das EP dies ziemlich leicht erreichen, indem es z.B. auf das Geldmengen verschlingende Pendeln zwischen Straßburg und Brüssel verzichtet.

6.3. In der ganzen internen Wirkung aber wird man sich wohl allmählich damit abfinden müssen, daß die Praxis der sog. Arbeitssprachen sich noch mehr verbreitet. Im Interesse fast aller Sprachen aber scheint es mir wichtig zu sein, daß nie offiziell festgelegt wird, welche Sprachen den Status einer Arbeitssprache bekommen. Man soll da alle Möglichkeiten offenlassen und sehen, wie die spontane Entwicklung verläuft.

6.4. Erforderlich ist allerdings, zu einer größeren Sprachkompetenz innerhalb der Union zu kommen. Die soll aber nicht nur weiter und noch mehr als bis jetzt gefördert, sondern vor allem auch gesteuert werden. Eine Bildungspolitik, die dafür sorgt, daß in allen Mitgliedsstaaten der Fremdsprachenunterricht um ein vielfaches vermehrt und verbessert wird, ist unumgänglich. Steuerung könnte es geben, indem z.B. in allen Ländern die erste Fremdsprache dieselbe ist.

7. Abschließend möchte ich mich Greetje van den Bergh anschließen, die auf der obengenannten Brüsseler Konferenz gesagt hat :

"Wer der EU Gutes wünscht, muß sich für eine Politik der Mehrsprachigkeit einsetzen. Die NTU will in dieser Hinsicht gerne Partner und Koordinator sein. Wir haben uns für ein offensives Vorgehen auf 4 Fronten gleichzeitig entschlossen: Sprachattitüden, Sprachtechnologie, literarische und kulturelle Ausstrahlung und Zusammenarbeit mit anderen Sprachgebieten, die ähnliche Interessen haben".

Bibliographie

Ammon, Ulrich (1991). Die Stellung der deutschen Sprache in Europa und in der Welt im Verhältnis zu ihrer Stellung in den EG-Gremien in *Sociolinguistica* 5, 70-84.

Ammon, Ulrich (1992). *Die internationale Stellung der deutschen Sprache*. Berlin: de Gruyter.

Willemyns, Roland (1982). Die Sprachsituation in Belgien unter soziolinguistischen Aspekten. *Linguistische Berichte 75* (1981), 41-59.

Willemyns, Roland (1988). Language Planning as an Indicator of Linguistic Change. *Georgetown Roundtable on Languages and Linguistics 1988*. Washington, D.C.: Georgetown University Press. 349-357.

Autorenverzeichnis

Wilfried Brusch
Hasenwinkel 35
22559 Hamburg

Lutz Götze
Universität des Saarlandes
Postfach.15 11 50
66041 Saarbrücken

Stephen D. Krashen
University of Southern California
School of Education
Los Angeles, Ca. 90089-0031
U.S.A.

Christopher J. Halsall
Boley Hill
Rochester ME1 ITE
Großbritannien

Otfried Börner
Fahrenkrön 5e
22179 Hamburg

Josef Kempen
Auf dem Reeg 4
53343 Wachtberg-Pech

Peter Doyé
Blumenstr. 23
38162 Cremlingen

Georgy Khruslov
ul. Volgina 6
Moscow, 117485
Rußland

Rex Gibson
Cambridge University Press
Shaftesbury Road
Cambridge CB2 2RU
Großbritannien

Gerhard Krüger
Weidenkamp 30
25436 Uetersen

Erik Kwakernaak
Brink 4
9466 PE Gasteren
Niederlande

Norbert Lademann
Forststr. 8
14471 Potsdam

Ingrid Mummert
Falkenried 70
20251 Hamburg

Valentina Oxen
Trelder Weg 2c
21079 Hamburg

Axel Polleti
Ringstraße 53
94081 Fürstenzell

Petra Schenke
Herderstr. 26
22085 Hamburg

Konrad Schröder
Marconistr. 30b
86179 Augsburg

Hugo Stiller
Fuchsberg 6
21217 Seevetal

Roland Willemyns
Spanjaardstraat 8
8000 Brugge
Belgien

– NOTIZEN –

– NOTIZEN –

– NOTIZEN –

– NOTIZEN –

– NOTIZEN –

Schullektüren – ELT-Serie
KLASSIKER DES GEBRAUCHS

HERAUSGEGEBEN VON RUDOLF NISSEN
ungekürzt, seitenidentisch mit der Originalausgabe,
in preiswerten Sonderauflagen

	DM
Richard Bach Jonathan Livingston Seagull (35)	*5,00
Ray Bradbury The Illustrated Man (16)	*5,00
John Braine **Room at the Top** (29)	10,50
Peter Carter **Under Goliath** (37)	9,50
Roald Dahl **Kiss Kiss** (41)	10,90
Farrukh Dhondy **East End at Your Feet** (24)	9,90
Ian Fleming Octopussy (17)	*5,00
William Golding **Lord of the Flies** (1)	10,50
Colin Higgins **Harold and Maude** (38)	10,50
James Hilton Goodbye Mr Chips (3)	*5,00
Aldous Huxley **Brave New World** (10)	9,90
Judith Kerr **When Hitler Stole Pink Rabbit** (4)	9,90
Rudyard Kipling Just So Stories (5)	*5,00
N. H. Kleinbaum **Dead Poets Society** (42)	11,90
Harper Lee **To Kill a Mockingbird** (39)	9,90
George Orwell **Animal Farm** (26)	9,90
George Orwell **Nineteen Eighty-Four** (27)	9,90
Morton Rhue **The Wave** (36)	10,50
Jerome D. Salinger **The Catcher in the Rye** (22)	9,50
Tom Stoppard Rosencrantz & Guildenstern Are Dead (11)	*5,00
James Thurber **The Thurber Carnival** (20)	10,90
Charles Webb **The Graduate** (28)	10,50
Thornton Wilder The Bridge of San Luis Rey (31)	*5,00

* Einmaliger Sonderpreis. Titel läuft aus, wird in dieser Serie nicht nachgedruckt.

PETERSEN

HANS HEINRICH PETERSEN BUCHIMPORT GmbH
Rugenbarg 256   D-22549 Hamburg-Lurup
Telefon 040 – 833 88 01   Fax 040 – 833 88 130